ステップアップ
民事事実認定
第2版

土屋文昭・林 道晴／編

村上正敏・矢尾和子・森 純子
佐藤彩香・太田章子・行川雄一郎
著

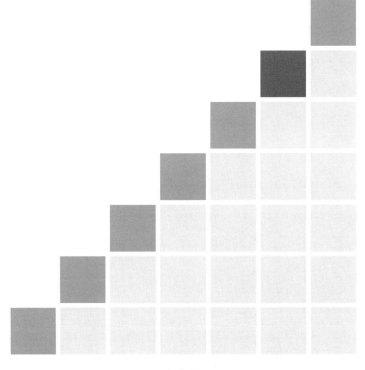

有斐閣

本書のコピー，スキャン，デジタル化等の無断複製は著作権法上での例外を除き禁じられています。本書を代行業者等の第三者に依頼してスキャンやデジタル化することは，たとえ個人や家庭内での利用でも著作権法違反です。

第2版　はしがき

　本書は，平成22年（2010年）12月に刊行された『ステップアップ民事事実認定』の改訂版である。改訂前の本書は，民事訴訟の事実認定について，その基礎的な事項を理解し事実認定に係るスキルの基本を修得してもらうために，法律実務家を目指す法科大学院生，司法修習生，法律実務家（裁判官，弁護士）などを主な読者として編纂・刊行された。民事訴訟の事実認定という法律実務家にとって必要不可欠なテーマを取り上げた類書が必ずしも多くなかった上に，10のポイントに対する解説（「第1部　解説編」）と事実認定のプロセスを実体験できる10の事例の演習問題（「第2部　演習問題編」）というスタイルも読者層のニーズにマッチしたのか，好評を得て9回の増刷を重ね今日に至っている。本書初版の説明や解説部分の大半は，刊行からほぼ10年が経過した後でもなお実務に通用するもので，内容の変更を要しないと考えているが，一方で，その記述に影響があり検討を加えるべき事情が生じている。

　まず，司法研修所の司法修習生向けの民事裁判教育において，民事訴訟の事実認定が本格的に組み込まれることとなり，その教材として，司法研修所（民事裁判教官室）が平成26年（2014年）4月に『事例で考える民事事実認定』を編纂・刊行し，司法修習の過程で活用されるようになったことである。同書の内容は，本書と同様な問題意識に基づく記述が中心となっている（例えば，ストーリーと動かし難い事実との整合性の吟味を重視している点）が，事実認定に係る根本的な概念で本書と異なる考え方をとっている部分があり，そうした問題に対して本書がどのような立場をとるかを明確にする必要が生じている。

　また，「第2部　演習問題編」の10の事例については，事実認定の在り方を検討するに当たって，なお有益なものであって基本的な内容は維持できると考えているが，「民法の一部を改正する法律」（平成29年法律第45号。いわゆる「債権法改正」といわれる民法改正であり，本書では「平成29年の民法（債権法）改正」などと略称することとしている）により民法の債権法部分を中心に改正が加えられ，改正規定は，基本的には，令和2年（2020年）4月1日から施行される。「第2部　演習問題編」についても，この「平成29年の民法（債権法）改正」への対応が必要な記述部分がある。一方で，本書初版が多くの読者に受け入れられた大きな理由は，簡潔で分かりやすい10のポイントの解説に加え，具体的な事例（もちろん想定事例であるが）に沿った解題

第2版　はしがき　i

により理解を深めるという構成にあったと考えられ，演習問題編の事例の数をより充実させる必要がある。

さらに，本書初版の編著者であり，「第1部 解説編」の「1 事実認定とは？」（いわば事実認定の導入編である）を執筆した土屋が，平成27年（2015年）に『民事裁判過程論』を有斐閣から執筆・公刊した。同書では，「第5章 事実認定」として，事実認定が多角的な網羅的な視点から検討されている。その解説は，本書と同一歩調をとった上で本格的に事実認定を論じたものであり，本書の読者層にも有益な記述が多い。そこで，本書の導入編を上記『民事裁判過程論』を踏まえて大幅に見直すことが望ましい。

本書では，以上のような点を踏まえて，大要，次のとおりの改訂を加えることとした。

まず，『事例で考える民事事実認定』との対応関係では，最も本書と異なる考え方をとっている「処分証書の定義」等については，「第1部 解説編」の「3 書証(1)」の解説部分に手を加えたほか，「1 事実認定の方法の概略」の解説部分にコラム「処分証書をどのように定義するか」を新たに設けるなどして，本書がとっている立場との違いが分かるように随所に説明を加えている。また，『事例で考える民事事実認定』が新たに導入した「類型的信用文書」という概念についても，同じく「1 事実認定の方法の概略」の解説部分にコラム「『重要な報告文書』と『類型的信用文書』」を新たに設けるなどして説明を加えている。その他については，『事例で考える民事事実認定』が基本的には本書と同じ考え方をとっていると考えられるので，その必要がある部分では『事例で考える民事事実認定』の表現ぶりを取り入れたり，同書の参照部分を明記するなどの改訂を加えている。

次に，「第2部 演習問題編」については，既存の10の事例について「平成29年の民法（債権法）改正」に合わせた条文等の説明に改めているほか，新たに6つの事例を加えることとしている。新しい事例の作成・検討のために，裁判所で活躍している中堅の裁判官3名（佐藤，太田，行川）に執筆者として加わっていただき，交通事故による損害賠償事件（過失相殺をめぐる争い），親族間の遺産に関する事件（遺言能力をめぐる争い，遺産分割協議書の成立をめぐる争い），労働関係事件（退職金規程の変更についての労働者の同意をめぐる争い），インターネット上の掲示等による名誉棄損による損害賠償事件，システム（ソフトウェア）開発関係の事件という，近時，裁判所に持ち込まれることが増え，その解決に困難を伴う紛争類型が対象となる事例を追加した。各事例の解説では，当該事件特有の事実認定をめぐる問題点はもち

ろん，当該事件を担当する法律実務家にとって必要な基礎知識や考慮事項等についても説明を加えている。既存の10の事例の基本的な内容は変更していないが，上記の6つの事例を追加することによって，「第2部 演習問題編」のアップデートを図るとともに，事実認定をめぐる問題の多様性へ理解が及ぶような工夫をしたところである。なお，「第1部 解説編」の「10証拠保全の具体例——電磁的に記録された情報についての証拠保全」も，同じく「第1部 解説編」の「9事実認定のための証拠収集——各種の証拠方法とその収集」を踏まえて，近時申立てが増えている，電磁的に記録された情報についての証拠保全について，具体的な想定事例に沿った解説を加えているものであり，解説と演習問題の解題を兼ねたものとなっている。

　さらに，本書の導入編である「第1部 解説編」の「1事実認定とは？」は上記『民事裁判過程論』の内容を基本的に取り込むことにより，全面的なリニューアルとなっており，ボリュームもふくらんでいる。その結果，この解説を読めば事実認定をめぐる問題の全体像を把握できる内容となったことから，「第1部 解説編」から独立させて，「0事実認定とは？——事実認定総論」とのタイトルを付して本書の導入部分として「第1部 解説編」の前に置くこととした。

　主な改訂のポイントは，以上のとおりである。

　なお，本書初版には，執筆者2名（土屋，村上）に加え司法研修所の民事弁護教官および法科大学院での実務教育の経験がある弁護士2名，法科大学院での豊富な教育実績がある研究者2名に参加していただいた，「本書の使い方・読み方」と「事実認定の能力向上のために」という座談会がそれぞれ巻頭と巻末に収録されていた。前者が本書を利用する際の導きとなるよう，また，後者が民事訴訟の事実認定への理解をより深めるための助言となるよう企画されたものであるが，座談会の出席者に人を得たこともあって，読者からの評判も良いものであった。各座談会における意見交換の内容は，民事訴訟の事実認定のスキルの向上を目指している者にとっては，今日においてもなお有益で参考となる部分が多い。ただ，本書初版の刊行も契機となって，『事例で考える民事事実認定』など，民事事実認定に焦点を当てた教材的な図書が充実する一方，司法研修所の民事裁判教育でも事実認定が本格的に取り上げられるようになったことを踏まえると，各座談会で示された問題意識の大半が法曹養成の関係者に共有されるとともに，指摘された問題点も法曹養成の過程で理解され議論されるようになったと考えられる。そこで，座談会出席者の了解を得て本書には再録しないこととした。なお，各座談会

の内容中，本書の有効な活用方法に関する中核部分は，今回の改訂において別途「本書の使い方」という解説として抽出して巻頭に付すこととした。その他，座談会の意見交換中，本書の個別の解説に関係する部分は，該当部分に書き足すなどして，できる限り取り入れる工夫をした。

　本書が初版と同様に，法律実務家，それを目指す法科大学院生や司法修習生，民事の事実認定のスキルを活かす立場にある方たちなどに，関心を持っていただき，事実認定に係るスキルの普及・向上に少しでも貢献することを願ってやまないところである。

　最後に，本書の企画・編集・出版の全般にわたって，当初刊行時から引き続き懇切かつ粘り強く精力的なバックアップをいただいた株式会社有斐閣書籍編集部の五島圭司さんに深甚の謝意を表して筆を擱きたい。

　2019年9月

編著者を代表して

土屋文昭

林　道晴

初版　はしがき

　本書は，法律実務家にとって不可欠である民事訴訟の事実認定について，その基礎的な事項を理解し事実認定に係るスキルの基本を修得するために，10のポイントに対する解説と事実認定のプロセスを実体験できる10の事例（演習問題）とその解題的な説明を集めて編纂されたものである。読者としては，法律実務家を目指して法科大学院で学ぶ学生，司法修習生はもちろん，裁判官，弁護士といった法律実務家も対象として念頭に置かれている。的確な事実認定が法律実務家に不可欠なスキルであることは争いがないが，新しい法曹養成制度の出発点で法科大学院において学説と実務を架橋する法律実務基礎科目の教育が実施され，そのプログラムの一部として事実認定が組み込まれることとなったことから，改めて，事実認定に係るスキルの修得が注目を集めることとなった。もっとも，法科大学院の法律実務基礎科目では，事実認定を検討する前提となる基礎的な事項を理解することが中心となるし（法科大学院の法律実務基礎科目における事実認定教育のあり方については，林道晴「法科大学院における民事・刑事訴訟実務の基礎の教育の在り方について」ジュリ1383号〔2009年〕158頁も参照願いたい），司法修習の過程でも経験できる事案や実例には限度があり，事実認定の基本（法曹として活動を開始するに当たり必要な事実認定能力。平成18年4月1日司法研修所長通知・司法修習生指導要綱（甲）参照）を修得するための指導がされるのにとどまる。事実認定に本格的に取り組むこととなるのは，実際に法律実務家となり自らの担当事件として多種多様な事案や実例を取り扱う過程となってからであり，事実認定に係るスキルは，そうした法律実務家としてOJTにおける工夫努力により身につけていくべきものである。特に，組織的な職務研修プログラムがある裁判官に比べて，弁護士会の研修以外にはそうしたプログラムが十分整備されていない弁護士にとって，職務経験を通じての事実認定に係るスキルの向上がより重要な課題となる。実務経験を積んだ法律実務家にとっては，本書の記述は，基本中の基本であって，簡単すぎて物足りないと感じられる部分もあるかと思うが，事実認定に迷った際に，改めて原点に立ち返って自らのスキルを再点検するときの「よすが」としての機能を果たすことも期待される。

　法科大学院制度のスタートに伴い，既に，法律実務家を志す者が事実認定の基礎を学ぶ教材的な図書もそれなりに公刊されているが，本書における解説や解題的説明の基礎となっているのは，司法研究報告書59輯1号「民事訴訟における事実認定」である。同書は，事実認定に関する基礎的な事項をしっかり押さえた上で，契約類型による事例分析や事実認定の達人的な存在といってよい裁判官の諸先輩（高

裁の部総括判事）の金言的な助言（資料編「事実認定を語る～高裁裁判官インタビュー集」）も収録し，事実認定に係るスキルの修得を目指す者にとっては，バイブル的な基本書といってよいものであるが，初めて事実認定という課題に取り組む者にとっては，やや記述が専門的で高度な嫌いもなくはない。本書は，同「民事訴訟における事実認定」を基盤としながら，そのエッセンスを事実認定の初心者ないし実務的な経験が十分ではない者向けに，ポイントの説明や事例の解析を通じて，抵抗感なく体得できる，いわば同書（「民事訴訟における事実認定」）の副読本的な存在となることも意図している。

　本書の執筆者は，いずれも，民事の裁判官としての実務経験を有することに加え，司法研修所の民事裁判教官として司法修習生に事実認定の教育をしたり，法科大学院の教員として法律実務基礎科目を担当した経験を有する者である（執筆者の1名は，「民事訴訟における事実認定」の研究員でもあった）。そういう意味では，事実認定といっても民事の裁判官の視点からのものが基本となっているが，法科大学院生や司法修習生，さらには，若手の法律実務家の現状，特に，事実認定で悩んだり迷うことが多い事項を念頭に置いた上で，本書の執筆に当たっている。

　本書の各パートの構成や趣旨を分かりやすく理解するために，ポイントの解説編の前と事例（演習問題）編の後に，2つの座談会が収録されている。座談会には，本書の執筆者2名のほかに，それぞれ2名の研究者と弁護士に参加していただいた。座談会に参加していただいた方は，司法研修所の民事弁護教官として司法修習生を指導しただけでなく，法科大学院で法律実務基礎科目を担当した経験を有する弁護士であり，また，法科大学院での豊富な教育実績を有する研究者である。座談会の第1部は，本書を理解しその有効な利用方法を会得するのに有益な内容となっており，ポイントの解説編や事例（演習問題）編を利用するのに先立って目を通すことも十分考えられる。また，座談会の第2部は，出席された弁護士や研究者の方々から，事実認定に係るスキルを向上するために各種の助言等がされている。

　法律実務家となった者（特に，弁護士）が事実認定に係るスキルを磨いていくためには，OJTと共に，本書の事例（演習問題）編のような具体的な事例に即した資料が有益であるが，本書の10の事例だけでは到底十分とはいえないであろう。また，事実認定が問題となるのは，本書が基本的に想定している民事訴訟の場面だけには限られない。裁判所の民事調停手続はもちろん，各種ADR等裁判外の紛争解決手続においても，程度や精度の差こそあれ，問題となった紛争に対する適切な解決方法を見出す前提として，資料等に基づき紛争に係る事実関係を確認していく，事実認定的な作業が必要となり，そうした作業に係るスキルの修得も今後の法律実務家には求められることになる。さらに，社会経済活動の複雑化・高度化に伴い解決が困難な複雑な案件が増えつつあるが，そうした事案の解決に必要な事実認

定に当たっては，本書がターゲットとしている直接的な資料（訴訟当事者の主張中に現れた間接事実や訴訟当事者から提出された証拠等）の総合勘案にとどまらず，契約紛争であれば，問題となっている取引や業界の慣行，取引の社会的背景や取引の動向を左右する構造的な要因，社会・経済に及ぼす影響などの背景事情や周辺事情を幅広く考慮することが必要な局面も少なくないであろう。本書が以上のような事実認定をめぐる課題すべてに応え得るものとはなっていないことはいうまでもないが，こうした事実認定の将来的な課題への対応を検討をする際に，参考としたり応用・発展させることが可能な情報は提供できているのではないかと思われる。いずれにせよ，本書が民事訴訟の事実認定に関心がある方々に幅広く活用され，事実認定に係るスキルの普及・向上に少しでも貢献することを願ってやまないところである。

　最後に，本書の企画・編集・出版の全般にわたって，懇切かつ粘り強く精力的なバックアップをいただいた株式会社有斐閣雑誌編集部の高橋均さん，五島圭司さんに，深甚の謝意を表して，筆を擱きたい。

　2010年11月

執筆者を代表して

土 屋 文 昭

林　　道 晴

【編・著者紹介】

(2024 年 10 月 1 日現在)

土屋文昭（つちや　ふみあき）　担当：事実認定とは？——事実認定総論

京都大学法学部卒業

現職：弁護士

主な経歴：京都大学大学院法学研究科非常勤講師，司法研修所教官，司法試験考査委員，
東京高等裁判所判事，東京大学法科大学院教授，法政大学法科大学院教授

林　道晴（はやし　みちはる）

東京大学法学部卒業

現職：最高裁判所判事

主な経歴：司法研修所教官，司法研修所事務局長，最高裁判所事務総局民事局長・同行政
局長，同経理局長，最高裁判所首席調査官，東京高等裁判所長官

村上正敏（むらかみ　まさとし）　担当：第1部5・6・8，第2部①・②・④・⑨

京都大学法学部卒業

現職：日本大学大学院法務研究科教授

主な経歴：司法研修所教官，司法試験考査委員，京都大学大学院法学研究科客員教授，高
松地方裁判所長，東京高等裁判所判事（部総括）

矢尾和子（やお　かずこ）　担当：第1部1・2・9，第2部⑥・⑦・⑩

慶應義塾大学法学部卒業

現職：福岡高等裁判所長官

主な経歴：司法研修所教官，司法試験考査委員，慶應義塾大学法科大学院派遣教員，東京
地方裁判所所長代行，司法研修所所長代行，千葉家庭裁判所長，東京高等裁判
所判事（部総括），司法研修所所長

森　純子（もり　じゅんこ）　**担当：第1部3・4・7，第2部③・⑤・⑧**

東京大学法学部卒業

現職：関西大学法科大学院教授

主な経歴：司法研修所教官，司法試験考査委員，首都大学東京法科大学院教授（実務家教員），東京大学法科大学院客員教授，大阪地方裁判所判事（部総括），大阪地方裁判所所長代行，奈良地方家庭裁判所長，大阪家庭裁判所長，仙台高等裁判所長官

佐藤彩香（さとう　あやか）　**担当：第2部⑬・⑭**

早稲田大学法学部卒業

現職：最高裁判所事務総局秘書課参事官

主な経歴：東京地方裁判所判事，最高裁判所事務総局行政局付，京都地方裁判所判事，東京地方裁判所判事

太田章子（おおた　あきこ）　**担当：第1部10，第2部⑫・⑮**

名古屋大学法科大学院卒業

現職：大阪地方裁判所判事

主な経歴：東京地方裁判所判事，最高裁判所事務総局家庭局付

行川雄一郎（なめかわ　ゆういちろう）　**担当：第2部⑪・⑯**

早稲田大学法科大学院卒業

現職：東京地方裁判所判事

主な経歴：東京地方裁判所判事，大分地方裁判所判事

目　　次

本書の使い方 ……………………………………………………………………… xxi

Chapter 0　事実認定とは？──事実認定総論　1

Ⅰ　事実認定とは何か ……………………………………………………………… 1

　1　日常生活の中で　1

　2　民事訴訟の中で　2

Ⅱ　裁判官の心証形成──事実認定のプロセス ………………………………… 6

Ⅲ　事実認定の手法 ………………………………………………………………… 7

Ⅳ　事実認定の推論構造 …………………………………………………………… 8

Ⅴ　事実認定の推論の性質 ……………………………………………………… 11

Ⅵ　経験則の重要性 ……………………………………………………………… 12

Ⅶ　証明度 ………………………………………………………………………… 13

Ⅷ　証拠構造に従った事実認定とその手法 …………………………………… 14

Ⅸ　事実の全体的観察の必要性 ………………………………………………… 16

Ⅹ　立法事実 ……………………………………………………………………… 18

Ⅺ　法と心理学からの示唆 ……………………………………………………… 19

Ⅻ　民事裁判における事実認定の特質 ………………………………………… 20

　1　提出資料の制約　20

　2　書証の重視　21

　3　要件事実の規範的性格　23

ⅩⅢ　事実認定に必要とされるもの ……………………………………………… 25

第1部　解説編

Chapter 1　事実認定の方法の概略　29

Ⅰ　事実認定の基礎 ……………………………………………………………… 29

Ⅱ　事実認定の対象は何か？ …………………………………………………… 29

Ⅲ　事実認定はどのように行うか？ …………………………………………… 29

　1　自由心証主義　29

　2　直接証拠と間接証拠　30

3 事実認定の構造と書証および人証　31
　　〔Column〕処分証書をどのように定義するか　33
　　〔Column〕「重要な報告文書」と「類型的信用文書」　34
4 人証(本人尋問の結果または証人の証言)の信用性の判断　36
　　〔Column〕書証が存在する場合の事実認定に関する判例　37
5 経験則　38
　　〔Column〕動かし難い事実とは？　39
Ⅳ 総合判断 ………………………………………………………………… 40

Chapter 2　事実認定の具体例　41

Chapter 3　書証(1)　45

Ⅰ はじめに ………………………………………………………………… 45
1 書証とは　45
2 文書とは　45
3 文書の取調べ　45
　　〔Column〕証拠説明書　46
　　〔Column〕準文書　47
Ⅱ 処分証書と報告文書 …………………………………………………… 48
1 ここでのテーマ　48
2 処分証書とは　48
3 報告文書とは　49
Ⅲ 文書の証拠能力 ………………………………………………………… 51
Ⅳ 形式的証拠力と実質的証拠力 ………………………………………… 52
1 文書の証拠力　52
2 形式的証拠力　52
　　〔Column〕文書の形式的証拠力と真正な成立　52
3 実質的証拠力　53
4 処分証書の実質的証拠力　53
5 報告文書の実質的証拠力　54

Chapter 4　書証(2)　57

Ⅰ はじめに ………………………………………………………………… 57
Ⅱ 文書の作成者とは？ …………………………………………………… 57
1 文書の作成者が問題となる理由　57

目　次　xi

2 代理人が作成した文書の作成者は誰か 58
Ⅲ 文書の成立についての相手方の認否 ……………………………… 60
1 相手方の認否の必要性 60
2 認否の態様 60
Ⅳ 文書の成立の真正の推定規定(民訴228条4項) ………………… 61
〔Column〕捨 印 63
Ⅴ 判例法理による推定 ……………………………………………… 63
Ⅵ 二段の推定の反証等 ……………………………………………… 64
〔Column〕二段の推定が問題にならない場合 66
Ⅶ 署名または印影の同一性の立証 ………………………………… 66

Chapter 5　書証(3)──証拠評価が問題となる事例 69

Ⅰ はじめに …………………………………………………………… 69
Ⅱ 原本のみが持つ情報 ……………………………………………… 69
Ⅲ 物理的な面 ………………………………………………………… 72
Ⅳ 作成されたはずの時期には存在しなかった情報が記載された
文書 ………………………………………………………………… 72
〔Column〕ほかにはこんな例も 76
Ⅴ 複数の書証と経験則 ……………………………………………… 76

Chapter 6　人　証 79

Ⅰ 人証の意義と特徴 ………………………………………………… 79
Ⅱ 動かし難い事実との間の整合性がない供述 …………………… 81
Ⅲ 経験則に反する供述 ……………………………………………… 83
Ⅳ 矛盾を含む供述 …………………………………………………… 89
Ⅴ その他の問題点 …………………………………………………… 92
1 抽象的な表現を使った供述 92
2 評価・判断・推測が混入した供述 92
3 利害関係のある人証 93
4 伝聞供述 93
Ⅵ 主尋問の留意点 …………………………………………………… 94
Ⅶ 反対尋問の留意点 ………………………………………………… 96
Ⅷ 集中証拠調べ ……………………………………………………… 98

Chapter 7　証明度　101

Ⅰ　はじめに ……………………………………………………………… 101
Ⅱ　2つの最高裁判例 …………………………………………………… 101
　　1　ルンバール事件判決　101
　　2　長崎原爆訴訟判決　102
Ⅲ　学　説 ………………………………………………………………… 103
Ⅳ　刑事訴訟との比較 …………………………………………………… 105
Ⅴ　証明度と事実認定 …………………………………………………… 105

Chapter 8　事実認定のヒント　107

Ⅰ　はじめに ……………………………………………………………… 107
Ⅱ　争点整理 ……………………………………………………………… 107
Ⅲ　書　証 ………………………………………………………………… 108
Ⅳ　人証調べ ……………………………………………………………… 110
Ⅴ　経験則 ………………………………………………………………… 110
Ⅵ　「鳥の目」と「虫の目」 …………………………………………… 111
Ⅶ　検討に当たっての留意点 …………………………………………… 111
Ⅷ　事実認定能力を向上させる方法 …………………………………… 112

Chapter 9　事実認定のための証拠収集
――各種の証拠方法とその収集　113

Ⅰ　はじめに ……………………………………………………………… 113
Ⅱ　証拠はどこにある？ ………………………………………………… 113
Ⅲ　事前の交渉による証拠収集 ………………………………………… 114
Ⅳ　主な証拠収集方法 …………………………………………………… 114
Ⅴ　文書送付嘱託の申立て ……………………………………………… 115
　　〔Column〕証拠収集と個人情報保護　115
Ⅵ　調査嘱託の申立て …………………………………………………… 116
Ⅶ　弁護士法23条の2による照会 ……………………………………… 116
Ⅷ　文書提出命令 ………………………………………………………… 117
　　〔Column〕銀行の貸出稟議書の文書提出命令　118
　　〔Column〕貸金業者の取引履歴の開示義務　119
Ⅸ　訴訟記録の取寄せ(記録提示の申出) ……………………………… 119
　　〔Column〕刑事関係書類の証拠収集　120

目　次　xiii

〔Column〕捜査関係書類と民訴法220条3号の法律関係文書　121

X　証拠保全 ……………………………………………………………… 123

XI　訴えの提起前における証拠収集の処分等 …………………………… 124

XII　その他 ……………………………………………………………………… 125

Chapter 10　証拠保全の具体例──電磁的に記録された情報についての証拠保全　　127

I　検証によって証明すべき事実 …………………………………………… 128

II　証　拠 …………………………………………………………………………… 129

III　証拠保全の具体的な方法 ………………………………………………… 129

IV　証拠保全の事由 ……………………………………………………………… 130

第2部　演習問題編

1　売買代金請求事件──売主は誰か　135

2　保証債務履行請求事件──契約書は真正に成立したか　145

3　所有権に基づく建物収去土地明渡請求事件──買主は誰か　155

I　本件の争点 …………………………………………………………………… 157

II　証明方法について ………………………………………………………… 157

　1　契約書の不存在　157

　2　登記記録の推定力　158

　　〔Column〕所有権移転登記手続　158

　3　本件における反証について　160

　4　X側からの視点　163

III　総合判断 ……………………………………………………………………… 163

4　貸金請求事件──金銭は交付されたか　165

5　所有権移転登記手続請求事件──売買契約は締結されたか　177

6 請負代金請求事件——注文者は誰か　187

Ⅰ　問題の所在 ……………………………………………………………… 188
Ⅱ　X代理人の主張の構成 ………………………………………………… 189
　1　請負契約の成立　189
　2　代理（商行為の代理）　190
　　〔Column〕会社法の改正と会社の行為の商行為該当性　190
　3　X代理人弁護士の主張　191
Ⅲ　X代理人弁護士の証拠収集 …………………………………………… 191
　1　口座の振込履歴と陳述書のほかには？　191
　2　Xの手元に存在する可能性のある証拠の検討　192
　3　Yまたは第三者の手元に存在する可能性のある証拠の検討　193
Ⅳ　Y代理人弁護士が行う反証 …………………………………………… 194
Ⅴ　総合判断 ………………………………………………………………… 195

7 売買代金請求事件 ——黙示の意思表示による売買契約の成否　197

Ⅰ　問題の所在 ……………………………………………………………… 199
Ⅱ　黙示の意思表示の主張立証 …………………………………………… 199
Ⅲ　本件において主張立証すべき事項 …………………………………… 200
Ⅳ　総合判断 ………………………………………………………………… 200

8 株主の地位確認請求事件，新株発行無効請求事件 ——売買契約は虚偽表示か　203

　〔Column〕株券の電子化　213
　〔Column〕民事再生手続における監督委員　214

9 詐害行為取消請求事件——慰謝料額が過大か　215

　〔Column〕強制執行の方法等　218

10 保険金請求事件 ——盗難事故の偶発性に関する事実認定　225

Ⅰ　問題の所在 ……………………………………………………………… 226
Ⅱ　商法および車両保険約款の定め ……………………………………… 227
　〔Column〕各種保険契約に関する最高裁判例の概観（その1）　228

Ⅲ　平成19年の２件の判例 ……………………………………… 229

〔Column〕各種保険契約に関する最高裁判例の概観（その２）　229

Ⅳ　XまたはYが立証すべき事項 ………………………………… 230

Ⅴ　総合判断 ………………………………………………………… 233

11　損害賠償請求事件
──過失相殺率の認定判断（争点整理と事実認定）　235

〔Column〕中間利息控除　249

〔Column〕弁護士費用保険　250

12　遺言無効確認請求事件──被相続人の遺言能力の有無　251

〔Column〕遺言書の存否　256

〔Column〕認知症の程度を立証するための資料　257

13　持分移転登記手続請求事件
──遺産分割協議書は真正に成立したか　259

1　事件の内容　259

2　ある日の裁判官室　262

3　争点および証拠構造　263

4　証人尋問の２日後　267

5　二段の推定の枠組みを利用しない場合　271

〔Column〕作成者の判断能力と文書成立の真正　272

〔Column〕破棄判決等の実情　273

14　退職金請求事件
──退職金規程の変更に関する労働者の同意の認定　275

Ⅰ　問題の所在 ……………………………………………………… 277

Ⅱ　労働者の同意に関する最高裁判例 …………………………… 279

1　最判昭和48・1・19民集27巻1号27頁（シンガー・ソーイング・
メシーン事件）　280

2　最判平成2・11・26民集48巻8号1085頁（日新製鋼事件）　280

3　最判平成28・2・19民集70巻2号123頁（山梨県民信用組合事件）　281

Ⅲ　平成28年最高裁判決の背景 …………………………………… 281

Ⅳ　要件事実（主張立証責任）との関係 ………………………… 282

Ⅴ　事実認定のプロセス（証拠法）との関係 …………………… 283

Ⅵ　XまたはYが主張・立証すべき事実 ……………………………… 283
Ⅶ　まとめ ……………………………………………………………… 284
　　　〔Column〕労働事件における事実認定　285

15　損害賠償請求事件
──不法行為(インターネット上の名誉毀損)の成否　287

Ⅰ　XまたはYが立証すべき事項 ……………………………………… 290
Ⅱ　真実性について …………………………………………………… 290
Ⅲ　相当性について …………………………………………………… 291
　　　〔Column〕インターネット上の権利侵害への対応　292
　　　〔Column〕忘れられる権利
　　　　　　　　(検索サイトに対する検索結果の削除請求)　295

16　システム(ソフトウェア)開発関係訴訟
──仕様の内容の立証と認定　299

　　　〔Column〕システム開発工程の理解　301
　　　〔Column〕ベンダーとユーザーの派生義務　308
　　　〔Column〕専門家の活用　309

事項索引 ………………………………………………………………… 311

目　次　xvii

コラム一覧

処分証書をどのように定義するか　33

「重要な報告文書」と「類型的信用文書」　34

書証が存在する場合の事実認定に関する判例　37

動かし難い事実とは？　39

証拠説明書　46

準文書　47

文書の形式的証拠力と真正な成立　52

捨　印　63

二段の推定が問題にならない場合　66

ほかにはこんな例も　76

証拠収集と個人情報保護　115

銀行の貸出稟議書の文書提出命令　118

貸金業者の取引履歴の開示義務　119

刑事関係書類の証拠収集　120

捜査関係書類と民訴法220条3号の法律関係文書　121

所有権移転登記手続　158

会社法の改正と会社の行為の商行為該当性　190

株券の電子化　213

民事再生手続における監督委員　214

強制執行の方法等　218

各種保険契約に関する最高裁判例の概観（その1）　228

各種保険契約に関する最高裁判例の概観（その2）　229

中間利息控除　249

弁護士費用保険　250

遺言書の存否　256

認知症の程度を立証するための資料　257

作成者の判断能力と文書成立の真正　272

破棄判決等の実情　273

労働事件における事実認定　285

インターネット上の権利侵害への対応　292

忘れられる権利(検索サイトに対する検索結果の削除請求)　295

システム開発工程の理解　301

xviii　コラム一覧

ベンダーとユーザーの派生義務　308
専門家の活用　309

コラム一覧　xix

凡　例

【法令名略語について】

　本文中の（　）内での法令名の表記には，原則として有斐閣六法全書の法令名略語を用いた。

【判例集・法律雑誌等の略語について】

民（刑）集	最高裁判所民事（刑事）判例集
集民	最高裁判所裁判集民事
裁時	裁判所時報
判時	判例時報
判タ	判例タイムズ

ジュリ	ジュリスト
論ジュリ	論究ジュリスト
法教	法学教室
ひろば	法律のひろば
最判解民事篇平成○年度	最高裁判所判例解説民事篇平成○年度
曹時	法曹時報

【単行本等の略語について】

伊藤	伊藤眞『民事訴訟法〔第6版〕』（有斐閣，2018年）
伊藤＝加藤	伊藤眞＝加藤新太郎編『「判例から学ぶ」民事事実認定』（有斐閣，2006年）
事実認定司法研究	司法研修所編『民事訴訟における事実認定』（法曹会，2007年）
事例で考える	司法研修所編『事例で考える民事事実認定』（法曹会，2014年）
大系（4）	門口正人編集代表『民事証拠法大系（4）各論Ⅱ書証』（青林書院，2003年）

本書の使い方

　事実認定の技法や考え方は，長い間，実際の仕事を通じて，いわば職人芸の伝承のような形で，少しずつ体得していくということが行われていましたが，これをきちんと言語化し，明確に説明できるようにすることを目的として，実務経験豊富な5名の裁判官が司法研修所の委嘱を受けて作成した報告書が『事実認定司法研究』です。本書は，この報告書を基盤としながらも，初学者のみなさんにも無理なく高度な理解に到達してもらえるようにするため，具体的な書証や尋問などの例を豊富に盛り込んで，分かりやすく，丁寧な解説をするよう心がけました。実際の訴訟実務に触れたことがない人にも生き生きとしたイメージがつかめるように工夫していますので，学生や司法修習生などにも読みやすいものとなっているはずです。また，基本的な事項の解説から始めて，次第にレベルを上げていくことにより，若手から中堅の法曹にとっても有益なものとなるようにしました。

　まず，冒頭の「0 事実認定とは？──事実認定総論」は，事実認定に関する基本的な考え方を説明するものです。これによって，事実認定をめぐる全体像を把握した上で，「第1部 解説編」と「第2部 演習問題編」に進んでください。

　「第1部 解説編」は，事実認定の技法や考え方を解説するものです。全部で10章あります。最初に，簡単な具体例などを挙げながら，概略的な説明をしています（1章，2章）。初学者にとっては，大まかなイメージをつかむのに非常に役立つでしょうし，理解の進んでいる方にとっても，改めて基本を再確認するために有益です。次に，書証と人証（証人尋問と当事者尋問のことです）について，押さえておかなければならない基本的な考え方を解説しています（3章～6章）。書証（3章～5章）では，処分証書と報告文書，形式的証拠力と実質的証拠力，文書の作成者，二段の推定などに触れた上，書証をどのように読み解いていくのかを説明していますし，人証（6章）では，具体的な尋問のサンプルを掲げ，供述の信用性をどのように吟味するのかを説明しています。尋問を行う際に留意すべき点にも触れていますので，若手から中堅の法曹にも興味を持って読んでもらえるはずです。そして，証明度について解説した上（7章），以上を踏まえて，事実認定をするに当たって留意すべきポイントや，考えるためのヒントについて，掘り下げた説明をしています（8章）。最後に，証拠収集の方法と証拠保全についての解説をして（9章，10章），「第1部 解説編」は終わりです。これらを順に読み

進めていただければ，無理なく，相当高度な内容にまで到達できることでしょう。

　「第2部　演習問題編」は，演習問題として具体的な設例を挙げ，その解説をするものです。合計16問の演習問題があります。売買，保証，貸金などのごく基本的なものからシステム開発などに至るまで，バラエティに富んだ類型のものを取り上げています。そして，比較的簡単なものから始めて，次第に高度な内容のものに進んでいくように配列し，初学者から中堅法曹まで幅広い層の読者に役立つものとなるよう工夫したつもりです。第2部を読むときは，事実が認定できるかどうかの結論それ自体よりも，思考プロセス，すなわち，結論に至るまでの過程でどのような点を検討しなければならないのか，特にどのような間接事実が問題になるのか，その事実が間接事実として機能するのはどのような論理によるものなのかを考えてほしいと思っています。また，当事者の話や言い分に現れていない重要な間接事実や証拠が他にもあるのではないかということも考えながら読んでいただければ，証拠の集め方や審理の進め方についての考察を深めることになり，一層効果が上がるはずです。

　事実認定は，簡単にできることではありません。カオスに満ちた，整理されていない様々な情報の中から有益な情報を抽出し，整理し，経験則をその限界にも留意しながら使い，人間行動についての洞察力をも発揮しながら考える必要がありますが，どれほど真剣に考えても，論理的に一義的な結論が出るということはほとんどなく，最後まで，本当にこれでよいのだろうかという不安がつきまとうものです。しかし，謙虚な気持ちで真摯に取り組んでいれば，少しずつではあっても，事実認定能力は確実に向上します。本書がその一助となることを心から期待しています。

Chapter 0	事実認定とは？
	──事実認定総論

I　事実認定とは何か

　民事の裁判では事実認定が極めて重要であると言われています。民事事件の裁判の結論は事実認定によってその大部分が決まってしまうものであるとも言われています。

　それでは，事実認定とは，具体的にどういうことを言うのでしょうか。

1　日常生活の中で

　ごく身近な日常的な事例で考えてみましょう。たとえば，自分が友人のA君から，先週の土曜日にロックコンサートに行ったという話を聞いたとします。普通はA君の話を信じて聞き流すものですが，A君が先週の土曜日にコンサートへ行ったということは，どのようにして確かめることができるでしょうか。A君からコンサートの内容を詳しく聞いてみることもよいでしょう。A君と一緒に行ったという友人のB君から当日の話を聞くことでもいいですし，A君が持ち帰ったコンサート当日のチケットやパンフレットによってもそのことは確かめられるでしょう。つまり，A君の話のみならず，B君の話やA君の所持しているコンサートのチケットなどから，A君がコンサートに行ったことがほぼ間違いないものと確認することができるわけです。

　上記の事例で，A君がコンサートに行ったこと（事実・ファクト）は，A君やB君の話，コンサートのチケットなどが手がかりとなって，真実であるかどうかが確かめられています。このように，ある事実が真実かどうかを確かめる手がかりあるいは決め手となるものが証拠（エビデンス）と言われるものです。A君がコンサートに行ったという事実は，A君やB君の話，コンサートのチケットなどの証拠によってほぼ間違いがないものと認められることになります。

1

```
A君の話
  ＋
B君の話                    →   A君がコンサートに行った
A君の所持するチケット
A君の所持するパンフレット
 （証拠）                        （事実）
```

　こうした日常的な事例でも分かるように，特定の事実は，それに関わる証拠によって真実かどうかを確かめることができます。このように，**特定の事実が真実かどうかを証拠によって判断する作業が事実認定と言われるものです。**

2　民事訴訟の中で

　事実認定は民事裁判のあらゆる場面で問題となります。具体的な例を挙げてみましょう。分かりやすくするために，ごく単純な事件を取り上げます。

　たとえば，原告Xの被告Yに対する300万円の貸金請求訴訟事件について考えてみましょう。

　Xは，取引先のYに対して300万円を貸し付けました。ところが，Xが何度催促をしても返済してくれません。そこで，困り果てて知人の紹介でA弁護士のもとを訪ねました。

　Xは，次のように説明をしました。

【Xの説明】

　「私は，個人で新聞販売店を経営しています。うちにチラシを納入していて個人で印刷業を経営しているYから運転資金としてどうしても300万円必要なので貸してもらえないだろうかという話がありました。当初は迷ったのですが，Yが困っているようでしたし，取引先でもあり，自分の定期預金を解約して貸すことにしました。期限は特に定めずに，親しい仲であったので，借用証書も作りませんでした。ところが，Yはいつまでたっても300万円を返してくれません。あげくにこのごろでは借用証書がないのをいいことにして，借りた覚えはないとまで言っています。どうかYから300万円を取り返してください。」

　A弁護士は，Xの深刻な話しぶりからXが困り果てていることを察しました。もっとも，裁判を起こすにしても，相手方のYが借りていないと言っている以上は，Xの300万円の貸付けの事実を立証することができるか心配に

なりました。そこで，Xに何か証拠になるようなものはないかを確認しました。Xが「定期預金を解約したときの書類は残っています」というので，その書類を持ってきてもらうようにしました。さらに，Xの度重なる督促に対して，Yがいまは300万円は支払えないのでしばらく待ってほしいと懇請したYのメールもXが保存していることが判明したので，そのメール記録も一緒に持ってきてもらうことにしました（A弁護士は，Xの相談を受け，その話を聴くうちに，Xの言い分を裏付けるような資料の提出をXに求めています。これは，A弁護士自身が，この事件について，訴訟を起こす前に自分なりに事実認定をして，そのために必要な証拠を収集していることにほかなりません。A弁護士自身がXの貸付けの事実を認定することができる，それだけの証拠があるという確信を得ることができてはじめて，A弁護士も，300万円の貸付けの事実を前提にして，Yと交渉することができることになります。その結果，交渉がうまくいかなくとも，さらに裁判を起こすという段取りを踏むことができるわけです）。

Xの話 　　　　　　　　→ 　　　　　　XがYに300万円を貸し付けた
　＋
Xの銀行の書類
Yのメールの記録

　Yとの交渉は決裂しました。

　そこで，Xの訴訟代理人A弁護士は，Xを原告，Yを被告として，地方裁判所に，300万円の貸金返還請求の訴訟を提起しました。

　ところで，民事訴訟については，弁論主義という重要な基本原則があります。

　この原則は，周知のとおり，事件の実体判断について，訴訟当事者の側にある程度イニシャティブを認めたもので，次の3つのテーゼが説かれるのが通常です。

　①裁判所が認定することができる（主要）事実は，当事者が主張しているものに限られる。

　②当事者間に争いのない（主要）事実（裁判上の自白）は裁判所を拘束する。

　③職権の証拠調べは原則として禁止される。

　現実の訴訟では，上記②のテーゼにより，争いのない（主要）事実は自白が成立し，あらためて事実認定をする必要がなくなるので，争いのある（主要）事実についてのみ証拠によって事実認定をすればよいことになります。

　民事訴訟の審理は，訴状，答弁書の陳述に始まり，原告，被告の双方から

準備書面が提出され，事実の主張に対する反論がされ，それに対する再反論がされるという経過で進行します。その過程で，双方の事実主張が合致する場合には争いのない事実とされ，そうでない場合には争いのある事実とされ，事実認定をすべき部分が明らかになってきます。こうした事実主張と並行して，原告，被告の双方から事実を証明するための証拠が提出されます。

上記のＸＹの訴訟では，原告Ｘは，300万円を貸し付けたと主張するのに対し，被告Ｙは，あくまでも借りていないと主張しました。そこで，ＸＹの訴訟では，いわば全面対決で，ＸがＹに対し300万円を貸し付けたかどうか，ということが争いのある事実となり，中心的な争点として，証拠によって真偽を判断することが必要になります。

Ａ弁護士は，証拠になる文書として300万円を工面したときの定期預金等の銀行関係の書類と返済の猶予を求めた記載のあるＹのメールの記録とを裁判所に提出しました。また，Ｘ本人の尋問を申し出ました。

被告Ｙは，弁護士Ｂに依頼しました。弁護士Ｂは，証拠になる文書がないので，Ｙ本人の尋問を申し出ました。

法廷では，Ｘの提出した書類などの証拠が取り調べられ，Ｘ，Ｙの各当事者本人の尋問が採用され，実施されました。Ｙは，弁護士Ｂの尋問の中で，Ｘの言い分があくまでも事実無根であると供述しました。これに対して，Ａ弁護士は，提出した証拠書類に基づいてＹを追及する尋問をしました。

Ａ弁護士は，証拠に基づく自分の事実認定が正当なものであるとして，これを最終準備書面にまとめて裁判所に提出しました。その内容は以下のとおりです。

Ｘ（原告）　　　　　→　　　Ｙ（被告）

300万円の貸付けの有無（争点）

Ｘの供述　　　　　　　　　　Ｙの供述
Ｘの銀行の書類
Ｙのメールの記録

裁判官は，Ｘ，Ｙ双方にこれ以上提出する証拠がないことを確かめた上で，法廷での審理を終結しました。

約1か月後に判決がありました。

裁判の結果は，Ｘの言い分が認められ，ＹはＸに対し300万円を支払えと

いうX勝訴の内容でした。

　裁判官は，YがXから300万円を借りたかどうかについて，原告Xの主張するとおり，証拠に基づいて，Xの言い分が真実であると認めました。つまり，XがYに対し300万円を貸し付けたという事実を認定したのです。

　この事件では，XがYに対して300万円を貸し付けたという決定的な証拠（たとえば，借用証書）があるわけではないので，裁判官は，Xが提出した証拠であるXの預金書類やメール記録の内容などからXが貸付けの時期に同額の資金を調達していること，Xの督促にYが支払の猶予を求めていること等の事情を推論し，上記事情に照らし，これに沿うXの供述は信用できるのに対し，これを否定するYの供述は信用することができないとして，結局，XがYに対し300万円を貸し付けたとの蓋然的な判断をしたものです。

　このように，厳密な意味では，裁判官が，原則として，民事裁判の当事者間に争いのある事実について，当事者から提出された証拠に基づいて，その真偽を判断することを事実認定と言います。

　ところで，民事裁判は，認定された事実を前提として，これに法律を適用して結論が出されることになります。上記の事件の例では，XがYに対し300万円を貸し付けたという事実が認定されています。そのため，この事実を前提として，これに「消費貸借は，当事者の一方が種類，品質及び数量の同じ物をもって返還をすることを約して相手方から金銭その他の物を受け取ることによって，その効力を生ずる」という民法587条の条文を当てはめた結果，XのYに対する消費貸借契約の成立が認められ，返還時期が到来したことによって，XのYに対する300万円の請求が認められるという構造になっています。

　以上のように，事実認定が法律の適用の前提となっていることは重要なことです。法律実務家として初心のうちは，事件の事実が確定されていないにもかかわらず，それは所与のものとして法律論をすすめてしまうことがよくあります。また，事実が正しく認定されていないと，その裁判自体が誤ったものとなってしまいます。裁判実務では，法律の解釈を問題にするまでもなく，認定された事実にそのまま法律を適用することで直ちに結論が出てしまうケースも多いのです。初心のうちは，以下の図式は絶えず頭に入れておくことが必要です。

　　　　裁　　　判　　＝　　事実認定　　＋　　法律の解釈適用

5

Ⅱ　裁判官の心証形成──事実認定のプロセス

　前記の貸金返還請求事件の審理において，裁判官はどのようにして心証を形成しているのでしょうか。訴状や答弁書が提出された時点では，いまだ当事者のいずれに分があるか，を判定することは困難でしょう。裁判官は，当初から事件に予断をもってのぞむものではありません（もっとも，事件によっては，訴状の主張自体から無理ではないか，と判断される事件もないわけではありません）。

　しかし，原告からの証拠が提出された段階で，裁判官は，原告が有利ではないか，との見当をつけることができます。原告・被告間で契約書や借用書が作成されていないことは，原告にとって不利なことと言えます（しかし，契約書がなくとも，他の証拠で契約の成立が認定できればよいわけです）。原告が被告から弁済猶予を求めるメールを受領していることは，本件訴訟においては，かなり決定的なことと言えるでしょう。このような証拠が提出されている以上，被告が，これに対してどのような言い訳をするかが注目されることになるわけです。

　そうすると，裁判官は，主張・証拠書類の出揃った段階で，本件は原告勝訴の事案であろう，との仮説をもって，次の証拠調べにのぞむことになります。このように，民事裁判では，裁判官は，多くの場合，主張の内容や，重要な証拠等に照らして，ある程度，今後の見通しについての一応の仮説を立てて審理にのぞんでいると言ってよいようです。まったく白紙の状態で審理しているようなことは少ないのではないでしょうか。

　そして，裁判官は，証拠調べの過程をとおして，その仮説を検証していくわけです。仮説はあくまでも仮説にすぎませんから，絶えず見直しが必要ですし，矛盾する証拠との関係では，あるいは御破算にしてやり直すということも出てくるでしょう。

　前記の貸金請求事件では，銀行の関係書類から原告が同時期に定期預金を解約して貸付けの資金にしていること，メールの記録からＹがＸの督促に対して返済の猶予を求めていることが，貸付けがされたことの周辺事情として認定されます。

　このように，事実の認定というものは，証拠調べの進展によって徐々に行われていくのが通常です。裁判の審理では，裁判の基礎とすることのできる事実が，一挙に明らかになるというのではなくて，少しずつ判明してくるものです。そのため，ある仮説は持ちつつも，それはあくまでも交換可能な１つの観点として維持しつつ，判明してくる事実に照らし合わせながら，浮動的な

度合いを徐々になくして，固定的な結論の段階にまでいくことになります。

　事実認定がこのように漸次的な形成のプロセスをたどる，ということは，当然のことながら，事実を前提とする法律の解釈適用も，それに応じて継続的累次的な仮説的な作業として並行してすすめられることを意味しています。いわゆる判決三段論法というのも，事実の確定した静止的な最終段階についてのみ言えることであって，実際は，それ以前に試行的な結論の選択と放棄とが繰り返されることも多いのです。

Ⅲ　事実認定の手法

　以上のように，事実認定において裁判官が確信に達するまでの過程は，絶えざる「仮説」の投げかけのプロセスであると言われています。それでは，そうした仮説の投げかけのプロセスにおいて，裁判官は，何をよりどころにして事実認定をしているのでしょうか。**基本的な手法としては，事件の中で「動かし難い事実」をいくつか見つけ，それらを有機的につないでいって，重要な事実関係を，いわば仮説として構成していく，その過程で，その仮説では説明できない証拠が動かし難いものとして出てきたときは，その仮説を御破算にして新しい目で見直してみる，という手法が一般的なものとされています。**

　ここにいわゆる「仮説」というのは，ある具体的な状況の下で，こうなるであろう，あるいはこうなるはずである，という暫定的な予測であり，ある類型的な事象について経験的なパターンを想定することができるものです。認知心理学あるいは認知科学の用語を借りて説明すると，裁判官の持つ図式ないしはスキーマが，対象を認知する際の枠組みとして働くのだ，と言うこともできるでしょう。スキーマとは，対象や状況の理解のためのパターンとなる，一定程度まで抽象化された知識のことです。人は，ある状況を経験することをつうじて，どの情報が重要なのか，情報間の関係がどのようなものであるかを学び，スキーマとして保存しておきます。ある問題に直面したときは，スキーマ（経験から徐々に作り上げられたもの）を利用することによって問題を解決します。

　それでは，民事の事実認定において，手がかりとなる「動かし難い事実」とは，どういうものでしょうか。

　それは，契約書や領収証によってほぼ確実と認められる事実（成立の真正が認められ信用性が高い書証に記載された事実，第1章参照），**当事者が一致して供述する事実，他方当事者が不利益であるが特に争っていない事実などです。これらは多ければ多いほどよいでしょう。**

このように動かし難い事実を手がかりとしつつ，当事者双方の事実上の主張を突き合わせ，提出された証拠を参照しながら争点を整理していくと，原告の主張と被告の主張とが対立していて本格的に争われている事実（それは主要事実とは限りません。間接事実であることも多いです）はそれほど多くなく，一部分であることが明らかになってきます。

仮に争点について原告の主張する事実をＡとし，被告の主張する事実をＢとすると，争点となる事実がＡであるか，Ｂであるかが問題となります。民事事件においては，多くの場合に，裁判官は，事実Ａと事実Ｂとを比較し，前記の動かし難い事実に照らして検証し，後記のとおり，Ａ，Ｂのいずれに結び付けるストーリーが，より合理性があるかを判断して事実認定をします。すなわち，裁判官は，原告側の仮説（事実Ａを含んだもの）と被告側の仮説（事実Ｂを含んだもの）とのそれぞれについて，帰納的に検証をし，いずれのストーリーに合理性があるか，自然なものと言えるかを判断し，いずれか一方に軍配を挙げることになります。このような場合が比較的多いと言えるでしょう。

Ⅳ　事実認定の推論構造

民事紛争は，経済的な取引や長期間にわたる交渉の中で生じてくるものが比較的多いので，権利義務の紛争に至った背景や経緯，その推移等を視野に入れて事実を認定すると，実情や実態に適合した，落ち着いた事実認定をすることができます。これがストーリーの流れの中で事実認定をすることが望ましいこととされる理由です。

もっとも，民事紛争は，このようなストーリーとは切り離して，個別に事実が認定される場合もしばしばです。たとえば，交通事故で，事故現場の交差点の信号が事故直前に何色であったかが問題になることがあります。また，医療事件で，患者が手術中に突然に多量の出血で死亡した場合に，その出血の原因や部位の特定が問題になることがあります。それぞれの事実を認定するためには，前者では，事故を目撃した第三者の証言，信号機の点灯の仕組みなどの専門知識が必要になりますし，後者では，医療専門家の鑑定が必要になってくることがあります。

争いのある事実を認定するには，このような特定の事実を，ストーリーと無関係に個別に認定することも往々にしてあります。

ところで，ある特定の事実を認定する際の判断過程はどのような仕組みになっているのでしょうか。

ごく身近な例を挙げてみましょう。たとえば，私たちが「この子供は小学

校に行く」と判断するには，いったいどのようなことを根拠にしているのでしょうか。

思いつくだけでも，

ア 時刻が朝の小学校が始まるころである

イ 子供の通っている道路は小学校の通学路である

ウ 子供の制服やランドセル

エ 何人かの友達も子供と同じ方角へ歩いている

等々の事実を挙げることができます。

つまり，逆にいうと，私たちは，ア以下の事実をもとに「この子供は小学校に行く」という蓋然的な判断をしているわけです。

上記の例は，現在の事実についての推認の例ですが，事実認定は，過去の1回的な事実を推定判断するという点で異なっています。これは歴史家や考古学者が，多数の史料や出土品などをもとにして過去の事実を探究する作業に似通っています。

たとえば，過去の1回的な事実を諸般の事情から推定判断する事例として次のようなものがあります。

レストランの冷凍庫から発火し，店舗兼住居が半焼したとして，レストランの店主Xらが冷凍庫の製造者である大手電気機械器具メーカーであるYに対し，損害賠償を請求した事件です（東京地判平成11・8・31判時1687号39頁参照）。

この事件においては，目撃者がおらず，発火源が冷凍庫であるかどうかが主な争点となりました。

この事件について，裁判所は，次のような間接事実を総合して，火災の発火源は冷凍庫であると推認しました。

①鋼鉄製で本来外部からの火で燃える蓋然性の低い冷凍庫それ自体が焼損していること

②冷凍庫が置かれた場所とその裏側に当たる板壁の焼損の位置が対応する関係にあり，板壁の部分が建物内部の他の箇所に比べて焼損の程度が大きいこと

③冷凍庫の背面に近い部分の焼損状況よりも背面から遠い部分の焼損状況が激しいこと（冷凍庫背面の外部からの火というよりも，内側からの火により焼損が広がっていったと考えられること）

④一般的に冷凍庫のサーモスタット部分にトラッキング（接続部分にほこりがたまり湿気が生ずることによって発火する現象）が発生することがあり，冷凍庫から発火し，背後の板壁に着火する可能性があること

9

⑤電気冷蔵庫（冷却機能という点で冷凍庫に類似する）からの発火による火災が，統計上，毎年複数件あること

⑥出火原因となりうるたばこについては，現場にたばこの吸い殻は発見されていないこと。Xらはたばこを吸わず，客のたばこの吸い殻は水を入れた空き缶に入れていたことから，出火の原因とは考えられないこと。ガス器具についても，火災直後にはガス器具の栓が閉まっていたことから同様に火災の原因とは考えられないこと

⑦Xらは，複数の損害保険契約を締結し，4300万円の火災保険金を受け取っているが，その保険契約の締結時期は火災から5年前であり，Xらが生活に困窮していたような事情もうかがわれないことから，容易に火元にはなりにくい冷凍庫自体に放火することは不合理と言えること

⑧Xらの外出した時刻には，Xらが既に火災による異臭を感知していたとの事情は認められないこと。Xらが外出してから10分後に火災発生が認知されていること

　以上の間接事実は，いずれも当事者の主張に基づき，消防署の実況見分調書，専門家の鑑定書，関係者の供述などの証拠により認定されたものです。前記①から⑤までの事実は，いずれも火災の発火源が冷凍庫であることを積極的に推認させる事実です。これに対し，前記⑥から⑧までの指摘は，火災の発火源が冷凍庫以外であると推認させる，いわば消極方向への事実（たとえば，Xらが火災保険金目当てに放火したこと，たばこやガスの火の不始末があったこと，Xらが故意に火災を放置したこと）です。

　事実認定について深刻な争いのある事案では，多数の間接事実が問題となり，ある間接事実から別の間接事実が推認され，その間接事実から更に別の間接事実が推認されるというように，いわば重層的な構造になっていることが多いようです。

　この損害賠償事件のように，複数の間接事実から1つの事実が推認される場合にも，その推認を妨げる別の間接事実が存在することもあります。前記の冷凍庫の火災の事件では，前記①から⑤までの事実から推論して，火災の発火源が冷凍庫ではないかとの仮説を形成することになります。もっとも，前記⑥から⑧までの認定の前提となった指摘は，これとは反対の仮説を主張するものです。そこで，前記⑥から⑧までの指摘のそれぞれについて検討し，その不合理なことを明らかにして，前記⑥から⑧までの事実を認定して，反対あるいは競合する仮説を消去したことになるわけです。冷凍庫が発火源であるとの仮説は，前記①から⑤までの事実によって合理的に説明することができます。前記⑥から⑧までの事実は，これらの事実とあいまって，

前記の仮説の蓋然性を支えるものです。

　複数の事実からある特定の事実を推認する場合の思考過程は，あくまでも蓋然的な推理です。もっとも，現実の認定作業の中では，試行錯誤的に何らかの仮説を立てて，その仮説の真偽を，認定したいくつかの事実群によって検証しあるいは説明するというプロセスを経るのが一般的です。**その仮説と矛盾ないし競合するような反対仮説があったときは，動かし難い事実やストーリーの自然さに照らして反対仮説を検証します。その結果，反対仮説が消去されることになって，当初の仮説を採用することになるのです。**たとえば，前記の冷凍庫の火災のケースでも，他の火災発生原因があるのではないか（前記⑥），火災保険金目当ての放火あるいは火災の放置によるのではないか（前記⑦，⑧）との反対仮説（これは相手方の指摘や主張によることが多い）の存在を検討し，これを否定することによって，真の火災原因を認定するという構造になっています。火災発生の原因が何であるかについては，損害賠償請求の原告から仮説としての事実主張がされ，被告から反対仮説として事実上の反論がされるのが通常です。事実認定に当たっては，これらの事実主張を踏まえ，証拠を評価して，事実はこうであったのではないかという仮説を形成します。同様にこれに矛盾し対抗するような反対仮説も想起します。複雑な事件では，これら複数の仮説について，証拠によって認定した事実をもとに検証し，十分に説明することができる仮説を結論として採用し，その他の仮説を最終的には消去することになるのです。**すなわち，事実認定においては，原則的には，当事者の事実主張と反論につき，証拠を評価して，仮説形成，仮説検証，反対仮説の消去という思考プロセスをたどるのが通常です。**

V　事実認定の推論の性質

　ところで，このような複数の間接事実からある事実を蓋然的に推論する場合の推論の性質はどのようなものなのでしょうか。

　特定の事実Aから，これとは別の事実Bを推認することは，いわゆる事実上の推定に当たります。事実上の推定の判断の現実の思考過程は，これをどのようなものと見たらよいのでしょうか。

　たとえば，XがYに対し110万円を支払ったこと（事実A）から，同日にXとYとのあいだで110万円の宝石の指輪の売買契約が締結されたこと（事実B）を推論（infer）する場合を考えてみましょう。

　この場合の思考過程としては，従来から演繹的推理であるとする見方と帰納的推理であるとする見方とが対立しています。**推理（inference）の研究**

では，演繹的推理（deductive inference）とは，一般的な命題・言明から個別事例についての命題・言明を引き出す推理のことを言い，帰納的推理（inductive inference）とは，個別事例から一般的法則を引き出すような推理を言います（もっとも，演繹的推理は形式論理的なルールに従って一律の解を得るものであり，それ以外は帰納的推理であるとされることもあります）。演繹的推理であるとすれば，事実Bの推認は経験則による三段論法的判断であり，「売買代金相当額を支払った場合には，売買契約が締結されたものと考えるのが通常である」との経験則に，事実Aを当てはめて，演繹的に事実Bを推認するとするものです。これに対して，帰納的推理であるとすれば，通常人の日常的な判断として，過去の経験から一般的に見て，事実Aから直接に事実Bを因果的に推認するとするものです。

　いずれの見方も可能であると思われますが，筆者としては，後者の帰納的推理が裁判官の現実の思考過程に合致するのではないかと思われます（ただし，前者の演繹的推理とする見方は，論理的・分析的であって，複雑な事例の推理の合理性を事後的に反省し，意識的に検証するのには有益でしょう）。

　いずれにしても，このような事例における推理は，蓋然的な一応のものにすぎず，Ｙの側からの反対の事情が主張・立証されることによって，容易にくつがえることが予定されているものです。

　そこで，Ｘとしては，上記の売買代金相当額の支払の事実に加えて，ＸはＡとの婚約を控えていて1か月後の結納に指輪を必要としていたこと，Ｙが加工に2週間かかるので2週間後にお届けすると述べたのでＸがこれを了承したこと，2週間を経過しても商品が届かないので，Ｘがメールで問い合わせたところ，Ｙからお詫びの返信があったことなどのストーリーや周辺事情を主張・立証することによって，さらに事実Ｂ（ＸとＹとの間で110万円の宝石の指輪の売買契約が締結されたこと）の蓋然性を高めていくわけです。もっとも，これらの間接事実の中には，個別に検討すると，主要事実を強力に推認することができるものと，微弱なものとがあることになります（いわゆる推認力の強弱の問題）。

　このように民事裁判の実務では，いくつかの事実を総合してある事実を推認するという手法がとられることが多いのです。

Ⅵ　経験則の重要性

　ところで，このような蓋然的な判断をする際に手がかりとなるものが，いわゆる経験則と言われるものです。

　経験則とは，必ずしも一義的とは言えませんが，「人間生活における経験

から帰納される一切の法則，詳言すれば一定の条件の下において期待し得べき結果を表現する仮定的法則」であると言われています。現在の実務では，自然科学の法則のような必然的なものから，社会生活上，通常であればこうなるであろうという例外のあり得るものをも含めて経験則と言っています。

　冒頭に掲げた貸金請求事件について言えば，貸付けの時期に同額の資金を調達していれば，その資金を通常は相手方に貸し付けたのであろうと推認します。また，支払の猶予を求めるのは，通常はそれより前に借受けの事実があったからであろうと推認するわけです（貸付けの必要があるから，わざわざ預金の払戻しを受けてその準備をしたのであろう，と推理し，300万円を借りてもいないのに相手方に期限での支払を待ってくれと言うはずがないと推理するのです）。

　経験則は，私たちの社会生活のあらゆる面に及びますから，物理法則のように確実なものから，経済取引の慣行や社会生活の実情のように蓋然性が伴うものまで実にさまざまなものが考えられます。たとえば，経済的な取引に関するものとして，実印・印鑑証明書などは，何の理由もなく他人に渡さないのが通常である，金融機関が相当額の金銭を貸し付けるときは担保を取るものであるなどいろいろなものが考えられます。このような一般的経験則は証明が必要はありませんが，たとえば，医学上の専門的知見のような専門的な経験則は証明が必要となります。

　ただし，経験則を用いる場合に留意すべきことは，例外があり得るということです。社会生活の上で，大多数はそうであるという場合でも，特殊な事情で必ずしも経験則どおりにいかないこともあり得ます。社会生活の実情は，複雑で奥深いものですから，絶えず反対の可能性を念頭に置くことも事実を慎重に認定していく上では必要なことでしょう。また，経験則を独立の法則と考えるのではなく，絶えず具体的な事案との関係で把握していくことが大切です。

　上告審は，通常，原審の事実認定については介入できませんが，事実認定が経験則に反していれば，一定の場合に「判決に影響を及ぼすことが明らかな法令の違反」（民訴312条3項）として高等裁判所に対する上告理由となり，または，「法令の解釈に関する重要な事項」（同318条1項）として最高裁判所に対する上告受理申立理由になり得ると解されます。

Ⅶ　証明度

　周知のとおり，最高裁は，ルンバール事件において，因果関係の証明について「訴訟上の因果関係の立証は，一点の疑義も許されない自然科学的証明ではなく，経験則に照らして全証拠を総合検討し，特定の事実が特定の結果

発生を招来した関係を是認し得る高度の蓋然性を証明することであり，その判定は，通常人が疑を差し挟まない程度に真実性の確信を持ち得るものであることを必要とし，かつ，それで足りるものである」と判示しました（最判昭和50・10・24民集29巻9号1417頁）。**すなわち，民事裁判の事実認定については，①高度の蓋然性を証明し，それは，②通常人が疑いを差し挟まない程度の確信を持ち得るものであることが必要とされています。**

　証明度の問題は，実践的には，裁判官がどのような心証に達したことをもって事実の証明があったとすることができるか（事実の認定をすることができるか）という問題です。この問題は，後に詳述されますが（第7章参照），筆者としては，とりあえず以下のように考えています。証明度あるいは心証度は，ある程度数量的または割合的に観念することができるものですが，裁判官が実際に事実認定をするときに，たとえば，80％の蓋然性や70％の蓋然性というような数値で必ずしも判断してはいないと思われます。**実務的に重要なのは，蓋然性の程度はもちろんですが，合理性・客観性です。事実の証明があったとするためには，その判断が，「健全な常識を持つ中立的な第三者ならば同一の結論に到達するであろう程度の蓋然性があるものでなければならない」**でしょう。具体的判断において，通常人の判断を基準として，異なる見地に立てば異なる結論が得られるというように合理的な疑いがなくならないと客観的に判断できるようであれば，事実の証明があったとすることはできないことになります。前記最高裁判決の説示で，「その判定は，通常人が疑を差し挟まない程度に真実性の確信を持ちうるものであることを必要と」しているのはその趣旨でしょう。逆に通常人が疑いを差し挟まない程度の確信を持ち得るものであれば，裁判官はその事実を認定するのをためらわないでしょう。その際の蓋然性が常に真実に近いほど高いものであるとは一概に言いきれないようです。

　実務上は，一般に理解されている「高度の蓋然性」より低い場合であっても証明度に達していると考えられるケースもあります。

　民事訴訟の証明は，あくまで蓋然的な判断として判定されますから，当事者としては，相手方の立証活動を慎重に評価することが望まれます。そこに30〜40％の不確かさが残されているとしても，裁判所は立証が成功していると判断する可能性があります。訴訟代理人としては，その点に留意して反証活動の時機を失しないようにしなければならないでしょう。

Ⅷ　証拠構造に従った事実認定とその手法

　ここでは，要件事実（たとえば，「売買代金の支払」）に当てはまるような具

体的事実を「主要事実」（たとえば「500万円の売買代金を支払ったこと」）と呼んで区別することにします（23頁以下参照）。そうすると，訴訟における証明は，この主要事実の証明が最終的な目標になります。

事実認定は，主要事実の認定がその中核となると言えるのです。

そして，主要事実は，前記のように，いくつかの間接事実によって推定されることが多いのです。以上の推定の構造を，証拠との関係をも含めて図示すると，以下のチャートのようになるでしょう。

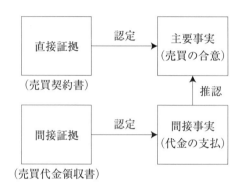

もっとも，契約書のような直接証拠（主要事実を直接に証明することができる証拠）がある場合には，契約書の内容から直ちに契約の成立という主要事実が証明されることもあります。直接証拠が提出された場合には，直接証拠を優先的に検討することが必要になります。**このように，当事者が事実を立証するためにどのような証拠を提出するかにより，その構造（いわゆる証拠構造）に対応して，事実認定の手法も異なってこざるを得ません。**

直接証拠としての文書には，契約書のような処分証書以外に，報告文書であっても，領収書のように信用性の高い重要な報告文書も含まれます。

a 直接証拠として処分証書または重要な報告文書があり，その成立に争いがない場合

この場合には，特別な事情のない限り，その文書の記載どおりの内容を認定します。

b 直接証拠として処分証書または重要な報告文書があるが，その成立に争いがある場合

この場合には，挙証者が文書の成立の真正について立証をします。

c 直接証拠として処分証書または重要な報告文書はないが，直接証拠として供述証拠がある場合

この場合には，直接証拠である供述証拠等の信用性の評価が判断の中心になります。

d　直接証拠として処分証書または重要な報告文書も供述証拠もない場合

この場合には，間接事実の総合による要証事実の推認の可否が判断の中心になります。

以上のaからdまでが，民事裁判における事実認定の基本的な判断枠組みと言うべきものです。もっとも，実際のケースでは，dのケースも多く，個々の間接事実についても，積極・消極いずれの方向にも評価できる事実もあって，いずれの推理も可能であるようなものも少なくありません。このような場合には，要証事実ごとに個別的に証拠評価をして事実を認定しつつも，**事実全体の流れや自然さ**を見て総合的に評価し，検証をして最終的な事実認定に至ることになります。民事裁判の実際では，契約書のような直接証拠がある場合でも，その趣旨・目的や内容が争われることが多いし，直接証拠が人証（証人の証言，本人の供述）である場合にはその信用性が争われることが少なくありません。そこで，実務では，直接証拠とともに，主要事実を推認させる間接事実についてもあわせて検討し，これらを総合して事実認定をしているのが実情と言えるでしょう。

Ⅸ　事実の全体的観察の必要性

なお，事実認定の問題については，これまで特定の個別的な事実について，その証明度や心証度が問題として議論され，その方面での成果が多かったようです。これらを，仮に部分的・個別的なアプローチと呼ぶとすると，事実認定には，このような部分的・個別的なアプローチのほかに，いわば全体的・関係的なアプローチによって検討すべき側面もあるように思われます。

それは，個々的な事実の証明のプロセスに注目するのではなく，**事実全体のストーリーの見方や事実の流れの捉え方**にかかわるものです（よく判決理由に，「……」の証拠を総合すれば，として，事件の経緯としてのストーリーが長々と認定されることが多いのですが，これは，裁判官が，この事件をどのように見たか，という観察の報告と考えてもよいでしょう）。

事実は，それぞれ孤立して存在するのではなく，それが社会的事実として生起するときには，一連の社会的事実の経過の中であらわれてくるのが通常です。そして，個々の事実は，それぞれが有機的な関係をもっていて，事件全体の経過の中に位置付けられることによって意味を持つと考えられます（アメリカの刑事陪審の事実認定に関して，訴訟当事者が戦略的に構築する物語

16　Chapter 0　事実認定とは？

〔ストーリー〕の構造が，物語の文脈としての関係において，証拠の評価や個別的な事実の解釈に想像以上の大きな影響力を持つことが知られるようになっています。これは刑事事件における特定の犯罪行為という比較的短期間の定型的事実経過を問題とする場面で認められることですが，民事事件においても，事象の生起とその解釈という点では，同様に妥当することと考えられるでしょう）。

これらの個々の事実のまとまりとしての全体像が，最終的には，裁判官の観察ないしは洞察の結果——認定事実（事実関係）として判決書の理由中に明らかにされます。

ここで明らかにされた認定事実（事実関係）について重要なことは，裁判官によって把握された事件の全体像が，紛争の実態を的確に捉えたものであるかどうか，ということです。

裁判官によって，事件の全体像の捉え方が異なっていれば，単に事件の見方の相違というにとどまらず，その相違は何によって生じたものであるのか，いずれが紛争の実態や実情にそくした自然なものであるか，という観点から比較検討してみることが可能になります。

たとえば，最判昭和59・5・29民集38巻7号802頁（日本メール・オーダー救済命令取消請求事件）は，会社が，併存する2つの労働組合の一方に対し，労使交渉に際してあくまでも「生産性向上に協力すること」という条件に固執してその組合の要求に応じなかったことが，不当労働行為に当たるかどうかが問題とされた事案です。

第1審の東京地裁は，不当労働行為に当たると判断しましたが，第2審の東京高裁は，不当労働行為に当たらないと判断しました。

第1審，第2審のそれぞれの事実認定を見ると，交渉当時の「生産性向上」という条件についての認識の程度，会社がその点に固執して組合を窮地に追い込んでいったのか，それとも組合の身勝手ないしは自業自得にすぎないのか，という基本的な交渉経過についての見方の相違が明らかになっているように思われます。

最高裁判所は，第1審の見方を支持して組合側を勝訴させましたが，これなどは，事件の全体的な事実の捉え方が勝敗を分けた事例と言ってよいでしょう。

このように事実認定を全体的・関係的な視点から考え直すときに有用なのは，先にも少し触れたように，**認知科学の成果**でしょう。卑近な例をとっても，私たちは自分の経験によって現実の事象を判断します。認知科学では，認知の内在的制約として私たちの持つスキーマが，枠組みとしての知識となって認知過程に影響することが知られています。人工知能の研究の進展とと

もに，今後，認知科学の方面から事実認定のメカニズムが解明されていくことが期待されます。

X　立法事実

ところで，いままで事実認定として述べてきたのは，過去の1回的な事実についてです。たとえば，事故当時の交差点の信号が何色であったか，原告が被告を殴打したのかどうかなどのように，特定の当事者間の紛争解決に必要な過去の具体的・個別的な事実です。これを司法事実（adjudicative fact）と言います。

これに対して，立法事実（legislative fact）と言われるものがあります。

これは，現代型訴訟，特に政策形成的な訴訟において，類似の紛争の背景・原因となったり，判決の結果，将来において生じたりするような一般的な事実で，特定の事件を超えて政策的な判断をする際に考慮される事実です（これは，立法部の法形成に当たり考慮されるような性格を持っていることが特徴です。たとえば，女性の深夜のタクシー乗務の健康への影響，性交渉についての10代の青年の意識，電車の運行を停止したときの社会的影響等）。このような立法事実については，憲法訴訟以外では，必ずしも明確に区別されず，その重要性も意識されていませんでした。けれども，近時の現代型訴訟の増加等に伴い，しだいに注目を集めてきていると言ってよいでしょう。

ところで，このような立法事実は，現代型訴訟の司法政策形成の前提になるばかりでなく，ごく日常的な民事訴訟の判断の前提にもされる，という点が重要です。たとえば，仲裁契約の合意の有無が争われた最判昭和55・6・26判時979号53頁を見てみましょう。宮城県の郡部の零細業者がいわゆる四会連合協定の工事請負契約約款を用いて請負契約を締結しました。ところが，その業者が約款中の仲裁契約条項に従った仲裁による解決を拒絶しました。そこで，契約の当事者が同約款に拘束されるかどうかが問題となったのです。その際に，契約当時における仲裁手続についての国民の周知性が合意の基礎として疑問とされたのです。この判決における少数意見は，その周知性がなかったものと「推測」して，合意の効力を否定しています。このような約款の内容の周知性のような事実は，いわば一般的な社会的事実と言ってよく，上記の立法事実と言ってよいのではないでしょうか。

これは一例にすぎませんが，このような訴訟の勝敗に影響するような重要な立法事実については，できれば十分なデータに基づいて認定されることが望ましいでしょう。

立法事実については，必ずしも厳格な弁論主義の規制に服さないとするの

が一般的な理解（利害を有する当事者の手続的関与は必要とされる）のようですが，問題は，どのようなルートで必要なデータを入手すべきか，ということです。現行法の下で考えられる制度としては，調査嘱託（民訴186条），鑑定（同212条以下），文書送付嘱託（同226条），専門委員制度（同92条の2以下）等がありますが，いずれも難点があり，十分なものとは言い難いものです。たとえば，アメリカのアミカス・キュリエ（amicas curie：法廷の友）のように，訴訟外の第三者からより広く公正に公共的情報を得られるような制度や運用が考えられてもよいかもしれません。もっとも，アメリカのアミカス・キュリエも，事案によっては，党派的な情報提供をすることもあると言われていますから，今後の制度設計ないし実務上の運用には慎重な配慮が必要になるでしょう。

XI　法と心理学からの示唆

　事実認定の研究には，人間がどのように感じ，考え，行動するか，どのようにして決定するかという問題，人間の知覚・記憶は何かという問題に関する科学的知識が必要不可欠です。これらは学問的には心理学等の研究対象です。

　裁判官の心証形成に関する心理学の古典的研究としては，ドイツのG・ボーネのものが著名です。ボーネは，情緒的要素を考慮して裁判官の確信形成に至る心理過程を分析し，裁判上の確信形成は，心理学上の問題解決過程と同様であり，解決行為，解決意識，解決検証からなるとしています。裁判官の確信形成は，感情により規定される，精神上の快体験であるとしています。

　法学者と心理学者の共同によるフォーラムである「法と心理学」の諸研究も興味深いものがあります。

　これまでのところ，訴訟とのかかわりでは，供述心理学について相当の知見が蓄積されています（刑事事件に関するものが多いようです）。証人の証言の信用性評価について，証人の記憶が知覚・保持・抽出の各段階において変容をとげることはよく知られています。たとえば，友人と会った場所や時間が無意識に別の場所や時間にすりかわって記憶されてしまうこと（「無意識的転移」）もしばしばあると言われています。また，中立的証人と申請当事者の事前面接によって，証人が心理的圧力を受けて証言内容に変容が生じることもあります。証言の一貫性や供述者の確信に満ちた態度なども，上記のような傾向を考慮すると，直ちに信用してしまうことは危険であり，動かし難い事実との整合性を丁寧に検討することが必要であると言われています。

証言や記憶の研究以外では，たとえば，商標の同一性が争われた事案に関して商標についての一般人の感覚・印象の心理学的研究などが興味深いものです。**いずれにしても，ケース・バイ・ケースの心証形成の問題ではありますが，裁判官や弁護士がこのような心理的メカニズムを多少とも心得ていることは，必要なことと言えるでしょう。**

「法と心理学」の研究は，今後，法律専門家と市民との間のコミュニケーションのあり方の領域にまで及ぼうとしています。訴訟や紛争解決過程が，結局，関係者の間のコミュニケーションに帰することを思えば，それらの研究は，プロセスの円滑かつ説得的な作動のために有益な知見を提供してくれるものと期待されます。

民事裁判における事実認定の問題は，訴訟制度という枠組みの中で，ゼネラリストとしての裁判官がいかにして社会の実態・実情に合致した認識に到達することができるかという課題に置き換えることもできるでしょう。そうであれば，証拠の評価についても，よりいっそう社会一般に開かれた視点でされることが望ましいことです。そのような視点を獲得する上で，心理学等の隣接諸科学の研究成果を絶えず参照することが必要なことと言えるでしょう。

XII　民事裁判における事実認定の特質

それでは，民事裁判における事実認定の特質の概略を見ておきましょう。

1　提出資料の制約

これは，前記のとおり，民事裁判の原則である弁論主義からくる制約です。裁判所は，当事者間で争いとなっている事実につき，当事者から提出された資料の範囲で実体判断をしなければなりません。また，それをもって足りるとされています。裁判所が職権で証拠を収集できる建前にはなっていません。民事裁判においては，必ずしも（神の目から見たような）事案の真相に，裁判所の事実認定が合致することは期待されていません。あくまでも提出された証拠の範囲内での相対的な判断にとどまるものです（そうは言っても，一般にはできるだけ客観的な真実に合致するような事実認定をしたい，その方向へ近づけたいという気持ちにも強いものがあります。なお，事実認定の制約について言えば，事実認定に無制限の時間をかけられないということも，実務上は強く意識されるところです）。

弁論主義の下では，当事者の主張立証活動の内容や程度に裁判所の事実認定の結果も左右されることになります。したがって，事実認定の結果そのも

20　Chapter 0　事実認定とは？

のも当事者の立証活動との相関で，その立証プロセスとともに評価しなければなりません。このことは最近強く意識し指摘されるようになってきています。そこでは，当然のことながら事案解明のための弁護士の立証のスキルの巧拙が問われることになるでしょう。弁論準備手続における釈明で，事案を解明し，争点が事件の実態に合致したものとなるようにすり合わせが行われるのが通常ですが，それにもある程度限界があると言わざるを得ません。

2　書証の重視
民事裁判では，書証が比較的重視されます。

供述や証言は，法廷で宣誓した上でされるものですが，どうしても利害関係がからむために全面的に信頼しにくい面があるのは否定できません（一部で「民事裁判は偽証合戦」と揶揄されることさえあるほどです）。これに対して，過去に書き残された書類（たとえば，契約書や念書など）の記載の方が，当時の事情を反映していて，客観的で信頼できるということになるわけです。かつては民事裁判官の意識としては，審理は，書証が中心で，人証はその説明ないしは補充という受けとめ方をしている場合が多かったようです。もっとも，民事裁判の審理に集中証拠調べが実施されるようになってからは，集中証拠調べによって，初めて事件の全貌が明らかになることも多く，本人の供述や証人の証言なども，書証によって認められる各事実を結ぶ線として，あるいは事件の背景となるストーリーとして重要な役割を有していることが認識されるようになってきています。

このような民事裁判における書証の重要性ゆえに，書証については特別の法的規制がされています。

すなわち，文書の形式的証拠力の問題です。文書の形式的証拠力とは，文書がその作成者によって作成されていると認められることを言います。つまり，文書を証拠として評価するときには，文書の作成者が誰なのか，本当にその者によって作成されたものか，の確認が常に必要とされるのです。このため実務上は，文書の作成者を確かめるとともに，文書がその作成者によって作成されたものかどうか（これを文書の「真正」と言います）について必ず相手方当事者の認否を求めることになっています。

この点で重要なのは，押印のある私文書の扱いです。

押印のある私文書については，その印影がその者の印章によってできたことさえ証明できれば，その文書全体がその者が作成したものとされることになります。

これは，以下の図のとおり，その者の印影があれば，その者が意思に基づ

いて印を押したのであろうという事実上の推定が働き（最判昭和39・5・12民集18巻4号597頁），さらにそうであれば，その者が作成したのであろうということになって（民訴228条4項，法定証拠法則），文書の内容どおりの事実が認められることになるからです（いわゆる二段の推定）。

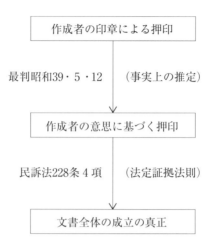

　もっとも，この原則には，当然のことながら例外があり，たとえば印影があっても，それが盗用されたり，事情の分からない家族が押印したりしたなどというときには，この推定は破れることになります。**二段の推定については，実務上，しばしば問題になることがありますが，二段の推定を働かせてよい事案であるかどうかも含め，安易に推定を働かせることなく，反証を吟味する慎重さが大切であると言われています。**

　さらに，文書の実質的証拠力を判断する上では，処分証書と報告文書の区別が重要になります。

　処分証書とは，意思表示その他の法律行為が記載されている文書を言います。たとえば，売買契約書や手形，遺言書等がそれに当たります。処分証書については，形式的証拠力が認められれば，特段の事情のない限り，作成者がその文書に記載されている意思表示その他の法律行為をしたものと認定してよいでしょう（なお，処分証書の定義については争いがあります。第1章参照）。これに対し，報告文書とは，処分証書以外の文書で，事実に関する作成者の認識，判断，感想等が記載されたものです。たとえば，領収書，商業帳簿，日記，手紙，陳述書等がそれに当たります。報告文書については，形式的証拠力が認められたとしても，その記載内容どおりの事実を認定してよ

いことにはなりません。

もっとも，報告文書の中でも，その類型によって，信用性を有するものがあります。公文書や領収書等がその代表的なものですが，**これらの報告文書（類型的信用文書）については，特段の事情のない限り，実質的証拠力が認められ，そこに記載された内容どおりの事実を認定してよいということができるでしょう。**

3 要件事実の規範的性格

この特質は，民事裁判全体を特徴付ける極めて重要な特質です。

法規の要件を構成する事実（いわゆる要件事実，前掲15頁参照）は，すべて規範的な性格を有しています。このことは，たとえば「正当の事由」，「事実的因果関係」，「過失」等の抽象化の度合いの強い事実のみならず，たとえば，具体性の強い「承諾」，「到達」等の事実，単なる記述概念とさえ思われがちな「未成年者」（民5条1項），「住所」（同22条）等の事実にいたるまで，すべてが法律上の規範的概念であることに注意する必要があります。

要件事実が法律上の規範的概念であるとすると，これは，要件事実の概念の内包および外延が法的な価値判断を経てはじめて決定される，ということにほかなりません。

たとえば，賃借人Aの転貸借に対する家主Bの「承諾」という要件事実を例にとってみましょう。

裁判官は，「承諾」について特定の概念（賃借人の転貸借についての同意ないしは了承）を持つとともに，賃借人と家主との交渉にかかわる生活事実経過のうちから上記の概念に当てはまるような事実関係を認定し摘示しなければなりません。

ところが，現実の社会生活の中では，賃借人Aと家主Bとの間に明確な承諾書などがとりかわされることは必ずしも多くなく，家主Bが同意を与えたのかどうか微妙な場合も多いのです（だから，紛争となり裁判となるのだとも言えるでしょう）。

そうすると，裁判官としては，賃借人Aと家主Bとの交渉経過のうちから，いくつかの事実を挙げて，その事実の下では，家主Bの「承諾」があったものと言える，あるいは「承諾」があったものとは言えない，との判断をしなければなりません。

次に具体的な例を挙げましょう。

賃借人Aは，家主Bの承諾を得た，と主張し，これに対して，家主Bは，承諾を与えていない，と主張します。

証拠を総合して，次の①から④までの事実が認定されたとします。

①Aは友人Cをつれて，Bのもとを訪ね，友人Cが住むところもなく困っているので，しばらく自分の家に住まわせてやってほしい，とあいさつをした。Bとしては，どうせ短期間のことだろうと思いCの居住を了承した。

②BとA，Cの間は，朝夕あいさつを交わす程度で円満に推移していたが，3か月を過ぎてもCが居住しているので，Bは不審に思うようになった。

③BがあらためてAに問いただしたところ，AはCに対して向こう半年の約束で自分の借家の一部を貸し，月3万円の賃料をとっていることが明らかになった。

④Aは転貸についてはBの承諾のいることは契約書で知っていたが，とうていBの承諾が得られそうもなく，期間も6か月なので，前記①のあいさつのときもBに詳しくは説明しなかった。

上記①から④までの事実の下では，Bの承諾があったと見ることは困難でしょう。

これとは逆に，たとえば，Bが長期間Cの居住を黙認して，事情を知りながら異議も述べなかった，というような事実関係の下では，Bの承諾があったと見ることのできる場合もあるでしょう。

このような「承諾」の有無を判断するのも，通常，事実認定と言われています。しかし，この判断の性質はどのようなものと見るべきでしょうか。

1つの見方は，この場合も事実判断であり，いくつかの間接事実から経験則に従い「承諾」という主要事実を事実上推認するのだ，というものです。

いま1つの見方は，この場合は，法律の解釈に類する当てはめが行われるのであり，「承諾」という規範的概念への間接事実の包摂が行われるので，法的な評価がそこでされるのだ，というものです。

いずれの見方も成り立つと思われますが，筆者としては，後者の見方が，現実の認定作業の思考様式に近いように思われます。

これを図示すると，以下のようになるでしょう。

そうであるとすれば，民事裁判において，一般に事実認定と言われている作業には，法的評価も含まれる場合もあることになります。たとえば，無権代理人の本人が相手方に対して，「迷惑をかけてすまない。なるべく努力はしてみたい」と述べたことにつき，はたして追認の意思表示（民116条）があったと見ることができるかどうかは，単に本人の発言の内容ばかりでなく，当時の状況等に基づき法的評価を加えてはじめてその意思表示の有無を認定することができるものと言えるでしょう。

事実認定と法解釈とは相互に複雑にからみ合ってされる，というのは，要件事実の認定の構造が，先に述べたような，法的評価，法的判断と密接不可分である，ということから必然的に生じてくることと言えるでしょう。

XIII　事実認定に必要とされるもの

民事紛争の世界は，総じて不明瞭で不確実なものです。事件や事故がどのようにして起こったのか，そのことを断言できる者は誰もいません。双方の当事者はそれぞれ正反対の事実関係を主張して，事件の核心部分を争っています。事件に関係する文書や関係者の証言でさえ，そのままでは過去の事態を完全に説明できるものでもありません。写真や録音，あるいはビデオ画像のような一見明瞭に見えるものでさえ，その作成経緯の詳細や映像や音声そのものの意味等について徹底的な吟味が必要な場合があります。法廷に提出されるデータは不完全で矛盾に満ちた場合が多く，必ずしも確実な判断を提供してくれるものではありません。すべては不確かな断片にすぎないとさえ言えるでしょう。**事実認定は，そうした断片をそれぞれに吟味し整理して，少しでも確実な世界に近づこうとする困難な作業なのです。**

ところで，このような事実認定に特別な能力が必要なのでしょうか。結論から言えば，特別な能力は必要ありません。**よく「ゆたかな常識人」であればよいと言われています。**幅の広い社会経験を有していれば望ましいけれども，そうでなくとも常識的な判断をすることのできる人であればよいのです。特別な秀才や天才である必要はありません。たとえば，ガス爆発の事故の損害賠償請求事件で，事故発生前に作業員がバルブを右に回したか，それとも左に回したかが重要な争点となっている事案で，当時の状況に照らして，10人のうち9人までが「右だ」と言っているのに，1人だけ「左だ」というような人，もしそのような多数の常識的判断と異なるような判断をしばしばする人がいるとすれば，国民も安心して事実認定をまかせることはできないのではないでしょうか。

さらに，事実認定に必要とされるのは，できるだけ予断や偏見などのバイ

アスから解放された素直なものの見方です。そうは言っても，バイアスは，ほとんど無意識に忍び込むものなので，これを排除しようとして意識的に努力してもなかなか困難なことと言わざるを得ません。

民事事件の事実認定の能力を向上させるためには，民事訴訟に特有な証拠の評価についてのルールを理解し習得することはもちろんですが，**法律学の勉強ばかりをするのではなく，広く人間や社会に対する関心や好奇心を持ち続け，さまざまな経験をとおしてその実情を学び，いわゆる人間知（Menschenkenntnis）や物事の本質を見抜く力（Wesensanschauung）をつけていくことが必要です。**長い目で見て，すぐれた文学作品などの芸術に接することもよいのではないでしょうか。そうした学びの中で，自らの想像力を，さらに共感性に富み，洞察力のある，ゆたかなものにしていくことができるでしょう。

事実認定に当たっては，資料に正面から取り組み，これを丁寧に十二分に吟味することが必要です。注意を集中して取り組まなければ，思わぬ見落としがあるからです。

事実認定をできるだけ誤りなくするための日常的な工夫としては，そのための特別なメモあるいは手控えをつくるという方法があります。かつて田辺公二判事が紹介したものとしては，ウィグモア教授のチャート・メソッド（裁判官がその心証形成を綿密に分析し，これを基礎として心証形成の全過程をさまざまな符号を用いて図式化し，一目瞭然とさせる方法のこと）がよく知られています（田辺公二『事実認定の研究と訓練』〔弘文堂，1965 年〕18 頁，267 頁）。そのねらいは，単なる印象や主観的な感情によるのでなく，いったん図式化の過程を経ることによって，事実の見方を客観化して見直すことにあると言われています。

現実の民事裁判の審理においても，やや複雑な事件になると，裁判官は，フローチャート式のメモをつくり，主要事実や間接事実，それぞれの認定のよりどころとした証拠などを書き込んでいくことをしたり，時系列にそって事実や証拠を並べていく時系列メモを作成したりすることも多いようです。特に後者の時系列メモは，各事実相互の関係が理解しやすくなり，証言や証拠の矛盾なども容易に見つけやすくなるものです。

第1部　解　説　編

Chapter **1**	事実認定の方法の概略

I 事実認定の基礎

　正しい事実認定ができるかどうかは訴訟の命とも言うべき重要な事柄です。

　そこで，本項では，事実認定についての基礎的な考え方を説明します。

II 事実認定の対象は何か？

　事実認定の対象は，**争いのある主要事実**であり，また，争いのある主要事実を認定するに際しては，間接事実による推認や証拠の信用性に関し補助事実による判断も必要となることから，**争いのある主要事実についての間接事実・補助事実**も事実認定の対象となります。争いのない事実については自白が成立し，立証不要になりますが（民訴179条），事件類型によっては，自白の拘束力が認められない場合があることに注意が必要です（人訴19条など）。

　争いのある事実が何か，すなわち，事実認定の対象となる事実が何かは，実際の訴訟において，争点整理によって明確にしておくことが必須です。特に人証調べ（証人尋問・本人尋問）に先立って的確な争点整理を行い，裁判所と当事者が争点について認識を共通にしておかなければ，当事者が適切な立証活動をし，裁判所が，事案の特質を把握した上で，正しい事実認定をすることは困難になります。

III 事実認定はどのように行うか？

1 自由心証主義

　事実認定の方法としては，自由心証主義（民訴247条）の下で，**口頭弁論の全趣旨と証拠調べの結果をしん酌して，経験則を適用し，自由な心証により判断する**ことになります。

　弁論の全趣旨とは，口頭弁論に現われた一切の資料から証拠調べの結果を除いたもので，実務では，形式的に争われているにすぎない事実関係については，弁論の全趣旨により事実認定がされる場合があります。

　証拠調べの結果は，書証，証人尋問の結果（証言），本人尋問の結果，鑑

定の結果等で，多くの事件では書証と人証が中心となります。

2 直接証拠と間接証拠
(1) 直接証拠とは何か？
　直接証拠とは，主要事実を直接証明する証拠です。なお，同じ書証でも，要証事実との関係で，その証拠としての位置付けは，直接証拠になったり，間接証拠になったりすることに注意が必要です（たとえば，抵当権設定契約書は，消費貸借契約の成立が主要事実である場合は間接証拠ですが，抵当権設定契約の成立が主要事実の場合は直接証拠に当たります）。

　また，書証だけでなく，人証（本人尋問の結果または証人の証言）も直接証拠となり得る証拠です。

(2) 間接事実と間接証拠
　間接事実とは，主要事実を推認させるまたはこれを妨げる事実であり，争いのある主要事実につき，直接証拠としての書証・人証がない場合，間接証拠により認められる間接事実に基づき，経験則を用いて主要事実が推認できるかどうかを検討することになります。

(3) 直接証拠および間接事実による事実認定
　そこで，直接証拠および間接事実からの推認による事実認定の具体的な方法を図示すると次のような概念図になります（司法研修所編『民事判決起案の手引〔10訂版〕』〔法曹会，2006年〕78頁以下参照）。

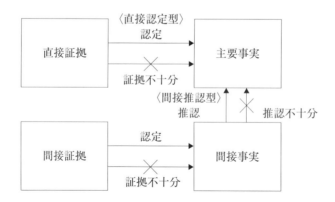

　ただし，上記の概念図は，直接証拠と間接事実による認定の構造を示したモデル図であり，実際の実務では，主要事実について，これを直接裏付ける直接証拠がある場合であっても，その証明力は，たとえばその直接証拠が，処分証書たる契約書である場合から，契約当事者の供述としての直接証拠し

かない場合までさまざまですので，必ずしも，直接証拠の信用性だけを検討して事実認定の判断を行うのではなく，直接証拠とともに，主要事実を推認させる間接事実についても併せて検討し，これらを総合して事実認定がされているのが実際です。

なお，主要事実について，直接証拠が存在している場合に，主要事実を推認させる間接事実が認められるときは，その間接事実は，直接証拠の実質的証拠力（証明力）を補強する補助事実としての機能をも有することになります（間接事実の補助事実的補助機能）。

(4) 間接事実による推認の留意点

主要事実を認定することができるか否かにつき，間接事実を検討する場合に注意すべき点は，

①証拠により認定できる事実に限ること（当事者が主張している間接事実を検討するのではない）

②積極方向のものと消極方向のもの双方を，証拠とともに検討すること

③考え方次第で積極方向とも消極方向とも言える間接事実もあることに注意すること

です。

①は，当事者はそれぞれ自己に有利な様々な間接事実を主張しますが，それらのうち，証拠により認定できる事実のみを前提として主要事実が推認できるか否かを検討すべきです。②は，自分の先入観でこちらと思う結論にとらわれて，積極方向の間接事実，または消極方向の間接事実のみを拾い出し，双方に目配りすることができなければ，正しい事実認定はできません。また，③は，ある間接事実が，経験則との組合せにより，主要事実の存在の認定につき，プラスの方向にも，マイナスの方向にも働く可能性はあるところですが，経験則を用いて判断を行う際には，その間接事実が，論理的にはプラスまたはマイナスのいずれかの方向に働くものとして位置付けて判断を示すことになります（後記5(2)の領収証の例参照）。

3 事実認定の構造と書証および人証

(1) 事実認定の構造

具体例で事実認定の構造を検討してみましょう。

【具体例】 XがYに対し，売買目的物（パソコン）の引渡しを求める訴えを提起したところ，Yが売買契約の成立を否認した。

31

この事例で，争いのある主要事実は売買契約の成立ですから，その直接証拠（売買契約書など）や間接証拠（銀行振込明細書など）による事実認定については，次のような関係になります。

　なお，上記の例では，間接証拠が「銀行振込明細書」であり，証拠上には，振り込まれた金員の趣旨（売買代金か，貸金か，貸金の返済かなど）は記載されていないことから，この証拠により金銭が交付された事実は認められるものの，その金銭が「売買代金として」支払われた事実は直ちに推認することはできず，上記の図に「？」とあるように，支払の時期や振込元口座および振込先口座の名義人は誰かなどを総合して，売買の合意に基づく金銭の支払，すなわち売買代金として支払われたと推認できるか否かを判断することになります。
　上記の図のような事実認定の構造からすれば，一般的に，主要事実が認定できるか否かを検討する場合には，まず第一に，直接に主要事実を証明する直接証拠があるかを検討することになります。
　そして，書証の重要性に鑑みれば，証拠による判断の枠組みとしては，次の4つの場合に分けて考えるのが合理的と言えます（前掲30頁）。
　(a)直接証拠である処分証書または重要な報告文書があり，その成立に争いがない場合
　(b)直接証拠である処分証書または重要な報告文書があるが，その成立に争いがある場合
　(c)直接証拠である処分証書または重要な報告文書はないが，直接証拠である人証がある場合
　(d)直接証拠である処分証書または重要な報告文書も，直接証拠である人証もない場合
(2)　書証の種類
　書証については4章で詳しく説明しますが，書証は，その性質上，「**処分証書**」と「**報告文書**」に分かれます。

「処分証書」は，**意思表示その他の法律行為が記載された文書**で，契約書，手形，遺言書，解除通知書などがあります。

なお，これに対し，「処分証書」を「意思表示その他の法律行為が文書によってされた場合のその文書」と定義する考え方もあります（事例で考える21頁参照）。この考え方によれば，成立の真正が争われた場合は，証拠調べを経てその文書によって法律行為がされたと認定できた時点で処分証書であることが確定するので，判決が確定するまで，当該文書が処分証書であるかは確定しないことになります（同37頁）。

「報告文書」は，処分証書以外の文書で，事実に関する**作成者の認識，判断，感想などが記載されている文書**であり，領収証，商業帳簿，日記，手紙，陳述書などさまざまなものがありますが，書証としての重要性も，その文書の内容や作成経緯によりさまざまです。

Column	処分証書をどのように定義するか

『事実認定司法研究』では，処分証書を「立証命題である意思表示その他の法律行為が記載されている文書」と定義しています（同書18頁）。そして，処分証書については（後述する「重要な報告文書」についても同様ですが），真正な成立が認められれば，特段の事情がない限り，一応その記載どおりの事実を認定すべきであるが，特段の事情があれば，記載どおりの事実を認定すべきではなく，そのような特段の事情が認められる場合はそれほど少ないわけではないとしています（同書21頁，143頁など）。同書第3章（207頁以下）には，このような特段の事情が認められるかどうかが問題となった裁判例がいくつも掲載されています。たとえば，土地の売主Ｘが買主Ａから受領した代金の一部を銀行Ｙに定期預金として預け入れた際，ＡのＹに対する債務についての保証書が作成されたケースにおいて，保証書は真正に作成されているにもかかわらず，①Ｘは，銀行の金融取引はもとより，定期預金をするのも初めてであったこと，②Ｙの係員は，多数の書類を一括して示し，預金手続に必要であると述べたほか何の説明もせず，記名押印を求めたので，Ｘは内容を読む余裕も気持ちもなく，意味も分からずに記名押印したこと，③Ｘには，Ａのために保証する義理もなかったことを認定した上，保証契約の成立を否定した裁判例（東京高判昭和51・8・30判時834号91頁）が紹介されています（同書217頁，223頁）。

これに対し，『事例で考える』では，処分証書を「意思表示その他の法律行為が文書によってされた場合のその文書」と定義しています（同書21頁）。その結果，法律行為が記載されていて，その記載および体裁から処分証書の外観を有する文書であっても，成立の真正が認められない限り，その文書によって

法律行為がされたとは言えないから，処分証書とは言えないことになる反面，審理の結果，成立の真正が認められて処分証書であることが確定したときは，当然に法律行為が認定できることになるので，特段の事情の有無は問題とならず，虚偽表示等の抗弁が認められるか否かを検討すべきことになるとされています（同書36頁，50頁など）。

なお，『事実認定司法研究』の立場において，特段の事情が認められないという判断になった場合でも，虚偽表示等の抗弁が問題になる余地はあるのでしょうが，そのような抗弁が認められるべきケースであれば，そもそも特段の事情が認められるという判断になる（したがって，抗弁についての判断をする前の段階で決着がつく）場合も多いのではないかと思われます。

以上の2つの立場は，説明の仕方は異なりますが，どちらの立場をとるかによって判決の結論が異なるというような相違ではないでしょう。いずれか一方が正しく，他方が誤りということではなく，どちらがすっきりとした分かりやすい説明か，思考の枠組みとしてどちらが使いやすく，判断の誤りを防ぎやすいかという問題であると考えられます。

Column 「重要な報告文書」と「類型的信用文書」

『事実認定司法研究』では，「重要な報告文書」という概念が用いられています。すなわち，報告文書は，処分証書と異なり，実質的証拠力が強いものから弱いものまでさまざまであるが，報告文書の中には，領収証など，定型的，類型的に実質的証拠力が高い「重要な報告文書」があるとします。そして重要な報告文書が存在する場合は，処分証書と同様に，特段の事情がない限り，一応その記載どおりの事実を認めるべきであるとしています（同書18頁以下，153頁以下）。

これに対し，『事例で考える』では，①処分証書の外観を有する文書（成立の真正が認められるか否かを問わない）と，②報告文書のうちの一定のもの（領収証など）について，その記載や体裁から，類型的にみて信用性が高いとして，これらを「類型的信用文書」と呼んでいます。②は，『事実認定司法研究』が「重要な報告文書」と呼ぶものと同じと言ってよいでしょう（同書35頁以下，49頁以下）。

なお，報告文書は，成立の真正が認められたとしても，その記載内容をそのまま信用してよいということにはなりませんが（たとえば，利害関係人が作成した陳述書など），報告文書のうちでも，成立の真正が認められればその記載内容

も基本的には信用性を有すると考えられるものとして，以下の各文書が挙げられます（事例で考える38頁）。

①公文書

②私文書のうち，

　㋐紛争が顕在化する前に作成された文書──取引中にやりとりされた見積書等

　㋑紛争当事者と利害関係のない者が作成した文書──第三者間の手紙等

　㋒事実があった時点に近い時期に作成された文書──作業日報等

　㋓記載行為が習慣化されている文書──商業帳簿，カルテ等

　㋔自己に不利益な内容を記載した文書──領収証

(3)　判断枠組みに応じた認定例

前記の証拠による判断の枠組み(a)から(d)に応じて検討すると以下のようになります。

(a)直接証拠である処分証書または重要な報告文書があり，その成立に争いがない場合

直接証拠として書証が存在する場合のうち，その書証が認定の対象となる意思表示その他の法律行為が記載された「処分証書」（売買契約書，消費貸借契約書等）であるときは，当該書証の成立の真正に争いがなければ，特段の事情がない限り当該法律行為が認定できることになりますので，極めて重要な書証と言えます。

他方で，直接証拠となる書証が証明力の高い報告文書（例：領収証等）の場合，特段の事情がなければ当該事実（金銭の交付）を認定することができることになります。

(b)直接証拠である処分証書または重要な報告文書があるが，その成立に争いがある場合

直接証拠である処分証書または報告文書の成立の真正が主要な争点となり，成立の真正が認められれば，(a)の場合と同様の枠組みで判断がされることになります。

(c)直接証拠である処分証書または重要な報告文書はないが直接証拠である人証がある場合

直接証拠がない場合は，なぜ直接証拠となる書証がないのか，いったんは存在したがその後なくなった（紛失・破棄）のか，それとも，もともと存在しないのか，さらに，**直接証拠となる書証が存在しないことに合理性が認め**

られるのかを検討することが必要です。

　なぜなら，直接証拠となる書証が存在しないことが不自然である場合，それ自体が重要な間接事実となると言えるからです。

【具体例】100万円の消費貸借契約締結の事実に争いがあるが，借用書が作成
　　　　されていない事案

　この場合，借用書が存在しないことの合理性を検討することが必要ですが，具体的な事例については，貸付金額は高額か低額か，貸主と借主の人間関係，貸主の経済状況等を検討して，借用書がないことの合理性を判断することになります。

　高額な貸金であれば借用書を作成するのが通常ですから，借用書の不存在は，主要事実の存在についてマイナスの方向に働く重要な間接事実になりますが，他方，貸主と借主が，親族関係があるとか，古くからの友人であるとか，また，貸主自身が非常な資産家で100万円程度の貸金については，いちいち書面を作成したりしていなかったような事実関係があれば，借用書が存在しないことに合理性が認められると言えるのです。

　そして，直接証拠として，書証は存在せず，人証だけが存在する場合とは，前記の例で言えば，Ⅹがパソコンの売買に関し，本人尋問で，「○月○日，Ｙとそのパソコンについて代金10万円で売買契約を締結した」と供述したときの当該本人尋問の結果が，直接証拠としての人証に当たります。

　そこで，その場合には，直接証拠となる書証がないことの合理性に加えて，後述のとおり，人証（本人尋問の結果または証人の証言）の信用性を検討することが必要になります。

　(d)直接証拠である処分証書または重要な報告文書も，直接証拠である人証
　　もない場合

　前記と同様に，なぜ直接証拠としての書証が存在しないのかについて検討を進めるとともに，当事者が主張する間接事実について，これを裏付ける間接証拠（書証および人証）の有無を検討していくことになります。

4　人証（本人尋問の結果または証人の証言）の信用性の判断

(1)　書証と人証，それぞれの特質

　書証は，一般的には，その内容は確定的である一方，断片的と言えます。

　人証は，これに対し，内容が質問内容等により変化しますが，全体像に及ぶものです。

このように，それぞれ特質の異なる書証と人証につき，いずれの証明力が高いと考えられるか，気になるところですが，結論として，いちがいには言えないというほかないでしょう。

書証にも多種多様のものがあり，主要事実との関連性の程度も，決定的なものからそうでないものまでさまざまですので，書証の方が供述より必ず証明力が高いとは言えないのです。

ただし，書証が存在する場合は，その重要性は十分に考慮する必要があり，書証に反する供述証拠で，簡単に書証の証拠力を否定するのは相当でないと言うべきです。

Column　書証が存在する場合の事実認定に関する判例

最判昭和 32・10・31 民集 11 巻 10 号 1779 頁は，「書証の記載及びその体裁から，特段の事情のない限り，その記載どおりの事実を認めるべきである場合に，何ら首肯するに足る理由を示すことなくその書証を排斥するのは，理由不備の違法がある」としています。

また，**最判昭和 45・11・26 集民 101 号 565 頁**は，処分証書が存在する場合には，その成立が認められれば，特段の事情のない限り，一応その記載どおりの事実を認めるべきであり，当該証書を排斥するに足りる特段の事情を示すことなく記載内容と抵触する事実を認定することは許されないとしています（Xが所有権に基づく抵当権抹消登記手続を求めた事案で，処分証書であるXのYに対する売買予約契約書と土地代金の領収証が存在する事案につき，「これらの書証の記載及び体裁からすれば，別異に解すべき特段の事情が認められない限り，本件土地について，売買契約ないし売買の予約が成立したものと認めるのが自然である」として，十分首肯するに足る理由を示すことなく，売買予約の成立を否定し，当事者間では金銭消費貸借およびその貸金債権を担保するための抵当権設定契約がされたにすぎないと判断した原判決には，経験則に反する違法があるとして破棄差戻し）。

ただし，実務的には，処分証書が存在しても当該法律行為の存否に争いがあるために訴訟となっているわけですから，まさに，上記判例のいう「特段の事情」が存在するか否かが争点であり，これを十分に検討することなく，安易に処分証書等の記載どおりの認定をすることはあってはならず，上記判例の意図するところでもないことに注意が必要です。

---

(2)　人証の信用性判断の方法

人証（本人尋問の結果または証人の証言）の内容は前記のとおり変遷しやす

いものであり，人証の信用性については，十分な検討が必要です。

人証の信用性を判断するためには，①客観的事実との一致・矛盾，および②証言（供述）の内容自体の信用性をそれぞれ検討することが重要です。

①人証と客観的事実との一致矛盾の検討

人証の信用性を，事件の中で，客観的な事実（**動かし難い事実**）を確定し，それと対比することによって判断します。

具体的には，**時系列表を作成して，事件の全体の流れを捉え，その中で，信用性の高い書証・証言により認定できる事実や，原告側・被告側双方の人証が一致して供述した事実などから客観的な事実（動かし難い事実）を確定し，それと供述内容を対比して一致するか矛盾するかを検討します。**

②証言・供述の内容自体の信用性の検討

証言・供述の内容自体の信用性を検討する場合には，以下の各点に着眼して行うことが考えられます。

ⅰ　証言内容に矛盾がないか

ⅱ　動かし難い事実と整合しているか

ⅲ　経験則に反しないか

ただし，供述証拠には，一般的に勘違いや虚偽が含まれ得るので，供述内容の一部が事実に合致しないことは稀ではありません。したがって，上記のⅰおよびⅱの検討は，供述内容の重要な部分に矛盾や客観的事実に反する内容があるかどうかを中心として検討すべきで，枝葉の部分について矛盾があることにとらわれるべきではありません。

また，人証の場合，事件・当事者との利害関係の有無も検討すべきですが，一般論として，利害関係があるから信用できない，などと言うことはできません。

なぜなら，民事訴訟の場合，利害関係があるからこそ，人証として供述し，また，事実関係について認識・記憶している場合がほとんどだからです。

5　経験則

事実認定の判断は，上記のとおり検討した①直接証拠および②間接事実に経験則を適用して行うことになります。

(1)　経験則の機能

経験則には，次の2つの機能があります。

①前提事実から，ある事実を認定する機能

②証拠の信用性を判断する機能

Column	動かし難い事実とは？

　一般に，成立の真正が認められる信用性の高い公文書や私文書の内容（たとえば，パスポートに記載された出入国の事実）や，利害関係のない第三者の供述のうち信用性の高いものの内容，また，当事者双方に争いのない事実や当事者双方の人証が一致して供述した事実もその存在が疑われるような特別の事情がない限り，動かし難い事実に当たります。

　そして，複数の動かし難い事実を基点として，作成した時系列表に従って，相互に矛盾する当事者双方の主張または供述する事実を流れ（事実経過）として検討していった場合に，経験則上，その事実経過が合理的と認められるか，不自然なところはないかなどを検討しますが，その検討の結果，さらに，当該事案において客観的な事実であると認められる「動かし難い事実」が増えていくこともあるところです。

　具体的には，次のような検討を行います。

> 【供述内容の対比の例】
>
> 　　X供述によれば　A→　B→　C→　D→　E→　F
> 　　Y供述によれば　A→　B→　G→（なし）H→　F
>
> 　　動かし難い事実　A→　B→　?→　D→　?→　F
> （一致する供述を含む）

　この場合に，流れの中で，Xが供述している事実経過A・B・C・D・E・Fと，Yの供述と動かし難い事実に基づく事実経過A・B・G・D・H・Fのいずれが自然かを判断します。

(2)　経験則の程度

経験則の程度にもさまざまなものがあります。

①必然性の程度　物理法則

②蓋然性の程度　（例：領収証が存在する場合には，金銭の交付がされたと考えられるという経験則）

③可能性の程度　（例：領収証が存在する場合でも，税金対策のために架空で作成されたなど，内容虚偽のものである場合もあるという経験則）

Ⅳ　総合判断

　以上のとおり，民事訴訟においては，①直接証拠および②間接事実に③経験則を適用して事実認定の総合判断が行われることになります。

　訴訟において，争いのある事実関係について，どのような事実認定が行われるかは，当事者の立証活動の目標となるものであり，また，裁判所の判断の中心の1つを成すものです。

　したがって，当事者としては，上記のような事実認定の総合判断の構造を踏まえて，立証対象となっている事実について，どのような証拠を提出すれば効果的な立証または反証となるかを検討した上で，証拠を収集してこれを早期に提出すべきであるとともに，経験則についても主張・立証することが必要になる場合もあります。

　他方で，裁判所としては，書証・人証を十分に吟味し，判決書では事実認定の判断の全体構造を論理的に説明することも必要となります。この事実認定の総合判断を行う場合に重要なのは，第1に，直接証拠または認定した間接事実からなぜ主要事実が認められるのかという論理を説明することです。たとえば，認められる間接事実を列挙して「これらの事実によれば，主要事実が認められる（または認められない）」とするだけでは，判決書であれば十分な説示とは言えません。また，第2には，前記のとおり，判決の結論と反対方向の証拠および間接事実についても的確に拾い出した上で，判決の結論との関係で，それらを排斥する論理をきちんと説明することが，公正な事実認定の判断のためには不可欠です。

　そして，当事者および裁判所が行う訴訟において，上記のように質の高い総合判断が実現されるようにするための基礎的な前提としては，冒頭に説明したとおり，まず，的確な争点整理によって，動かし難い事実を確定し，当事者および裁判所が，それぞれ時系列表や図式を用いて事案の全体像を十分に把握した上で，適切な尋問が行われるよう，尋問方法にも工夫をこらすことが必要となるのです。

Chapter 2 — 事実認定の具体例

1 具体的な事例で，簡単な事実認定の検討をします。

【Xの言い分】

　私は，Yに対し，1年前に100万円を貸し付けました。Yとの間では弁済期は1年後という約束であり，期日も過ぎたので返済を求めます。

---

2 上記のXの言い分につき，Yが次のような主張をしている場合，X代理人弁護士としてどのような立証が考えられるでしょうか。

【Yの言い分】

　そもそも金銭を借用した事実はありません。

　金銭消費貸借契約の要素は，要物契約である消費貸借契約と諾成的消費貸借契約とで異なっており，要物契約である消費貸借の場合は，一定の期間を定めた金銭の返還合意と金銭の交付の事実であり（民587条），諾成的消費貸借契約の場合は，金銭の交付合意と一定の期間を定めた返還合意および書面等の作成です（民587条の2）。本件の場合は，要物契約である消費貸借契約であることを前提として検討します（なお，目的物の交付によって消費貸借契約の効力が生ずるとする合意は有効ですので，書面等が作成されれば常に諾成的消費貸借契約になるわけではありません）。

　上記Yの言い分は返還合意も金銭の交付もともに否認しているものと解されますから，X代理人としては，これらを立証する必要があります。

　書証としては，直接証拠である消費貸借契約書が存在すれば当然これを提出することになります。契約書が存在しない場合でも，契約時にYが作成した金銭の領収証や，契約後にYが作成した借入金の返済義務を認める念書が存在すれば，金銭の交付については，領収証は直接証拠に，念書は間接証拠にそれぞれ該当します。

　また，上記の各書面が存在しない場合でも，X代理人としては，金銭の交

付を立証するために，まずは，Xが貸し付けた原資の出所（預金の払戻しや手持ち資産の売却の事実等）を裏付ける書証（**銀行預金の取引履歴**や通帳写し，売買契約書等）を提出します。他方で，Yが借入れをする必要性について，Yの当時の資金需要の状況（他の負債の返済に困っていたことや個人経営の資金繰りが行き詰まっていたこと等）や借入金の使途についても調査して書証（関係者の陳述書を含む）の提出や人証申請を行うことになります。

3 Yの言い分が次のような場合はどうでしょうか。

【Yの言い分】
　100万円の交付を受けた事実は認めますが，贈与されたものです。

　Yの言い分は消費貸借契約の要素である金銭交付の事実については認めるが，返還合意については否認（**理由付き否認**）する内容です。

　この場合に，消費貸借契約書や返還義務を認めた内容の念書があればX代理人がそれらを提出するのは**2**の場合と同様ですが，金銭交付を認めながら返還合意を否認している点については，Yに対して100万円という金額の贈与をXがする合理的な理由が認められるか否かが問題となります。

　この点につき，まず，XとYの人間関係が，単なる知人というような場合であれば，100万円というまとまった金銭を贈与することは経験則上合理的とは言えないので，特別の事情がない限り，交付された金銭は貸し付けたものということになります。これに対し，Y代理人が，消費貸借契約の成立を否定する方向に働く間接事実として，100万円の贈与を受けた理由を基礎付ける事実関係（Yが資金を必要としていたが，もともと返還が不可能な経済状況でありXもこれを知っていたこと，Xが多額の資産を有しておりかつ人情家であること，過去には逆にXがYから恩義を受けたことがあること等）を主張立証した場合は，X代理人は更にこれを打ち消す証拠を提出することになります。

　他方で，XとYの関係が特別に密接なものである場合，たとえば親子であるとか，子供のころから面倒を見てきた親族であるとか，または金銭交付の当時は夫婦であったなどの場合，YはXとYのそのような人的関係とともに贈与を受けた理由となる事実関係を主張立証することになるのに対し，X代理人としては，Xが100万円を贈与ではなく貸し付けたことにつきプラスの方向に働く間接事実（Yとの関係は贈与するほど良好でなかったこと，X自身の経済状況は当時余裕のあるものではなかったこと等）につき，陳述書を作成したり，人証申請をして証拠提出することになります。

42　Chapter 2　事実認定の具体例

4　**2**の場合に，次のような主張がされたとして検討します。

> 【Yの言い分】
> 　そもそも金銭を借用した事実はなく，私がXから100万円を借りたとする内容の消費貸借契約書が存在するのは認めますが，それは，私のXに対する別の借金の契約書を作成したときに，Xが勝手に私の印鑑を使用して作成した偽造文書です。

　2の事例につき，契約書があっても，それは偽造文書であるとの主張がされる場合，すなわち契約書の作成名義人とされているYが，その契約書は自分の意思に基づいて作成したものではないとして成立の真正を争っている場合です（詳しくは「**3**書証(1)」参照）。

　X代理人は直接証拠である消費貸借契約書を提出していますが，これに対し，Y代理人は，「消費貸借契約書の成立は否認する。Yの名下の印影がYの印章（はんこ）によるものであることは認める。同契約書は偽造されたものである」と認否して書証の成立を争うことになります。

　そこで，契約書の成立の真正が争点となりますが，Y名下の印影がYの印章によることは争いがないので，**二段の推定**のうち，一段目の推定（Yのはんこで押印がされているのであれば，その押印はYの意思に基づいてされたと推定される）が働きますので，Y代理人は，Yの意思に基づいて押印がされたことを否定する方向に働く間接事実（印鑑が勝手に使用された事実等）の主張立証をすることになります（「**4**書証(2)」の二段の推定に関する解説参照）。

　ただし，ここで注意しなくてはならないのは，Yは契約書の成立を争うとともに，もちろん100万円の交付そのものも争っているわけですから，X代理人は，契約書の成立の真正に関する立証のみでなく，100万円の交付についても立証することが必要である点です。すなわち裁判所の事実認定としても，100万円の交付の事実と契約書の成立の真正がともに認められる場合に，Xの請求を認容することになるのであり，処分証書である消費貸借契約書の成立を判断するだけで請求認容判決をすることはできないのです（なお，消費貸借契約書に，100万円を「貸し付けた」，「交付した」または「借り受けた」，「受領した」等の金銭の交付に関する記載がされている場合，同契約書の返還約束を記載した部分は処分証書に，金銭の交付を記載した部分は報告文書にそれぞれ該当しますので，裁判官は，この報告文書部分と現実の金銭の動きに関する間接証拠の有無等とを総合して，金銭交付の事実の存否を検討することになります。後記165頁の演習問題**4**「貸金請求事件」参照）。

43

5 以上のとおり，同じ金銭消費貸借契約の成立が争いとなっている事案であっても，被告Yが請求原因事実を否認する具体的な言い分がどのような内容のものであるかによって，立証のポイントが変わってくることになります。そこが，事実認定の難しさであり，面白さでもあると言えるところです。

Chapter 3	書証(1)

I はじめに

1 書証とは

　民事訴訟法は，第4章「証拠」の中で，第2節「証人尋問」，第3節「当事者尋問」，第4節「鑑定」，第6節「検証」と並んで，第5節を「書証」としていること，219条で「書証の申出は，文書を提出し，又は文書の所持者にその提出を命ずることを申し立ててしなければならない」と規定していることから，「書証」とは，文書の記載内容を証拠資料とする場合の証拠調べのことを指していることは明らかです。「書証とは，裁判官が文書を閲読して，読みとった記載内容を証拠資料とするための証拠調べを意味する」（伊藤421頁）と記載されるなど，学説も同様の意義に捉えています（以上につき大系(4)3頁〔難波孝一〕）。しかし，実務においては，「書証」という言葉は，通常，証拠調べの対象となる文書自体を指すものとして用いられています。

　もっとも，文書の記載内容ではなく，文書に記載されている筆跡・印影の対照や，文書の紙質，色等の物理的形状が問題とされるような場合には，当該文書は，検証の対象となるのですから，民事訴訟法のいう「書証」の対象になるわけではありません。この点には注意が必要です。

2 文書とは

　文書とは，概ね，文字その他の記号の組合せによって，**人の意思，判断，報告，感想等**（これらを「思想」と言うこともあります）**を表現している外観を有する有形物**と定義することができます。したがって，法律的な意味の有無や内容，作成の動機や，記載方法，記載された物の形状等は問いません。

3 文書の取調べ

　書証とは，裁判官が文書を閲読し，読み取った内容を証拠資料とする証拠調べです。通常，民事訴訟においては，口頭弁論期日等の前に当事者から証拠説明書と文書の写しが裁判所に提出されるとともに相手方に送付され，口頭弁論期日等において，当事者は文書の原本，正本，認証謄本（以下併せて

「原本等」と言います）を持参し，裁判官がこれを閲読するということが行われていますが，それでは，このうちのいつの時点で「文書の取調べが行われた」と言えるのでしょうか。書証については弁論主義の適用がありますから，当事者は，書証の申出をするには，文書提出命令を申し立てる場合を除き，口頭弁論期日等において，原本等を提出して（民訴219条，民訴規143条1項），裁判官が閲読することができる状態にすることが必要です。したがって，口頭弁論期日等の前には，まだ書証の申出がされていませんから，裁判官が当事者から提出された写しを閲読しても，「文書の取調べが行われた」とは言えません。また，当事者が写しを提出しただけで口頭弁論期日等に出頭しなかったり，出頭しても原本等を裁判所に提出しなかったりすると，適法な書証の申出があったとは言えず，文書の証拠調べを行うことができません。つまり，口頭弁論期日等において，当事者が原本等を提出することが書証の申出であり，**裁判官がこれを閲読することが，文書の取調べ**ということです。

なお，裁判官が閲読して取調べを終了した原本等については当事者に返還するのが通常です。裁判所の記録には，当事者から提出された文書の写しを綴じますが，その後尋問で証人に示すなど再度原本の確認が必要になる場合には，改めて持参を求めています。

Column	証拠説明書

民訴規則には，文書を提出して書証の申出をするときは，当該申出をするときまでに，文書の記載から明らかな場合を除き，文書の趣旨，作成者および立証趣旨を明らかにした証拠説明書を提出しなければならない（137条1項）と定められています。民事訴訟においては，さまざまな書証が提出され，戸籍謄本，契約書，陳述書等文書の記載から文書の趣旨等が明らかなものもありますが，閲読しただけでは文書の趣旨やそれが当事者のどの主張と関連するのかが明らかでないものも少なくありません。当事者双方の主張を書証と照らして検討する際に欠かせないのが証拠説明書です。証拠説明書はいわば書証の目次ですから，当事者の主張する主要事実あるいは間接事実に沿って論理的順序で書証が並べられ，立証趣旨が的確に説明された証拠説明書は，主張に説得力を持たせる働きもしています。つまり，**訴訟代理人にとっても裁判所に主張を理解させる有力な武器**となりますし，証拠説明書を作成する過程で主張がより洗練されるということもあるでしょう。参考のため，売買契約に基づく売買代金請求事件の証拠説明書の例を紹介します。

平成31年㈦第1234号　売買代金請求事件
原告　池　袋　一　郎
被告　大　塚　二　郎

証　拠　説　明　書

平成31年2月5日

○○地方裁判所民事部　　御中

原告訴訟代理人弁護士　甲　野　太　郎　㊞

号証	標　目 （原本・写しの別）		作成年月日	作成者	立　証　趣　旨	備考
甲1	土地売買契約書	原本	H30.5.18	原告及び被告	原告が被告との間で本件土地の売買契約を締結したこと	
甲2	全部事項証明書（土地）	原本	H31.1.17	○○地方法務局登記官	本件土地が原告所有であること	
甲3	被告からの手紙	原本	H30.9.10	被告	被告から，当初合意した決済日をH30.11.1に延期してほしいと申入れがあったこと	
			（以下記載省略）			

Column　　準文書

　民訴法231条は，「図面，写真，録音テープ，ビデオテープその他の情報を表すために作成された物件で文書でないもの」について書証に関する規定を準用すると規定しています。

　この規定に従えば，録音テープおよびビデオテープの取調べは録音テープ等を法廷等において再生する方法で行うことになりますが，民訴規則149条1項により，裁判所または相手方の申出があれば，当該録音テープ等の内容を説明した書面（反訳書面）を提出しなければなりません。この書面自体は証拠になるものではなく，外国語で作成された文書の訳文と同じ扱いをされることになります。また，録音テープおよびビデオテープ自体を証拠とするのではなく，

その反訳書面を書証とすることもできますが，この場合には，民訴規則144条により，相手方がその録音テープ等の複製物の交付を求めたときは，相手方に交付しなければなりません。これは，相手方に反訳書面と録音テープ等の内容が一致しているかどうかの確認手段を確保するためです。

　なお，民訴法231条に規定されていない磁気ディスク等については，実務では，通常，プリントアウトした書面を原本として書証の手続により証拠調べをしていますが，ドライブレコーダーの映像を記録したDVD-R等が証拠として提出されることも増えています（本書演習問題11参照）。

Ⅱ　処分証書と報告文書

1　ここでのテーマ

　処分証書と報告文書との区別については，「事実認定司法研究」の考え方と「事例で考える」の考え方があることは，「1　事実認定の方法の概略」のコラム「処分証書をどのように定義するか」で説明しましたが，ここでは，処分証書と報告文書についてもう少し詳しく考えてみましょう。

2　処分証書とは

　処分証書を，「立証命題である意思表示その他の法律行為が記載されている文書」と定義すると，契約書，手形，解除通知書，遺言書などがこれに当たります。また，処分証書を「意思表示その他の法律行為が文書によってされた場合のその文書」と定義すると，審理の結果，作成者がそこに記載された法律行為をその文書によって行ったことが認められれば，これらの文書は処分証書であると言えます。

　たとえば，次頁の売買契約書を見てみましょう。

　この契約書には，池袋一郎の，文京区茗荷谷一丁目111番1の土地（以下「本件土地」と言います）を大塚二郎に代金7000万円など各契約条項の内容で売るという意思表示と，大塚の，本件土地を代金7000万円など各契約条項の内容で買うという意思表示が記載されていますから（「事例で考える」の考え方によれば，この文書によってそれぞれの意思表示がされたと認められれば），処分証書と言うことができます。

　池袋と大塚間の本件土地をめぐる民事訴訟手続において，本件土地の売買契約の締結が争点となった場合には，この契約書が極めて重要な直接証拠となることは明らかです。

48　Chapter 3　書証⑴

不 動 産 売 買 契 約 書

　末尾記載の不動産を，売主を甲，買主を乙とし，下記のとおり売買契約をする。
記
第1条　甲は，上記不動産を金 7000 万円也を以て，乙に売り渡すことを約し，
　　　　乙は，これを買い受けることを約諾した。
第2条　売買代金は，占有を引渡し，所有権移転登記をすると同時に支払い，
　　　　登記に関する登録税その他の費用は乙の負担とする。
第3条　本売買の登記及び代金決済は，平成30年10月31日迄とする。
第4条　本契約に記載しない事項は，甲乙話し合いの上，別に定める。

　上記のとおり契約したので，本契約書2通を作成し，甲乙各1通を所持するものとする。
平成30年5月18日

　　売　主（甲）住　所　　**東京都文京区本郷八丁目8番8号**
　　　　　　　　氏　名　　池　袋　一　郎　㊞

　　買　主（乙）住　所　　**東京都文京区後楽園二丁目2番2号**
　　　　　　　　氏　名　　大　塚　二　郎　㊞

不 動 産 の 表 示
　所　在　　東京都文京区茗荷谷一丁目
　地　番　　111番1
　地　目　　宅地
　地　積　　200㎡

　このように，処分証書は，そこに記載された法律行為が認定の対象となる場合には，極めて重要な直接証拠であり，当該法律行為が認定できるかどうかは，その処分証書を中心に事実認定が行われることになります。

3　報告文書とは
　報告文書を「作成者の認識，判断，感想などが記載されている文書」と定

領 収 証　　**淡 路 町 子**　　様	No. ＿＿＿＿＿＿

＿＿＿＿＿＿＿＿＿＿＿＿＿＿＿＿＿＿＿＿＿＿＿＿＿＿＿＿＿＿＿＿＿＿

　　　　¥ 1 , 0 0 0 , 0 0 0 －

＿＿＿＿＿＿＿＿＿＿＿＿＿＿＿＿＿＿＿＿＿＿＿＿＿＿＿＿＿＿＿＿＿＿

　但し　貸金の返済として

　平成 30 年 10 月 1 日　上記正に領収いたしました

内訳＿＿＿＿＿＿＿＿＿＿＿

税抜金額＿＿＿＿＿＿＿＿＿

消費税
額　等

（　％）　　　　　　　　　　　　　後 楽 園 子　㊞

|収　入
|印　紙

義（「事実認定司法研究」）しても，「処分証書以外の文書で，事実に関する作成者の認識，判断，感想等が記載されたもの」と定義（「事例で考える」）しても，領収証，商業帳簿，日記，手紙，陳述書等はこれに当たります。

　例に挙げたものを見ても分かるように，報告文書が事実認定においてどの程度の重要性を有するかは，一概には言えません。領収証，商業帳簿等は，その文書内容，作成者の属性，作成状況等に照らし，通常は信用性を有するとして，「重要な報告文書」や「類型的信用文書」とされます（「1 事実認定の方法の概略」のコラム「『重要な報告文書』と『類型的信用文書』」参照）。

　たとえば，淡路町子が平成 30 年 5 月 1 日に後楽園子から借りた 100 万円を同年 10 月 1 日に返済したかどうかが争点となる民事訴訟手続において，上記のような領収証がある場合と，陳述書（次頁）しかない場合を考えてみましょう。この領収証は，貸主である後楽が，返済されたとされている日に作成したものです。他方，この陳述書は，借主である淡路が，訴訟開始後に作成したものです。この領収証と陳述書のどちらが証拠として重要でしょうか？

　後楽作成の領収証は，100 万円の返済があったとされている当時に，受領者である後楽によって作成されたものですから，処分証書と同様，極めて重要な直接証拠ということができます。したがって，淡路が後楽に 100 万円を返済したかどうかは，この領収証を中心に判断されることになります。これに対して，淡路作成の陳述書は，訴訟開始後に書証とする目的で，100 万円を返済したと主張する淡路によって作成されたものですから，領収証に比べて重要性が低いと言うことができます。

```
                    陳　述　書

                                    令和元年○月○日

                    氏名　　淡 路 町 子　　㊞

  1　　私は，お茶の水駅の近くで喫茶店を経営する弟の保証人になっていま
      したが，弟の経営する喫茶店の経営がふるわず，借金を返せなくなって，
      金融業者が私の所に催促に来たため，私が平成 30 年 5 月の連休明けま
      でに 300 万円を用意することになりました。私は，200 万円は預金で何
      とかなるものの，もう 100 万円の目途が立たず，友人である後楽園子さ
      んに頼んで，平成 30 年 5 月 1 日，100 万円を借りました。
  2　　弁済期である平成 30 年 10 月 1 日，私は，確かに 100 万円を後楽さ
      んに返しました。その際，確かに領収証をもらいましたが，どこかにしま
      い込んだようで見つかりません。
      （以下省略）
```

　このように，報告文書には，様々な種類の文書が含まれますので，事実認定においてどの程度の重要性が認められるかは一概には言えません。一般的には，立証の対象とされている事実があったとされる時期に作成されたもの，その内容が作成者にとって不利益なものなどは，重要性が高いとされています。

Ⅲ　文書の証拠能力

　文書の証拠能力とは，**書証としての証拠調べの対象となり得る適格**を意味します（伊藤 423 頁）。

　現行民訴法には，刑訴法 321 条から 323 条までのような文書の証拠能力を制限する規定がないこと，民事訴訟は，私人間の紛争を解決する手段であって証拠価値に疑問がある文書であっても証拠能力を否定するのではなく，提出を認めた上で裁判官の自由心証に委ねる必要があり，またそれで足りることから，違法収集証拠という議論はありますが，基本的には証拠能力を欠く文書はないとされています。

Ⅳ 形式的証拠力と実質的証拠力

1 文書の証拠力

　文書の証拠力とは，**ある文書が立証事項たる事実に関する裁判所の心証に寄与する程度**を言います（伊藤425頁）。文書には作成者の意思，判断，報告，感想等が記載されていますから，文書の意味内容を証拠とする場合には，まず，文書の記載内容が真に作成者の意思，判断，報告，感想等を表現したものかどうかを確認する必要があります。これが形式的証拠力の問題です。そして，その上で，その記載内容の真実性を検討する必要があり，これが実質的証拠力の問題です。

2 形式的証拠力

　民訴法228条1項は，「文書は，その成立が真正であることを証明しなければならない」と定めていますが，文書の真正とは，**作成者の意思に基づいて文書が作成されたこと**を言います。文書の成立に争いがなければ，通常，文書の形式的証拠力が認められます（ただし，文書の成立についての自白は裁判所を拘束しません〔最判昭和52・4・15民集31巻3号371頁〕から，証拠調べによって文書の成立について何か疑わしいことが明白になった場合には，文書の成立に争いがなくても，裁判所が文書の成立の真正を認定しないということもあり得ます）が，成立に争いがあるときには，成立の真正を立証しなければ，文書の形式的証拠力は認められません。具体的な成立の真正の立証については，「4 書証(2)」で説明します。

Column　　　　　**文書の形式的証拠力と真正な成立**

　上記のとおり，文書の真正な成立が認められなければ形式的証拠力は認められません。では，文書の真正な成立が認められれば，常に形式的証拠力は認められるのでしょうか？

　たとえば，習字目的で手本どおりに文字を記載した場合はどうでしょうか？この文書は，作成者の意思に基づいて作成はされていますが，作成者の意思，判断，報告，感想等が記載されているわけではありませんから，形式的証拠力には欠けるということになります（伊藤425頁）。

　しかし，このようなことは極めて例外的なことですので，通常は，文書の成立の真正が認められれば，形式的証拠力が認められるとされています。

3 実質的証拠力

　文書の形式的証拠力が認められると，次に，**立証主題たる事実を証明することに文書の記載内容がどの程度寄与するものか**が問題となりますが，これが文書の実質的証拠力です（伊藤428頁）。文書が作成者の意思に基づいて作成されていても，記載された内容が虚偽であるということは十分にあり得ることですから，文書の形式的証拠力が認められても，当然に実質的証拠力が認められるということにならず，その判断は，裁判官の自由心証に委ねられています。

4 処分証書の実質的証拠力

　処分証書は，前に述べたとおり，立証命題である意思表示その他の法律行為が記載されている文書ですから，形式的証拠力が認められると，文書の記載内容が真に作成者の意思であることが認められたことになり，特別な事情のない限り，作成者が当該意思表示その他の法律行為をしたことも明らかになります。つまり，**処分証書については，形式的証拠力が認められると，他に特段の事情のない限り，法律上の作成者によって記載どおりの行為がされたと認めるべき**ということになります（最判昭和45・11・26集民101号565頁など参照）。

　たとえば，最判平成14・6・13判時1816号25頁（伊藤=加藤【43】）を見てみましょう。この事件は，BのC銀行に対する住宅ローン債務をBの委託により保証し代位弁済したXが，Xに対するBの求償債務を保証したAの相続人に対し，保証債務の履行を求めた事案です。Aの意思に基づいて作成されたと認められる，「Bが差し入れた保証委託契約の各条項を承認のうえ，Bと連帯して債務履行の責めを負う」旨記載された金額欄が空欄の保証書およびB作成の借入額欄に7億円と記載された保証委託契約書が書証とされる一方，Bは，尋問においてAは3億円についてのみ保証した旨供述しています。原審は，Bの供述に基づいてAは求償債務のうち3億円につき連帯保証したものであるとしましたが，本判決は，「他に首肯するに足りる特段の事情の存することについて認定説示することなく，Aは本件求償債務のうち3億円につき連帯保証したものであるとした原審の認定判断には，判決に影響を及ぼすことが明らかな経験則違反ないし採証法則違反の違法がある」旨判示し，特段の事情の存否について審理を尽くさせる必要があるとして，破棄差戻しをしています。つまり，特段の事情がない限り，上記の保証書および保証委託契約書の実質的証拠力は排斥されず，Aは7億円について保証したものと認定するのが相当だということです。

もっとも，処分証書がありながら訴訟にまで至る事案においては，多くの場合，特段の事情が主張されますし，また，**特段の事情が認められて，文書に記載されたとおりの意思表示その他の法律行為がされたとは認められない事案が決して少なくない**という点に注意することが必要です。つまり，処分証書について形式的証拠力が認められる場合に，当然に実質的証拠力もあると安易に考えると，間違った事実認定をする危険があるということです。特段の事情が主張される事案では，慎重に，特段の事情を基礎づける具体的な事実があるかどうかを検討する必要があります。特段の事情の検討については，「5 書証(3)」で詳しく説明します。

　なお，この説明は，処分証書を「立証命題である意思表示その他の法律行為が記載されている文書」と定義し，処分証書についても，特段の事情の有無を検討する必要があるとする立場（「事実認定司法研究」の考え方）からのものです。これに対し，処分証書を「意思表示その他の法律行為が文書によってされた場合のその文書」と定義し，形式的証拠力が認められて処分証書であることが確定したものについては，特段の事情の有無を検討することなく，実質的証拠力があるとする立場（「事例で考える」の考え方）によれば，特段の事情の有無を検討する余地はありませんが，虚偽表示等の抗弁が認められるかどうかを慎重に検討すべきことになります。説明の仕方は異なりますが，詳細は，「1 事実認定の方法の概略」のコラム「処分証書をどのように定義するか」を参照してください。

5　報告文書の実質的証拠力

　報告文書は，前にも述べた（Ⅱ3）とおり，様々な種類のものがありますから，処分証書と異なり，**形式的証拠力が認められても実質的証拠力があるとは限りません**。ただ，報告文書の特徴として，文書の成立が認定されると，作成者がその文書の作成当時，一定の事項について，一定の認識，意見，判断等を有していたことが確定されるという点があり（大系(4)14頁〔難波孝一〕），事実認定において重要な「動かし難い事実」の確定に役に立つことが多いと言えます。したがって，事実認定において，報告文書の実質的証拠力の吟味も大切です。

　報告文書の実質的証拠力は，前に見た領収証と陳述書との対比から分かるように，文書の性質によって，強いものから弱いものまでいろいろです。一般的には，当該文書によって証明すべき事実に近接した時期に作成された文書，訴訟に利害関係のない人の作成した文書，作成者にとって不利な内容の文書の方が，そうでない文書（訴訟開始後に作成された文書，訴訟当事者やこ

54　Chapter 3　書証(1)

れに近い者が作成した文書，作成者に有利な内容の文書）より実質的証拠力が強いということができます。

　実質的証拠力の強い文書としては，たとえば，公証人により確定日付けが付された場合の日付け部分，当該行為があった当時に作成された領収証，納品書等が挙げられます。実質的証拠力の強い文書については，処分証書と同様，特段の事情のない限りその記載どおりの事実を認定すべきであるということになります。

Chapter	
4	書証(2)

I　はじめに

　民訴法228条1項は，「文書は，その成立が真正であることを証明しなければならない」と定めており，文書の成立の真正，すなわち作成者の意思に基づいて文書が作成されたことに争いがある場合には，成立の真正を立証しなければ，その文書には形式的証拠力が認められない，ということになります（「3 書証(1)」参照）。ここでは，**どのようにして文書の成立の真正を立証するのか**について考えます。

II　文書の作成者とは？

1　文書の作成者が問題となる理由

　文書の成立の真正とは，作成者の意思に基づいて文書が作成されたことを言いますから，まず，その文書の作成者は誰かが問題となります。

　一般的には，**ある文書に記載されている意思，判断，報告，感想等の主体がその文書の作成者**であって，必ずしも物理的に文字等を直接記入した者ではないとされています。

　文書に作成名義人が記載されていれば，通常その者が作成者ですが，文書には，必ず作成名義人が記載されているわけではありませんし，ある文書を偽造文書として提出する場合には，作成名義人と意思，判断，報告，感想等の主体は異なることになります。したがって，訴訟代理人は，書証の申出に当たっては，証拠説明書（「3 書証(1)」参照）に記載するなどして，作成者（自らがその文書の作成者と主張する者）を明らかにする必要があります。つまり，文書の「作成者」とは，当該文書の証拠調べの申出をした当事者（挙証者）によって，文書の意思内容の主体と主張されている者を意味しています。これと異なり，挙証者は文書の作成者を特定する必要はないという考え方もありますが，詳しくは，事実認定司法研究81頁以下を参照してください。

図 1

金銭消費貸借契約書

平成 30 年 5 月 16 日

債権者は，債務者との間で，本日，下記
借受金額について金銭消費貸借契約を締
結し，債権者は，同金員を債務者に交付
し，債務者はこれを受領した。債務者は，
下記契約事項を承認し，債権者に対して
誠実に履行することを確約する。

1　借受金額　　金 200 万円
2　支払期日　　平成30年11月30日
3　支払方法　　一括払い
4　利息　　　　年 1 割
5　遅延損害金　年 2 割

債権者　住所　**大阪市**（以下省略）
　　　　氏名　**梅 田 花 子**　印

債務者　住所　大阪市（以下省略）
　　　　氏名　中 津 太 郎
債務者　住所　神戸市（以下省略）
代理人　氏名　西　　次　　郎　　印

図 2

金銭消費貸借契約書

平成 30 年 5 月 16 日

債権者は，債務者との間で，本日，下記
借受金額について金銭消費貸借契約を締
結し，債権者は，同金員を債務者に交付
し，債務者はこれを受領した。債務者は，
下記契約事項を承認し，債権者に対して
誠実に履行することを確約する。

1　借受金額　　金 200 万円
2　支払期日　　平成30年11月30日
3　支払方法　　一括払い
4　利息　　　　年 1 割
5　遅延損害金　年 2 割

債権者　住所　**大阪市**（以下省略）
　　　　氏名　**梅 田 花 子**　印

債務者　住所　大阪市（以下省略）
　　　　氏名　中 津 太 郎　　　印

西次郎が中津の氏名を記載して中津の印
章を押す

2　代理人が作成した文書の作成者は誰か

　代理人が本人に代わって文書を作成する場合，作成者として**「A代理人
B」と表示する場合**（図1）と，**代理人自身の署名や押印はせず，直接本人
の氏名を記載したり，本人の印章を押す場合**（図2，**「署名代理」**と呼ばれてい
ます）があります。このそれぞれの場合について考えてみましょう。

⑴　作成名義が「A代理人B」である場合

　梅田花子が中津太郎に対して消費貸借契約に基づく貸金返還請求訴訟を提
起し，中津の代理人である西次郎に200万円を貸し付けたと主張し，中津が
西に代理権を与えたことを否認する場面を考えて下さい。梅田は，**図1**の消
費貸借契約書を書証として提出し，これに対して中津は，西が作成したこと
は認めるという場合，この文書を西作成文書として真正に成立したものと
し，代理権の有無については実体的な問題として扱うのか，中津作成文書と

58　Chapter 4　書証⑵

して消費貸借契約書の成立の真正の立証が必要だとするのか，という問題です。

代理人のした法律行為の効果は本人に帰属することから，作成者は本人（Ａ：中津）であるとする考え方もありますが，「Ａ代理人Ｂ」と顕名して作成した場合には，その文書に現れているのは代理人の意思であるということができますから，作成者を代理人（Ｂ：西）として扱うのが相当でしょう。

(2) 署名代理の場合

この場合も代理人が代理権限に基づいて代理人自身の意思に基づいて文書を作成しているのですから，「Ａ代理人Ｂ」の場合と同様に，代理人を作成者として扱うのが(1)の場合との理論的整合性は高いと言えます。

しかし，署名代理の場合には，文書の記載自体からは，本人が作成した場合と何ら変わるところはなく，本人の意思，判断，報告，感想等が記載されている外観を有しているのですから，本人（Ａ）を作成者とすることもできるように思われます。そして，実際の問題としては，本人または代理人が文書を提出するならともかく，第三者間で作成された文書の場合には，文書に表示されていない代理人を特定することすら困難な場合も少なくありません。また，本人作成文書として扱えば，本人の印章による印影があることから，後述する二段の推定により文書の成立の真正を立証することができ，挙証者にとっては，本人作成文書として提出するメリットがありそうです。**図2**の場合にも，梅田が中津作成文書として消費貸借契約書を書証として提出し，中津がその成立を否認した場合，中津の印章による印影がありますから，二段の推定により，中津の意思に基づいて作成したものと推認され，しかも，処分証書ですから，特段の事情がない限り，梅田と中津との間の消費貸借契約締結の事実が認められることになります（西は使者ということになります）。つまり，**ここでの審理は，二段の推定を覆す反証があるかどうかがポイント**になります。これに対して，代理人である西作成文書としますと，その成立には争いがないことが多いでしょうが，この契約書によって立証されるのは，あくまで梅田と西との間で消費貸借契約が締結された事実にすぎませんから，**梅田は，その余の請求原因事実である顕名と中津による代理権授与の事実を立証しなければなりません。**

このように考えると，署名代理の場合には本人作成文書とする立場にも十分な理由があるように思えます。

もっとも，たとえば，上記の梅田の中津に対する貸金返還請求の事案において，代理人である西作成文書と考えたとしても，西が中津の印章を所持していた事実は代理権授与の間接事実として重要であり，通常印鑑は大切に保

59

管しむやみに他人に預けないという経験則に照らすと，中津は，西に代理権を授与したのではないかということになり，結局，二段の推定を覆す反証の場合と審理の中心となる事項は同様でしょう。

いずれにしても，当該文書を提出する当事者としてはどの考え方に立って誰を作成者として書証の申出をするのか，相手方当事者としてはどのような認否，主張をするのか，を検討する必要がありますし，裁判所としては，どちらの立場に立つにせよ，当事者の主張との整合性を考えながら，一貫した立場で審理を運営する必要があるということになります。

Ⅲ 文書の成立についての相手方の認否

1 相手方の認否の必要性

文書の成立が真正であることについて，**相手方が争わない場合には，これを積極的に立証する必要はありません**（ただし，文書の成立についての自白は裁判所を拘束しません）。したがって，文書成立の真正について立証が必要かどうかを判断するためには，相手方の認否を明らかにしておくことが必要です。争点中心主義の審理という観点から，実務では，通常，当事者から提出された文書すべてについて相手方の認否をとることはせず，相手方が積極的に成立を争うもののほか，処分証書等争点との関係で重要な書証についてのみ認否をとっています。

2 認否の態様

文書の認否には，事実の主張に対する認否と同様，**「認める」，「否認する」，「知らない」**の3つの態様があります。また，認否をしない，ということもあり，重要な書証以外に対してはむしろ認否しないことが多いのですが，この場合には，成立に争いがないものとして扱うことができます。

文書の成立を否認する場合には，民訴規則145条で**「文書の成立を否認するときは，その理由を明らかにしなければならない」**とされていますから，争点を明確にするために，否認する理由を明示しなければなりません。たとえば，「○○が偽造した」など具体的にその内容を主張する必要があります。また，後述の推定規定との関係で，作成者の署名，押印についての認否も明らかにしておく必要があります。この点については，後で詳しく説明します。

文書の成立について「知らない」とすることは，調査が困難である場合など合理的な理由がある場合を除いては避けるべきだとされています（伊藤425頁）。相手方が「知らない」と陳述しても，裁判所は，弁論の全趣旨により真正な成立を認めることができます。

Ⅳ 文書の成立の真正の推定規定（民訴228条4項）

1 文書の成立の真正の立証方法には制限はありませんから，たとえば，人証によって立証することも可能ですが，民事訴訟法には一定の場合に文書の成立の真正を推定する旨の規定があり，挙証者の負担を軽減しています。民訴法228条2項は，公文書について，「その方式及び趣旨により公務員が職務上作成したものと認めるべきときは」真正に成立したものと推定し，同条4項は，私文書について，「本人又は代理人の署名又は押印があるときは」真正に成立したものと推定しています。これらの規定は，いずれも経験則に基づくもので，公文書については，公務員が公文書を作成する場合に，作成者である官公署名や作成者の官職氏名を明確にした上，官公署の庁印を押すのが原則であるという経験則に，私文書については，本人または代理人が当該文書にその意思に基づいて署名または押印した場合には，当該文書全体も同人の意思に基づくものとして真正である場合が多いという経験則に，それぞれ基づいています（事実認定司法研究95頁）。

これらの規定の法的性質については，いろいろな考え方がありますが，このような**経験則を踏まえて，事実認定に際しての裁判官の自由心証に対する一応の拘束を定めたもの（法定証拠法則）**とする見解が通説であり，実務もほぼこれによっているとされています（事実認定司法研究94頁，大系(4)40頁〔石井浩〕）。したがって，相手方は，この推定を破るために，当該文書が真正に成立していないことを立証する必要まではなく，裁判所にこれについて疑いを抱かせる程度の反証をすれば足りるということになります。

以下では，実務上，争われることが少なくない私文書の成立の推定規定について説明することにします。

2 先ほど述べたとおり，民訴法228条4項は，本人または代理人が当該文書にその意思に基づいて署名または押印した場合には，当該文書全体も同人の意思に基づくものとして真正である場合が多いという経験則に基づいて，「本人又は代理人の署名又は押印があるときは」真正に成立したものと推定しています。ここでいう「署名又は押印があるとき」とは，**本人または代理人の意思に基づいてされた署名またはその意思に基づいて押印された印影が文書上にある場合**を言います。署名の場合には，「意思に基づかない」署名が問題になることはほとんどないと思われますが，押印の場合には，ある人の印章を使用して他人が押印することはあり得ることですから，しばしば押印が作成者の意思に基づくものかどうかが問題となります。この点を検討す

る際に，ここでいう**「押印」は，本人の印章によって顕出される印影と文書にある印影が同一であることでは足りない**ということに注意すべきです。

　この推定は，本人または代理人の意思に基づいて押印された場合には，当該文書全体も同人の意思に基づくものである場合が多いという経験則を根拠とするものですから，本人または代理人の意思に基づいて押印されたものであれば，その印影が印鑑登録された実印によるものである必要はなく，認印や簡単に手に入る三文判でもかまわないということになります。

3　この推定の効果は，その文書全体に及びます。

　したがって，図3の場合には，「貸付金の返済として」という部分を含む文書全体が，中島みなみの意思に基づいて作成されたものと推定されます。たとえば，中島が三国東子に貸し付けた100万円の返還請求訴訟を提起し，三国が弁済したかどうかが争点となり，三国が図3の領収証を弁済の事実を立証するために書証として提出し，中島が成立を争った場合に，裁判所は領収証の成立は認められると判断したとしましょう。あくまで推定されるのは文書の成立の真正であって，文書の内容自体が真実であることが推定されるわけではありません。しかし，「貸付金の返済として」との記載は弁済の事実をうかがわせる有力な証拠となりますから，これについて合理的な事由を示すことなく三国の弁済の主張を排斥するのは審理が不十分であるということになるでしょう。

4 文書に文字の挿入，削除（抹消），訂正等がある場合，これらの部分についても真正に成立したとの推定は及ぶのでしょうか？ 文書の外形上，挿入等が加えられたことが明らかである場合には，そもそも推定が及ばないとする考え方もありますが，挿入等が加えられた部分も文書の一部ですから，挿入等が加えられた後の現在の状況について文書全体として推定が及ぶと考えられます（もっとも，後に述べる推定が破られるか，という観点からは，外形上に異常があるわけですから，問題になることも多いように思います）。

Column 　　　　　　　　　　　**捨　　印**

　文書を作成する際に，後日文書に間違いが発見された場合に訂正することが容易なように，文書の欄外等にいわゆる捨印が押されることがあります。この場合に，捨印を押した当事者の意思としては，どのような文言が付け加えられても構わない，というわけではなく，誤字や誤算等相手方に訂正等を委ねるのが合理的であるような事項に限って，訂正等を委ねた趣旨と解するのが合理的です。したがって，文書の訂正箇所に訂正印が押されている場合とは同視できません。

V　判例法理による推定

1　Ⅳで見たように，民訴法228条4項は，押印が本人または代理人の意思に基づいてされた場合にのみ機能しますから，印影が同一であったとしても，それだけでは自己の意思に基づいて押印したとは言えません。しかし，判例は，本人の印章を他人が勝手に使用することは，通常はあり得ないという経験則に基づき，**私文書の作成名義人の印影が作成名義人の印章によって顕出されたものであるときは，反証のない限り，当該印影は本人の意思に基づいて顕出されたものと事実上推定するのが相当**であり，この推定の結果，当該文書は民訴法228条4項にいう「本人又は代理人の押印があるとき」の要件を充たし，その全体が真正に成立したものと推定されるとしています（最判昭和39・5・12民集18巻4号597頁など）。

　この推定は，経験則に基づく事実上の推定とされています。

2　この判例の考え方により，次頁の図のとおり2段階の推定が働き，文書の成立が認められることになり，**「二段の推定」**と呼ばれています。

この推定が働くためには，文書上に現れている印影が作成者とされる者の印章によって顕出されたものかどうかが前提事実となりますから，文書の成立について相手方が否認する場合には，この点についての認否も明らかにする必要があります。
　先ほど例に挙げた三国の中島に対する貸金返還請求の事案において，書証である図3の領収証について，中島が「領収証の成立は否認する。ただし，印影の成立は認める（印影が意思に基づいて顕出されたことは認める）」と認否した場合には，民訴法228条4項の推定が働くことになり，領収証の成立の真正が推定されることになります。中島は，印影が自己の印章によるものであることは認めるが自己の意思に基づくものではないと主張する場合には，「領収証の成立は否認する。ただし，原告名下の印影が原告の印章によるものであることは認めるが，これは盗用されたものである」などと認否することになります。そうすると，二段の推定が働くものの，領収証の成立の真正は，後述の一段目の推定を覆すに足りる反証の成否にかかることになります。

Ⅵ　二段の推定の反証等

1　民訴法228条4項による推定（二段目の推定）は，法定証拠法則を定めたものと考えると事実上の推定にすぎませんし，Ⅴで説明した判例による推定（一段目の推定）も事実上の推定ですから，いずれも立証責任を転換するものではありません。そこで，相手方の行うべき立証活動は，次のように考えることができます。

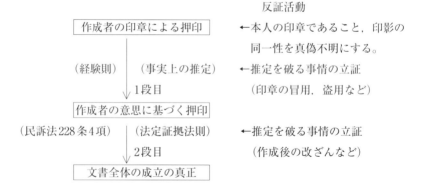

2　本人の印章であることを真偽不明にする事実としては，たとえば，他人の印章であることや，印章が本人のみでなく他人との共有，共用であるこ

と，あるいは，他人がまったく同じ印影の印章を入手して（三文判の場合にはさほど難しいことではありません）これを押印したことなどの可能性があるかもしれないということがあります。

　一段目の推定を破る事情としては，たとえば，①印章の紛失，盗難，盗用，②他人に預託していた印章が冒用されたこと，③本人が押印することや押印の意思決定をすること自体が困難または不自然であること（たとえば，作成したとされる日には重病で入院中であった），などがあります。なお，署名の場合には，自署であることを真偽不明にすることにより，「作成者の意思に基づくこと」を真偽不明にすることも可能です。

　二段目の推定を破る事情としては，たとえば，①本人または代理人が白紙に署名または押印したところ，他人がこれを悪用して文書を作成したこと，②文書作成後に改ざんされたこと，などがあります。

　また，推定事実の反対事実，すなわち「当事者の意思に基づかないこと」あるいは「文書が真正に成立していないこと」を立証するという方法もあります。

3　では，推定を破る事情については，どの程度の立証が必要でしょうか？二段目の推定を法律上の推定と解する立場では，前提事実が認められれば，常に推定される事実についての反対立証を要することになりますから，推定を破る事情についても本証が必要となります。これに対して**法定証拠法則と考える立場からは，推定事実について合理的な疑いを生じさせる程度の反証をすれば推定事実は破られると考えてよいでしょう。**

4　実務では，文書に署名したり，押印したことは認めながら，本文は自分が記載したものではない，とか，署名や押印の際に文章を読まなかったなどという主張がされることがあります。しかし，民訴法228条4項の推定は，日本人は，印章を大切にし，みだりに自分の判を押さない習慣があるということを前提としていますから，文書に本人の印章が押されている以上，押印の際に文章を読まなかったという弁解は容易に通るものではありませんし，本文を自分が書かなかったというだけで本文が押印者の意思に基づかずに作成されたと言うこともできません。

5　文書の真正な成立が認められると，特に当該文書が処分証書である場合には，事実認定について決定的な影響力を及ぼすのは，これまでに説明したとおりです。したがって，当事者としては，推定の前提事実を真偽不明にし

たり，推定を覆す具体的事実を主張する必要がありますし，裁判所としては，二段の推定の適用に当たっても，形式的な判断をするのではなく，**実質的かつ総合的に判断**する必要があります。

Column **二段の推定が問題にならない場合**

　二段の推定は，あくまで文書の成立の真正の立証方法のひとつですから，文書の成立の真正に問題がなければ使用する必要はありません。民事訴訟において，契約書等の処分証書についても成立自体は争われないことは珍しくありません。このような場合には，すぐに実質的証拠力の検討に入ることができ，わざわざ印影が作成者の印章によるものかどうかなどを問題にする必要はありません。また，文書の真正な成立を争っている場合であっても，二段の推定のみで的確な判断ができるわけではないことにつき，本書演習問題2，事実認定司法研究354頁参照。

Ⅶ　署名または印影の同一性の立証

　署名が文書の作成者と主張される者の自署であることや，文書の印影が作成者と主張される者の印章によるものであることは，**問題となる署名や印影を，作成者自身の自署や印章による印影と対照することによっても証明することができます**（民訴229条1項）。対照のために適当な筆跡がない場合には，裁判所は，対照のための文字の筆記を命じることができ（同条3項），正当な理由なく相手方がこれを拒絶した場合には裁判所は文書の真否に関する挙証者の主張を真実と認めることができます（同条4項）。

　対照となる文字は，署名者と主張される者自身の署名であることに争いがないか，明らかなものである必要があり，実務では，署名者と主張される者が訴訟当事者である場合には，当該事件の記録に綴られている，訴訟代理人に対する委任状の署名，本人尋問等の際の出頭カードの氏名欄の記載，宣誓書の署名等を使うことが行われています。印影の対照となるものとしては，実印であれば，印鑑登録証明書の印影が使われるのが一般的です。

　最判平成8・2・22集民178号265頁は，契約書の署名が被上告人代表者の自筆かどうかが問題となり，第1審は上告人が申請した筆跡鑑定を採用せず自筆であると認めたのに対し，原審は，上告人が契約書の成立に疑問がある場合には，第1審において筆跡鑑定を申し出た事情を考慮して釈明権の行使

に十分配慮されたい旨求めていたにもかかわらず，筆跡について特に証拠調べをすることなく，自筆でないとした事案において，契約書の署名の筆跡と第1審における被上告人代表者の尋問の際の宣誓書の署名の筆跡とを対比すると，その筆跡が明らかに異なると断定することはできないとして，原審は上告人に対し改めて筆跡鑑定の申出をするかどうかについて釈明権を行使すべきであった旨判断しました。実務では，上記事例のように，当事者から筆跡について鑑定の申出がされることがありますし，また，双方当事者から，筆跡や印影の同一性についてまったく結論の異なる専門家作成の意見書（民事訴訟法に規定された「鑑定」は，裁判所が当事者の申出を採用して鑑定人を指定して行われる手続ですが，当事者が自ら専門的知識を有する者に意見を求め，その者の作成した意見書を書証として提出することがあります）が提出されることがあります。しかし，筆跡は，同一人であっても場合によって異なることから（同じ人でも試験終了5分前に作成した答案の字と就職活動のために提出する書類に記載する字は違いませんか？），対照文字の選択や吟味を含め，鑑定の採否や実質的証拠力の判断は慎重に行うことが必要です。

Chapter 5

書証(3)
――証拠評価が問題となる事例

Ⅰ はじめに

　これまでに何度も述べてきたとおり，**書証は，「動かし難い事実」として重要な役割を果たします。**それだけに，偽造・変造の疑いがある書証や信用性の乏しい書証であるのに，そのことを見抜くことができないときは，「動かし難い事実」ではない事実を，誤って「動かし難い事実」と想定することにもなり，その結果，人証の信用性判断まで誤ってしまいますから，事実認定の誤りに直結する危険が極めて大きいことになります。

　書証について，偽造・変造の疑いの有無や，記載内容の信用性の有無を判断するためのマニュアルのようなものは存在しません。虚心坦懐に書証を見て，想像力を働かせながらよく考える以外に方法はありませんが，ここでは，考える際の参考にできそうな例をいくつか紹介することにします。

Ⅱ 原本のみが持つ情報

　「書証の申出は，文書を提出し，又は文書の所持者にその提出を命ずることを申し立ててしなければならない」（民訴219条）とされ，「文書の提出又は送付は，原本，正本又は認証のある謄本でしなければならない」（民訴規143条1項）とされています。単なるコピー（写し）は，「謄本」ですが，「認証のある謄本」ではありません（「謄本」という言葉は，本来，写しを意味します。ただし，実際には，「認証のある謄本」〔＝認証謄本〕という意味で「謄本」という言葉が用いられることもありますので，気をつけてください）ので，原則として，コピーで書証の取調べをすることはできません。もっとも，判例上，一定の要件を満たす場合には，単なるコピー（写し）で書証の取調べをすることもできることとされていますが，**原則としては，原本で取調べをしなければなりません。このようにされているのは，心証を形成する上で，原本をよく確認することが重要なことだからです。したがって，書証の取調べのために原本を閲読する際には，注意深く原本の確認を行う必要があります。**

　ところが，現実には，原本の閲読をする際に，十分な確認をしないまま，

69

書証の取調べを終了することも少なくないようです。コピー機が発達し，原本と寸分違わぬコピーが作成されるようになりましたから，書証によっては，原本をきちんと確認しなくても，コピーを読めばそれで十分というものも多いでしょう。しかし，原本をきちんと確認しなかったために事実認定を誤る場合があります。**原本には，「コピー機では再現できない情報」がある場合があるのです。**

1　原本に折り目がついていないことが重大な意味を有する場合があり得ます。たとえば，文書が封筒で送られてきたとの主張や供述があるとします。その場合，その文書の大きさが，入っていたはずの封筒のサイズよりも大きいとすると，折り目をつけないで封筒の中に入れることは不可能です。折り目がついていても，折り目に沿って折ったときに，封筒の中に入れることができないのであれば，同様に，不可能なことを主張したり，供述したりしていることになります。

2　原本を確認すると，**紙が変色していたり，ステープラーが錆びていることなど**から，作成後かなりの年月が経過していることが分かることがあります。逆に，古い文書のはずなのに，そういったことがない場合は，作成時期を疑ってみる必要があるかもしれません。

3　1通の文書に複数の押印がある場合に，印影の色が微妙に異なっている場合があります。この場合は，それらの押印は別の朱肉を用いてされた可能性が高く，それはすなわち，押印が別の機会にされた可能性があることを意味します。ですから，同一の機会にされたはずの押印であるのに，その色が異なっているときは，本当に同一の機会にされたのか，疑ってみる必要があります。
　複数の署名のインクの色が異なる場合も，それぞれが別の筆記具を用いて記載されたのであれば，特に疑う必要はありませんが，同一の筆記具を使ったということであれば，疑ってみる必要があります。
　署名以外の部分の記載について，インクの色が異なる部分がある場合もあり，その場合は，その部分は別の機会に記載された可能性があります。また，鉛筆で記載されている部分がある場合は，その部分は，後から書き加えられたメモ的な性格の記載である可能性が高いでしょう。

4　原本を触ってみると，ザラザラになっている部分があることに気付く場

合があります。この場合，ザラザラになっている部分は，何らかの記載があったのに，それを砂消しゴム等で削り取った跡である可能性があります。

5　裁判所や相手方当事者に提出された写し（コピー）と原本の内容が，全面的に，または部分的に異なることもあります。うっかり別の文書のコピーを提出してしまったという場合もありますが，原本にはない記載がコピーにだけ意図的に書き込まれていたという例もあります。また，コピーをする際，書面の端の方がコピーされずに切れてしまっていることもあります。

6　なお，原本を持っているという事実や，持っていないという事実が重要な意味を有する場合があります。

　まず，**原本を持っていないこと自体が経験則に反すること**があります。たとえば，支払をして領収証を受け取った者は，通常，領収証の原本を持っているはずです。そのような者が，領収証のコピーを証拠として提出し，原本は所持していないと言って提出しないということがあると，これは経験則に反する事態です。もっとも，コピーをとり，その後，原本を紛失するなどというのもあり得ないことではありませんから，そのような経過であったことが認定できる場合には，原本が提出されなくても，支払の事実を認定する妨げとなるわけではありません。しかし，そのような場合でない限り，通常なら持っているはずの原本を持っていないこと自体が重要な間接事実になるでしょう。

　原本を持っているはずの者が原本を持っていないと主張するケースの中には，コピー機を使って偽造・変造された「写し」を作成し，提出している場合があります。署名押印そのものを偽造するのは難しいため，まず，署名押印以外の部分を偽造した上，署名押印がされるべき部分に，他の文書の署名押印部分を重ね合わせてコピーをとり，文書の「写し」を偽造するなどの方法が用いられることがあるわけです。原本がないと主張されるケースの中には，このようなケースが隠れている可能性がありますから，注意を要します。

　なお，逆に，**原本を持っていること自体が重要な間接事実になること**もあります。たとえば，金銭の借主が借用証書の原本を所持していることは，弁済の事実を認定するための間接事実になり得ます。貸主が持っているはずの借用証書の原本を借主が持っているということは，通常は，それが貸主から借主に返されたということですし，貸主が借用証書の原本を借主に返すのは，通常は，貸金全額の弁済がされたときだからです。

Ⅲ 物理的な面

1 2枚以上の用紙から成る一個の文書が提出されている場合，**使用されている用紙の中に，種類の違うものが含まれていること**があります（一見，同じ種類の用紙に見えるけれども，よく見ると，罫線の幅や，デザインのちょっとした部分が違うなどという場合です）。このような場合には，その用紙は，後から差し替えられたものである可能性があります。

また，パソコンなどで作成されている場合に，**1枚の用紙だけ，文字のフォントが違うとか，1行当たりの文字数が違う，1枚当たりの行数が違う**などといった場合もあります。これも同様に，その用紙は，後から差し替えられたものではないかと疑う必要があります。

2 次頁の借用証書を見てください。

文字の配列が普通ではありませんね。途中から文字の大きさがどんどん小さくなり，しかも，次第に左右にはみ出した位置から書かれています。1枚の用紙に納めようとしてこのような書き方になることもあるかもしれませんが，用紙の下の方に大きな空白部分があるのですから，この場合は，そのように考えることもできません。何かありそうです。

ひとつ考えられるのは，適当な口実を設けて，たとえば，「住所と名前を教えてほしいから，この紙に書いてください」などと言い，白紙に住所と氏名を記載させておいて，後から本文を書き込んだ可能性です。もちろん，この文字の配列だけからそのように断定するのは避けなければなりませんが，そのような可能性を念頭に置いて審理をすることが必要です。

Ⅳ 作成されたはずの時期には存在しなかった情報が記載された文書

Xは，抵当権の実行としての競売により，建物の所有権を取得しました。建物は，Yが占有しています。Xは，Yに対し，建物の明渡しを請求しましたが，Yは，昭和62年4月1日（抵当権設定のしばらく前です），当時の所有者であったAから建物を賃借したと主張し，賃貸借契約書を提出しました。Xは，賃貸借契約の時期はもっと後（抵当権設定の後）であったと主張しています。賃貸借契約の時期がいつであったのかを判断するに当たって，74頁の契約書の①〜⑦までの部分は，それぞれどのような意味を有するでしょうか。

金銭借用証書

第1条　貸主は，本日，金○○万円を借主に貸し渡し，
借主は，これを借り受け，確かに受領した。

第2条　元金は，平成○年○月○日限り，貸主が指定する銀行預金
口座に振り込んで支払う。振込手数料は借主が負担する。

第3条　利息は年○○％とし，毎月○日限り，その翌月分を支払う。

第4条　借主が元金を期限までに弁済しないときは，元金に対し，年○○％の
遅延損害金を支払う。

第5条　連帯保証人は，借主の債務を連帯保証し，借主と連帯して履行の責めを負うものとする。

平成○○年○月○日

貸主　　　　○○市○○1丁目1番1号
　　　　　　　○　○　○　○　　　印

借主　　　　○○市○○2丁目2番2号
　　　　　　　　○○マンション○○号室
　　　　　　　○　○　○　○　　　印

連帯保証人　○○市○○3丁目3番3号
　　　　　　　○　○　○　○　　　印

⑦

建物賃貸借契約書

第1条　A株式会社（以下，「甲」という。）とY（以下，「乙」という。）は，甲の所有する下記建物（以下，「本件建物」という。）について，以下のとおり賃貸借契約を締結する。

記

所　　在　　○○県○○市○○一丁目
家屋番号　　○○番
構　　造　　○○‥‥
床面積　　　○○㎡

第2条　賃貸借契約の存続期間は，①昭和62年4月1日から平成2年3月31日までの3年間とする。ただし，契約を更新することができる。

第3条　賃料は，②1か月5万2500円（消費税2500円を含む。）とし，毎月末日限り，③○○銀行○○支店の甲名義の普通預金口座（口座番号○○○○○○○○）に翌月分を振り込むものとする。

（第4条以下省略）

　　上記のとおり契約が成立したので，本契約書2通を作成し，甲乙各1通を所持するものとする。

昭和62年4月1日

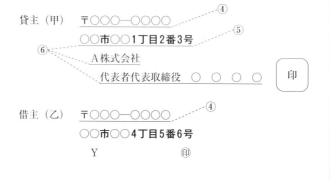

①昭和62年の段階で，3年後が「昭和」ではなく「平成」であることが予知できたはずがありません。本当に昭和62年に作成されたのであれば，「昭和65年」と記載されているはずです。

②昭和62年4月1日当時，日本に消費税というものは存在しませんでした。消費税が必要になったのは，平成元年4月1日からです。しかも，当初は，税率が3％でしたが，ここではなぜか5％になっています。

③銀行の名称は，合併等により，しばしば変更されています。この契約書が作成されたはずの時期に存在していなかった銀行名が記載されているとすると，その説明は不可能です。支店名についても同様です。

④郵便番号が7桁になったのは，平成10年ですから，この契約書が作成されたのは，それ以後であることが分かります。なお，桁数が変わらない場合でも，番号が変更されることもあり，変更後の番号が記載されていると，同様に，作成時期は郵便番号変更後であることが分かります。同様のことは，電話番号についても言えます。

⑤市町村の合併や，政令指定都市への移行等により，住居表示が変更されることがあります。変更後のものが記載されていれば，文書の作成時期は，変更後でしかあり得ません。

⑥会社の商号が変更されたり，代表者や所在地が変わったりすることがありますので，同様に，変更後のものが記載されていれば，文書の作成時期は，変更後でしかあり得ません。

⑦印紙税の額は，変更されることがあります。その場合，貼り付けられている収入印紙の額が改正後の税額に対応するものであるときは，改正後に貼り付けられたものとしか考えられず，そうすると，文書自体も，改正後に作成された可能性が高いと考えられます。また，収入印紙のデザインは，しばしば変更されており，変更後のデザインの収入印紙が貼り付けられているときは，同様に，デザイン変更後に作成されたものと考えられます。ちなみに，市販の領収証用紙や便せんなども，デザイン等が変更されることがありますから，それらを用いて作成された領収証や書簡などについても，デザイン等の変更された時期を調べれば，作成時期が分かることがあります。

Column	ほかにはこんな例も

　契約の成立が争われており，原告が証拠として提出した申込書の成立の真正も争われていた事件がありました。被告が，その申込書に記載されていた原告の連絡先メールアドレスに着目し，そのドメイン名（メールアドレスのうち「@」よりも後ろの部分）の登録日を調べたところ，作成日とされていた日よりも後だったことが判明しました。

　これも「作成されたはずの時期には存在しなかった情報が記載された文書」の例といえるでしょう。

V　複数の書証と経験則

　複数の書証がある場合に，それらを並べ，線でつないでみると，不自然な流れが見えてくる場合があります（書証に限った話ではなく，人証の供述の中に出てくる複数の事実を線でつないだ場合についても，同様のことが言えますが）。

　たとえば，次のようなケースを考えてみましょう。

　Xを貸主，Aを借主とする多数の借用証書があり，Xは，借用証書の記載どおり，Aに対して金銭の貸付けをしたが，弁済を受ける前にAが死亡してしまったと主張して，Aの相続人であるYに対し，貸金の返還を求めています。Yは，事情が分からない，Aから借金の話は聞いたことがないと述べるだけで，積極的な主張はしていません。

　それぞれの借用証書の記載内容というのは，次のようなものです。

（貸付日）	（金額）	（弁済期日）
平成○年 1月20日	100万円	平成○年 6月20日
平成○年 6月20日	150万円	平成○年 7月20日
平成○年 7月20日	15万円	平成○年 8月20日
平成○年 8月20日	15万円	平成○年 9月20日
平成○年 9月20日	15万円	平成○年10月20日
平成○年10月20日	15万円	平成○年11月20日
平成○年11月20日	15万円	平成○年12月20日

　気になる点はどこでしょうか。

Xの主張どおりだとすると，Xは，1月20日に100万円を貸し，その弁済期日である6月20日に，まったく弁済がないのに，150万円を追加で貸し付けたことになります。また，その後も，毎月20日になると，前の月の貸付金の弁済期日であり，その弁済がまったくないのに，15万円ずつを追加で貸し付けたことになります。

しかし，普通は，このようなことはしないでしょう。特別の事情がない限り，このような流れは，経験則に反します。

この場合，可能性のあるストーリーのひとつとして，150万円の借用証書は，最初の100万円の貸付けについて，その弁済期が到来したときに，それまでの利息（利息制限法所定の利率を超える率によるものです）を上乗せして作成し直したもの，その後の15万円ずつの借用証書は，1か月分の利息の趣旨で作成したものであったということが考えられます。仮にそうだとすると，現実に貸付けをしたのは，最初の100万円だけ（それについても，利息の天引きをしている可能性がありますから，その点を調べる必要があるでしょう）であったことになります。

Chapter 6 人証

I 人証の意義と特徴

　実務上，証人と当事者本人を合わせて「人証」と呼び，証人尋問と当事者尋問を合わせて「人証調べ」と呼びます。

　事実関係に争いのある事件では，書証は，ほぼすべての事件で提出されますし，人証調べも，大多数の事件で実施されており，鑑定や検証が行われる事件がそれほど多くないこととは対照的です。

　このように，書証と人証は，非常にポピュラーな証拠調べの方法ですが，その特徴は対照的です。**書証の最大の特徴は，その内容が固定していること**です。これに対し，人証の特徴は，内容が固定しておらず，尋問の仕方や，人証の性格，能力等によって相当変化する可能性があり，いわば流動的，不安定なものであることです。

　このようにいうと，まるで書証の方が質の高い証拠であって，人証は信頼に値しないかのように思う人がいるかもしれませんが，決してそうではありません。**書証は，（争いのない事実等とともに）しばしば重要な「動かし難い事実」となりますが，「動かし難い事実」は，全体の構図の中では「点」**です。「点」だけでは，全体の構造を把握することはできません。「点」をつなぐ「線」が必要です。そして，その「線」の役割を果たすのが人証です。人証の供述は，事件の全体像（ストーリー）を語ります。

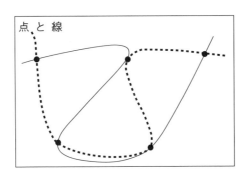

点と線

79

通常，原告側の人証の供述と被告側の人証の供述は，一部は重なりますが，一部は相違します。つまり，**双方の描くストーリーが異なるのです。そして，その異なっている部分について，それぞれのストーリーが合理的なものかどうかを，経験則に照らして判断することになります。**

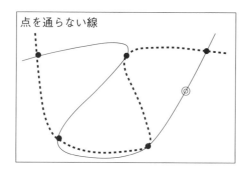

　人証の供述が「動かし難い事実」の上を通らない場合があります。この場合，その供述は，少なくともその部分に関しては，信用性を認めることは困難です。

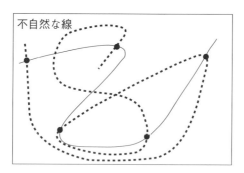

　人証の供述が極めて不自然な場合があります。この場合も，特段の事情がない限り，その信用性を認めることは困難です。

　人証の信用性を判断するに当たっては，上記のような特徴があることを念頭に置いておく必要があります。また，信用性の判断がどのようにして行われるのかを知ってはじめて，どのような尋問の仕方が適切なのかを考えることができるようになります。

Ⅱ　動かし難い事実との間の整合性がない供述

　虚偽の内容を一見もっともらしく供述することは，それほど難しいことではありません。信用できそうに見える供述が実は虚偽のものであったということは，しばしばあります。ですから，「このような供述は信用できる」という判断基準を示すことは，非常に困難です。

　それよりも，**「信用できない供述の類型」を考える方が容易です**。そこで，そのような供述の類型を見ていきましょう。

　最初に挙げられるのは，**動かし難い事実との間の整合性がない供述**です。

(1)　Yが平成○年○月○日に××（場所の名称）に行ったかどうかが争点になっている訴訟のY本人尋問調書（抜粋）です。

（被告代理人の質問とその答え）

あなたは，平成○年○月○日，××に行きましたか。

　　　▶はい。

どうやって行ったのですか。

　　　　　▶△△鉄道で行きました。

何時ころ，出かけましたか。

　　　　　▶午前中，会社で資料作りをしまして，午後，1時過ぎに出たと思います。P駅から電車に乗ってQ駅まで行き，そこからタクシーで××まで行きました。

××に到着したのは何時ころでしたか。

　　　　　▶2時半ころです。

　何の問題もない供述のように見えます。しかし，実は，この日，△△鉄道のP駅からQ駅までの区間を通る路線は，事故のため，12時ころから不通となり，回復したのは午後3時過ぎであったことが確実な証拠（△△鉄道への照会の回答書など）によって明らかであったとします。そうすると，この供述は，どれほど自然で具体的なものであったとしても，信用するわけにはいきません。

(2)　Xが，平成○年○月○日，Yに現金500万円を渡したかどうかが争点になっている訴訟のX本人尋問調書（抜粋）です。

（原告代理人の質問とその答え）

81

あなたは，平成○年○月○日，Yに500万円を渡しましたか。

　　　　　　▶はい。渡しました。

どこで渡したのですか。

　　　　　　　▶Yの事務所まで持って行きました。

現金を持って行ったのですか。

　　　　　　　▶そうです。

（被告代理人の質問とその答え）

　Yの事務所に500万円を持って行ったということですが，事務所には誰がいま
したか。

　　　　　　▶Yだけです。

事務員の方はいなかったのですか。

　　　　　　　▶はい。出かけておられたようです。

Y本人に渡したのですね。

　　　　　　　▶そうです。間違いなく本人に渡しました。

　Yのパスポートによって，Yがこの日は外国にいたことが明らかだとする
と，Xのこの供述は，とうてい信用することができません。

(3)　Yが平成○年○月○日にRレストランでAに会い，○○（物の名称）を
渡したかどうかが争点になっている訴訟のY本人尋問調書（抜粋）です。

（被告代理人の質問とその答え）

　あなたは，平成○年○月○日，Aに会いましたか。

　　　　　　▶はい。

何時ころ，どこで会ったのでしょうか。

　　　　　　　▶午後7時に，△△（地名）にあるレストランで会いました。

レストランの名前は何といいますか。

　　　　　　　▶Rです。

何のために会ったのですか。

　　　　　　　▶○○を渡すためです。

渡せましたか。

　　　　　　　▶はい。渡して，そのままAと2人で食事をして帰りました。

（原告代理人の質問とその答え）

　Aに会うことになったいきさつは，どういうことだったのでしょうか。

　　　　　　▶○○を渡すためにAに電話をして，呼び出しました。
会う場所を決めたのは，あなたですか，それともAですか。
　　　　　　▶私です。
Rで会ったというのは，本当のことですか。
　　　　　　▶本当ですよ。
近くには，もうひとつSというレストランもありますよね。
　　　　　　▶はい。
本当はSで会ったのではありませんか。
　　　　　　▶違います。
RとSは，近くにあるし，雰囲気もそんなに違わないと思うのですが。
　　　　　　▶いや，Sは，3年ほど前にできたのですが，できてしばらくしたと
　　　　　　　きに行ったら，まずいし，店員の態度も悪かったので，二度と行か
　　　　　　　ないことにしました。
3年ほど前というと，平成○年から見ても，2年も前のことですか。
　　　　　　▶そうですね。
そのときに行って以来，Sには一度も行っていないのですね。
　　　　　　▶はい。
だから，このときにAと会ったのは，Rで間違いないと。
　　　　　　▶そうです。

　　ここで，原告代理人は，Rを経営する会社への弁護士会照会（弁護23条の
2）の回答書をYに示します。

これを見てください。この日，Rは臨時休業だったのだそうですが。
　　　　　　▶……そうですか。そんなはずはないと思いますけど。

　Rがその日は休業していたとの事実が認定できるのであれば，Yの供述
は，どれほど自然で具体的な内容であったとしても，信用することはできま
せん。

Ⅲ　経験則に反する供述

　次は，**経験則に反する供述**です。具体例を見てみましょう。

(1)　現在，Yが住んでいる建物は，もとX所有であったことに争いがありま
せん。この建物について，XとYとの間に贈与契約があった（Yの主張）の

か，使用貸借契約があった（Xの主張）のかが争点になっている訴訟があります。ここにあるのは，そのY本人尋問調書（抜粋）です。

（被告代理人の質問とその答え）

あなたとXとは，どのような関係ですか。

　　　▶私がまだ子供のころ，○○市に住んでいたのですが，Xは，そのときの隣の家の子供でした。両親は，Xをずいぶん可愛がっていたと聞いていますし，私も，よくXと遊びました。

隣に住んでいたのは，何年間くらいだったのでしょうか。

　　　▶Xが小学校に入る少し前にX一家が越してきたということです。Xが小学校を卒業するころに，私の家がよそに引っ越しましたので，隣同士だったのは，そのときまでです。

あなたの一家が引っ越したのは，あなたが何歳のときですか。

　　　▶私が小学校5年生のときです。

あなたがこの建物に住むようになったのは，いま言ったことと関係があるのですか。

　　　▶はい。私が経営していた会社が倒産して，住むところもなく，困っていたときに，Xがそのことを知って，この建物を使ってくれと，私にくれるからと言ってくれたのです。最初は断りましたが，Xが，私の両親に本当に可愛がってもらったから，是非にと言うので，もらうことにしました。

　どうでしょうか。Yが供述するような事情があっただけで建物を贈与するというのは，普通は考えられないことではないでしょうか。

(2)　Yは，平成○年○月○日午後6時ころ，△△駅（近くにAの勤務先があります）付近にいたところを目撃されており，Yがこの日，Aに会っていたかどうかが争点になっている訴訟があります。ここにあるのは，そのY本人尋問調書（抜粋）です。

（被告代理人の質問とその答え）

あなたは，平成○年○月○日午後6時ころ，△△駅に行きましたか。

　　　▶はい。

何をしに行ったのですか。

　　　▶駅前の本屋に行きました。

本を買ったのですか。

　　　▶そうです。N（小説家）の新刊が出たので，買いに行ったのです。

84　Chapter 6　人証

あなたは，Nが好きなのですか。

　　　　▶はい。出た本は全部読んでいます。

本を買う以外に何かしましたか。

　　　　▶いいえ。本を買っただけです。買って，そのまま帰りました。

Aの勤務先が近くにあるようですが，この日，Aには会いませんでしたか。

　　　　▶会っていません。

（原告代理人の質問とその答え）

本屋には，Nの新刊を買いに行ったということですね。

　　　　▶はい。

新刊が出たということは，知っていたのですか。

　　　　▶はい。2, 3日くらい前だったと思いますけど，広告が出ていたの
　　　　　で。

それで，買いに行ったと。

　　　　▶はい。

その本屋は，△△駅の近くにあるのですか。

　　　　▶はい。歩道橋を渡ったところにあるビルの3階に入っています。

大きな本屋ですか。

　　　　▶普通だと思いますけど。

その日の昼間，あなたは何をしていましたか。

　　　　▶会社で仕事です。

会社は，どこにありますか。

　　　　▶▲▲駅から歩いて10分くらいのところです。

通勤は，▲▲駅を利用するのですか。

　　　　▶自宅が××にありますので，××駅から▲▲駅まで電車で通ってい
　　　　　ます。

▲▲駅には，本屋がありますね。

　　　　▶はい。

あなたが行った△△駅の近くの本屋よりもずっと大きいのではありませんか。

　　　　▶そうですね。

その日，▲▲駅の近くの本屋は，お休みだったのでしょうか。

　　　　▶分かりません。

確認しなかったのですか。

　　　　▶しませんでした。

△△駅は，▲▲駅から，××駅とは反対の方向に30分くらい行ったところに

ありますね。

▶いいえ，20分くらいだと思います。

Yの供述によると，Yは，この日，▲▲駅の近くにある会社で仕事をし，その後，Nの新刊を買うため，▲▲駅の近くの大きな本屋が営業しているかどうかを確認することなく，電車に乗り，自宅とは反対方向にある△△駅まで行って，▲▲駅の近くの本屋よりは小さな本屋でNの新刊を買い，そのまま自宅に帰ったということになります。何か事情がない限り，このような行動をする人はいないでしょうから，Yの供述が経験則に反することは明らかだといえそうです。そうすると，Yは△△駅付近で本を買って帰ったというストーリーは崩れてしまいますので，その結果，もう1つのストーリー，すなわち，Yは△△駅付近でAに会っていたというストーリーが浮かび上がってくることになるわけです。

(3) X（弟）がY（兄）に対して1000万円を貸した事実が認められるかどうかが争点になっている訴訟があります。ここにあるのは，そのX本人尋問調書（抜粋）です。

（原告代理人の質問とその答え）
あなたは，お兄さんから，1000万円を貸してほしいと頼まれたのですね。

▶はい。

その理由については，どのように言われましたか。

▶仕事で必要になったからということでした。

それで，どうしましたか。

▶1000万円もの大金は，持っていませんでしたから，友人の○○君に頼んで貸してもらって，兄に貸しました。

友人というのは。

▶大学のときに同じサークルに入っていて，それ以来の友人です。

どのように言って頼んだのですか。

▶電話をして，しばらく話したらすぐに思い出してくれて，それで，兄の仕事の関係で必要になったから，ちょっと貸してほしい，すぐ返すからと言って頼みました。

そしたら，すぐに貸してくれることになったのですか。

▶そうです。

お金は，どこで受け取りましたか。

▶電話をした次の日に待合せをして受け取りました。

で，それをお兄さんに貸したわけですね。

　　　　▶はい。兄の家に行って渡しました。

1000万円の貸付けをしたことが公正証書になっていますが，どうしてですか。

　　　　▶やはり1000万円といえば大きな額ですので，はっきりした証拠を
　　　　　作っておく方がいいだろうということになったのです。

それで，2人で公証人役場に行ったと。

　　　　▶はい。

どうでしょうか。おかしな点は見つけられたでしょうか。

（被告代理人の質問とその答え）

あなたのお仕事は何ですか。

　　　　▶××工業勤務です。

普通のサラリーマンということですね。

　　　　▶はい。

お兄さんから，仕事で1000万円必要になったと言われたということですが，
いったいどのようなことで必要になったのでしょうか。

　　　　▶詳しいことは聞いていません。

尋ねたけれども教えてもらえなかったのですか。

　　　　▶いいえ，兄がそう言うのですから，そうなのだろうと思って，それ
　　　　　以上は尋ねませんでした。

特に不審には思わなかったということですか。

　　　　▶はい。信頼していましたから。

友人の○○さんに頼んで1000万円借りたということですが，親しい友人なの
ですか。

　　　　▶特にすごく親しいということはありませんけど，今でも年賀状のや
　　　　　りとりをしています。

いつ返す約束だったのですか。

　　　　▶できるだけ早くということです。

返す当てはありましたか。

　　　　▶兄がすぐ返してくれることになっていましたから，そしたらすぐに
　　　　　返すつもりでした。

○○さんは，どんな仕事をしている人なのでしょうか。

　　　　▶◎◎電機に勤めています。

普通のサラリーマンですか。

　　　　▶はい。

○○さんは，あなたに貸す1000万円をどうやって作ったのでしょうか。

　　　▶分かりません。

何か担保がほしいというようなことは言われませんでしたか。

　　　▶ええ，そんなことは言われませんでした。

電話をした次の日に待合せをして受け取ったということですが，どこで受け取ったのですか。

　　　▶地下鉄□□駅の改札前です。

現金で受け取ったのですか。

　　　▶そうです。

契約書とか借用証書とか，何か書類は作りましたか。

　　　▶何も言われなかったので，作りませんでした。

お兄さんとの間で公正証書を作っていますが，これはどちらが言い出したことですか。

　　　▶私です。きちんとしておいた方がいいだろうと思ったものですから。

当時，あなたとお兄さんの仲はどうでしたか。

　　　▶いや，普通に仲良くしていました。

それまで，あなたとお兄さんとの間で，お金の貸し借りのことや，それ以外のことでもかまいませんが，もめたようなことはありますか。

　　　▶特にはないと思います。

あなたは，これまでに公正証書を作成してもらったことはありますか。

　　　▶ありません。

あなた個人としてではなくても，仕事上でも，公正証書を作成したことは。

　　　▶ないです。

公正証書によると，お兄さんがあなたに1000万円を返済する期限は，貸付けの1年後になっていますが，1年後にするというのは，どうやって決めましたか。

　　　▶兄に1年後でいいかと言われたので。

それで，特に何も言わずに，それでいいと。

　　　▶はい。

　この供述の中で，疑問のある部分を拾い出してみましょう。

　①Xは，兄であるYから，仕事で必要になったからと言われただけで，詳しいことを尋ねることもせずに1000万円を貸したと言っています。しかし，Xが多額の資産を有しているのであれば，そういうこともあり得るかもしれ

88　Chapter 6　人証

ませんが，Ｘは，普通のサラリーマンで，1000万円は「大金」であり，「そんな大金は持っていない」という人物です。そのような人が，詳しいことを尋ねることもせずに1000万円を貸すというのは，通常は考えられないことでしょう。

　②Ｘは，1000万円を友人の○○から借りたと言っています。しかし，○○も◎◎電機勤務の普通のサラリーマンです。そのような人物が，「特にすごく親しいということはありませんけど，今でも年賀状のやりとりをしています」という程度の関係で，電話をかけてもしばらく話してようやく思い出したような人物であるＸに，担保もとらずに，書類すら作らずに，1000万円も貸してくれるでしょうか。また，Ｘは，頼んだ日の翌日に○○から1000万円を受け取ったというのですが，普通のサラリーマンである○○は，わずか1日の間に，いったいどうやって1000万円を用意したのでしょうか。さらに，Ｘは○○に「すぐ返すから」と言って頼んだ，兄がすぐ返してくれることになっていたから，そしたらすぐに返すつもりだったと言っていますが，他方，お兄さんとの間では，返済期限は1年後でいいかと言われて特に何も言わずに了解したとも言っています。「1年後」が「すぐ」なのでしょうか。

　③Ｘは，はっきりした証拠を作っておく方がいいだろう，きちんとしておいた方がいいだろうと思って公正証書を作成してもらったと言っています。しかし，Ｘは，それまで公正証書を作成してもらった経験もない人物です。そのような人物が，これまで特にもめたこともなく，普通に仲良くしている兄に貸付けをしたときに，公正証書を作成しようと考えるでしょうか。

　こうして見てくると，Ｘの供述には，経験則に反する部分が非常に多いというほかありません。このような経験則に反する行動をしたことについて，納得できる特別の事情があれば別ですが（そのような事情がないかどうかを検討することは，重要なことです），そうでない限り，とうてい信用できないと考えるべきでしょう。公正証書が作成されているのには，おそらく何か事情があるはずです（たとえば，Ｙが債権者から強制執行を受けるおそれがあったことから，Ｙは，その債権者への配当額を少なくするため，Ｘに頼んで，Ｘに対して多額の債務を負っているかのような外形を作ろうとしたといった事情が考えられます）。

Ⅳ　矛盾を含む供述

　ある人証が**ある部分で供述した内容と別の部分で供述した内容が矛盾する**

場合，その双方が正しいということはあり得ませんから，少なくともいずれか一方は，誤った供述であるというほかありません（故意に虚偽を述べている場合と，故意ではないが客観的には誤っている場合とがあるでしょうが）。そうすると，その人証の供述は，正しくない内容が含まれていることが明らかであることになりますから，それが故意にした場合はもちろんのこと，故意にしたのではない場合であっても，矛盾した供述部分が信用できないだけでなく，その人証の供述全体の信用性にまで疑問が生ずることもあり得ることになります（なお，矛盾を含む供述だけではなく，動かし難い事実との間の整合性がない供述や，経験則に反する供述についても，同様のことが言えます）。

ただし，ここで**気をつける必要があるのは，矛盾しているのが，その人証の供述の本質的な部分なのか，それとも枝葉末節の部分なのかによって，信用性の判断に対する影響が異なるということ**です。人間の記憶力や表現力には限界がありますから，どれほど誠実な人であっても，一連の供述の全体を通して見ると，その中には不正確な部分が混じっているものです。ですから，人証の供述が隅から隅まで完璧に正確であるということは，非常に珍しいことです。そうすると，供述の中に矛盾した部分があっても，そのことから当然に，その人証の供述全体の信用性に疑問が生ずるというわけではありません。ただ，供述の中で重要な部分（本質的な部分）に矛盾がある場合は，その人証の供述全体の信用性に疑問が生ずるというべきです。

矛盾しているのがその人証の供述の本質的な部分なのか，それとも枝葉末節の部分なのかを適切に見分けることは，通常，それほど容易なことではありません。しかし，信用性を判断する上で，それが非常に重要であることは，よく認識しておく方がよいでしょう。

　　Xは，Aに対して債権を有しています。Aは，子であるYに対し，自宅の土地建物を売りました。そこで，Xは，詐害行為取消権（民424条〜）に基づき，売買の取消し等を求める訴えを提起しました。Yは，AがXに対して債務を負っていることを知らなかったと主張しています。ここにあるのは，その訴訟におけるY本人尋問調書（抜粋）です。

（被告代理人の質問とその答え）

あなたは，お父さんから，お父さんのご自宅の土地と建物を買っていますが，この話は，どちらから言い出したのですか。

　　　　　▶父が70歳になりまして，もう歳だから，そろそろ一緒に住んでほしいと，それで，いずれ相続になるのだから，いまのうちに私の所

有にしておこうと言い出しまして。

あなたは，そのときには，お父さんとは別に住んでいたのですね。

▶はい。それで，家族と相談したのですが，みんな賛成してくれましたので，父の言うとおりにすることにしました。

お父さんは，Xに対して，借金があったようですが，あなたはそのことを知らなかったのですか。

▶まったく知りませんでした。

Xのことは知っていましたか。

▶いいえ。この裁判になるまで，会ったこともありませんし，名前を聞いたこともありません。

Xでなくてもいいのですが，お父さんが誰かに対して借金があるかもしれないと思っていたということもありませんか。

▶ありません。

（原告代理人の質問とその答え）

売買契約書を見ると，契約日が平成○年○月○日になっていますが，この日に契約をしたのですか。

▶そうです。

お父さんがあなたに売買の話を初めてしたのは，いつごろでしょうか。

▶契約日の10日ほど前だったと思います。

話が出てから実際に契約するまで，ずいぶん早かったのですね。

▶まあ，いつまでも父を一人暮らしさせておくのも問題ですので，いずれ一緒に住むつもりでいましたから。

売買代金は，毎月15万円ずつ払っていくという合意になっていますね。

▶はい。

そういう約束だと，契約日にはまだ1円も払っていなかったのではありませんか。

▶当日は，そうです。

現在でも，支払った額は，売買代金額の1割にもなっていませんね。

▶そうなりますか。

それなのに，所有権移転登記は，契約の当日に，すぐしたということですか。

普通，登記は，代金の支払が完了するまではしないと思うのですが，1円も払っていないのに，どうしてそんなに急いで登記したのでしょうか。

▶急いでしたわけではありません。

でも，契約日にしているではありませんか。

91

> ▶だって，登記をしておかないと，第三者に対抗できないんですよ
> ね。私も，一応，法学部を出ているので，それくらいのことは知っ
> ていますから。
> そうですか。たしかに，お父さんがあなたに売ったのに，別の人にも二重譲渡
> した場合には，登記しておかないと困りますね。だけど，お父さんは，子供で
> あるあなたに一緒に住んでほしくて，それで，この際，あなたに譲っておこう
> ということで，契約をしたのですから，二重譲渡する心配はなかったのではな
> いですか。
> ▶だって，差押えとかされる前に登記しておかないと。
> 差押えをされるかもしれないということだったのですね。
> ▶……いや，分かりませんけど。

　Ｙは，Ａが誰かに対して借金があるかもしれないと思っていたということ
はないと供述していましたが，その後，なぜ急いで登記をしたのかと尋ねら
れて，「差押えとかされる前に登記しておかないと」と答えてしまいました。
差押えを心配するということは，事実上，債務を負っていることを知ってい
たというに等しい供述ですから，矛盾する供述というほかありません。そし
て，これは，この訴訟において非常に重要（おそらく，最も重要）な点につ
いての矛盾です。

Ⅴ　その他の問題点

　以上のほかに，人証の供述の信用性を判断する上で問題となる点をいくつ
か取り上げておきます。

1　抽象的な表現を使った供述

　「暴行を受けました」，「侮辱されました」，「脅迫されました」などといっ
た供述がされることがあります。こういうときは，要注意です。もっと**具体
的に供述してもらう必要があります**。具体的な事実を尋ねてみると，「暴行」
「侮辱」「脅迫」という言葉とはかけ離れた内容であることがしばしばありま
す。具体的に尋ねることなく，このような供述をそのまま信用するのは，極
めて危険です。

2　評価・判断・推測が混入した供述

　たとえば，「○○が弁済しました」という供述がされたとき，よく聞いて
みると，実は，そのように推測しているだけであって，弁済がされたかどう

かは，本当は知らないとか，法的には弁済と言えない事実をもって弁済があったと供述しているというようなことがあります。これも，抽象的な表現を使った供述の一種ということもできるかもしれませんが，いずれにしても，このような供述がされたときは，そのままにしておいてはいけません。詳しく尋ねるべきですし，その結果，**評価・判断・推測が混入した供述であることが判明したときは，そのように評価・判断・推測した根拠を供述してもらう必要があります**。そういったことをしないまま，このような供述をそのまま信用すべきではありません。

3 利害関係のある人証

　当事者本人はもちろんですが，証人であっても，事件と深い利害関係を有していることが少なくありません（民事訴訟においては，むしろ，その方が普通です）。このような人証の供述は，信用できるでしょうか。

　「利害関係のある人証の供述は信用できない」と考える人は，多いと思います。たしかに，**利害関係のある人証は，虚偽の供述をする動機があるとは言えます。しかし，利害関係のある人証だからこそ，しっかり観察し，記憶するということもできる**わけです。いずれにせよ，現実には，人証の大半は事件に利害関係を有しているのですから（現実の民事訴訟においては，利害関係のない証人が証言をすることは，極めて珍しいことです。人証が双方の本人だけという事件も，少なくありません），そのことを理由として信用性を否定することにしたのでは，ほとんどの人証は信用できないことになってしまうでしょう。基本的には，利害関係の有無はあまり意識しないで判断するのが適切であると思われます。

4 伝聞供述

　Ａが「Ｂが○○と言っていました」と供述する場合があります。この場合に，Ｂがそのように言っていたとの事実を認定するのであれば，特段の問題はありませんが，○○との事実を認定するのにこのＡの供述を用いるのであれば，これはいわゆる伝聞供述です。刑事訴訟においては，伝聞証拠は原則としてその証拠能力が否定されています（刑訴320条）が，民事訴訟法には，そのような規定はありません。**伝聞供述であることは，その信用性を判断する際には十分に考慮しなければならないことですが，伝聞供述であることから，一般論として当然に信用できないとまでいうのは行き過ぎ**で，個別に判断する必要があります。

Ⅵ 主尋問の留意点

これまで述べてきたことを踏まえて，尋問をする際に留意すべき点を検討しておきましょう。

まず，主尋問をする際の留意点です。

1　主尋問では，「動かし難い事実」をつなぐ線（ストーリー）を分かりやすく示すことが肝要です。全体の流れが自然なものであることを理解できるように供述してもらうことに力を注ぐ必要があります。

なお，ストーリーの中には，争いのない事実も含まれますが，争いのない事実を詳しく供述してもらうことは，百害あって一利なしです。そのようなことをしていると，肝心のところの尋問が不十分なものになってしまいがちです（実際に，そのような尋問は，しばしば見られます）。また，争いのない事実は立証する必要がないのですから，そのような事実についての詳しい供述が続くと，裁判官の尋問に対する集中力が衰えてしまいます。争いのない事実に触れる必要があるのであれば，簡潔に誘導をすれば足ります（誘導質問は，原則として禁止されています〔民訴規115条2項2号〕が，争いのない事実を誘導するのは「正当な理由がある場合」〔同項ただし書〕に当たり，許されると考えられています）。

2　動かし難い事実を事前によく確認しておくことは，非常に大切です。動かし難い事実との間の整合性がない供述は，それ自体として見れば合理的で具体的であっても，信用されません。

動かし難い事実を把握するためには，どうすればよいでしょうか。

まず，**間接事実レベルまで踏み込んだ争点整理をきちんと丁寧に行うこと**が有益です。特に，争いのない間接事実を丁寧に整理しておくことは，非常に役に立ちます。

次に，**書証をよく読み込むこと**も有益です。書証を丁寧に読んでいくと，思わぬ収穫が得られることがあります。

さらに，**当事者本人や証人予定者からの事情聴取を丁寧に行う必要があります。**そして，事情聴取をする中で，「動かし難い事実」になりそうな事実が見つかったときは，その裏付け調査をして，可能な限り，確実な証拠を入手しておかなくてはなりません。

3　経験則に反する供述は，特段の事情がなければ，信用できないと言うほ

94　Chapter 6　人証

かありませんが，これを逆に言うと，**特段の事情があれば，経験則に反する供述であっても，信用できる場合がある**ということです。

　ですから，まず，主尋問の内容が経験則に反するものではないかどうかをよく考えることが不可欠です。そして，経験則に反するものである場合や，その疑いがある場合には，**経験則に反する行動がとられたことについての特段の事情に当たる事実が出てくるように尋問する**必要があります。

4　重要な部分（本質的な部分）で矛盾した供述をしてしまうと，信用性に疑いが生じてしまいますから，矛盾が生じないようにしなければなりません。主尋問の際の供述と矛盾することを反対尋問の際に供述してしまうというのも，もちろん困るわけですが，主尋問の際の供述の中で矛盾が出てしまうのも困ります。その多くは，代理人の準備不足によるものか，または，その場面その場面で効果を上げようと努力した結果，「木を見て森を見ず」の状態になってしまったことによるものでしょう。その人証にしてもらう予定**の供述全体をよく見渡して，矛盾が生じていないかどうか，点検する**必要があります。

5　抽象的な供述ではなく，**できるだけ具体的な供述になるよう，尋問の仕方に気をつける必要があります。ただし，記憶があいまいな点は，あいまいであることを正直に述べてもらうようにすべきです。**無理をして明確な言い方をしてもらっても，反対尋問で崩される可能性があり，そうなると逆効果です。

　同様に，**できるだけ評価・判断・推測が混入しない供述になるよう，気をつけて尋問しなければなりません。**抽象的な供述や，評価・判断・推測が混入した供述をすることは，供述の信用性を傷つけることになりますから，避けなければなりません。

　伝聞は，伝聞であることが明確になるように尋問すべきです。主尋問の際にそのことが明確とはならず，反対尋問で明確にされてしまうというのは，主尋問の失敗です。

6　**反対尋問で突かれそうな点は，不利なことであっても，隠さず，主尋問で明らかにするのが得策です。**主尋問で明らかにしておけば，それをフォローする供述をしてもらうことが可能なのですが，反対尋問で初めて明らかにされてしまうと，それをフォローする供述をしてもらうことができないからです。もちろん，そうなってしまった場合は，再主尋問でフォローするしか

ありませんが，これは，大した効果が望めないことが多いようです。

7　人証調べをする際は，その人証の**陳述書**を事前に書証として提出しておき，これを利用しながら行うのが通常です。陳述書の作成は，通常，その人証の主尋問をする側の訴訟代理人が関与して行われます。

　陳述書は，**相手方に対して主尋問の内容を事前に開示するなどの機能**を営むことから，集中証拠調べ（民訴182条）を円滑に実施するための極めて有用な道具として，広く用いられており，適切に利用すると，主尋問をより効果的なものにすることができます。ただ，**作成の仕方について配慮を欠くと，主尋問を失敗に導く要因ともなりかねません**ので，注意が必要です。たとえば，記憶がそれほど明確ではない部分でも，陳述書にするときは，かなり明確なトーンで書いてしまうことがあるようです。このようなことがあると，その点を反対尋問で突かれてしまいます。また，尋問の際の供述と陳述書の記載が食い違ってしまうケースも，ときどき見られます。こうなると，反対尋問でその矛盾を突かれてしまいます。おそらく，こういったことは，訴訟代理人と人証の事前の打合せが不十分なために起こるのではないかと思われますので，十分に打合せをすることが重要です。

Ⅶ　反対尋問の留意点

　次に，反対尋問をする際の留意点を検討します。反対尋問は，供述の信用性に疑いを生じさせることを目的として行うのですから，その目的に沿って組立てを考える必要があります。

1　主尋問と同様，**動かし難い事実を事前によく確認しておくこと**が大切です。特に，反対尋問においては，主尋問をする側が十分に把握していない事実をつかんでおくことができれば，効果を上げることができる場合が多くなります。そのためには，**書証の読み込みや事前調査が重要**になるでしょう。

　ただし，供述が動かし難い事実との間で整合性がないといっても，その整合性のない供述が重要な部分（本質的部分）であればよいのですが，枝葉末節の部分である場合には，信用性を否定する理由にはならないことに留意してください。反対尋問をする側は，どうしても，「動かし難い事実」との間で整合性のない供述が出てきたときに，その供述の重要性を過大評価してしまいがちですので，注意が必要です。

2　主尋問だけを聴いていると，経験則に反するところがないように思える

場合であっても，主尋問には出てこなかった事情を反対尋問で浮かび上がらせることにより，実は経験則に反するものであったことが判明することがあります。そうなったら，反対尋問は成功です。

　矛盾した供述をさせることができた場合も，やはり反対尋問は成功です。ただ，一見して明白な矛盾供述をさせることは，実際には非常に困難です。矛盾供述をしそうになっていることに人証が気付いてしまえば，軌道修正されてしまいますから，矛盾していることに気付かれないように尋問しなければなりません。一見，矛盾しているようには見えないが，よく考えてみると，矛盾しているということができるような供述をうまく引き出すことができれば，反対尋問は成功でしょう。

3　動かし難い事実との間の整合性がない供述をさせる場合や，経験則に反する供述をさせる場合，重要なのは，そのような供述を明確で確実なものにするということです。 ざっくばらんな表現をするならば，人証が嘘をつき始めたら（反対尋問をする側から見れば，その人証は嘘をついているわけですね），十分に，はっきりと嘘をつかせる必要があります。そうしないと，後で言い逃れをされてしまう危険があります。

　2(3)の例をもう一度，見てください。Ｙは，主尋問の際，会ったのはＲというレストランだったと供述しました。このとき，原告代理人は，Ｒはその日は臨時休業日であったことを知っています。しかし，そのことをすぐにＹにぶつけてしまうと，どうなるでしょうか。Ｙは，会ったのはＳというレストランだった，主尋問のときにＲと供述したのは，ちょっとした勘違い，言い間違い，記憶の混乱だったと供述するかもしれません。そして，そのように供述されると，実際にＲとＳは近くにあり，雰囲気も似ているというのですから，本当に勘違い，言い間違い，記憶の混乱だった可能性を否定することは難しくなってしまうかもしれません。そこで，原告代理人は，反対尋問において，かなりしつこく，ＳではなくＲだったと供述させたのです。

4　主尋問の際の供述内容を確認し，「本当にそうですか」「違うのではありませんか」などと尋ねていくという反対尋問がしばしば見られます。これは最悪です。このような反対尋問をしても，主尋問の際の供述を強化する結果に終わってしまいます。相手方の手伝いをしているようなもので，これなら，何も尋問しない方がまだいいということになります。

　反対尋問で積極的にポイントを上げるようなことは，もともと無理なことです。 最初から考えない方がよいでしょう。**反対尋問では，主尋問の際の供**

述を崩すことができれば，**それで十分です**。自分の側が主張していることを認めさせようとするのは，無駄なことです。

　主尋問の段階で，既に矛盾供述をしたり，経験則に反する供述や，動かし難い事実との間に整合性のない供述をしてしまっている場合もあります。このような場合，反対尋問をする側としては，更に追打ちをかけたい気持ちになるかもしれませんが，深追いしない方がよい場合が多いでしょう。主尋問の段階で，既に崩れてしまっているわけですから，それ以上，頑張る必要はありません。下手に深追いすると，たとえば，経験則に反する行動をした特段の事情を供述されるなど，立直りの機会を与えてしまう危険もあります。せっかく主尋問で崩れているのに，反対尋問で立ち直らせたのでは，何をしているか分からないことになります。

　同じ理由で，反対尋問でポイントを上げたときも，基本的には，さっと引き上げるのが賢明です。どうしても，嬉しくなって尋問を続けたくなるものですが，そういうことをしていると，挽回の機会を与えてしまうおそれがあります。

Ⅷ　集中証拠調べ

　民訴法182条は，「証人及び当事者本人の尋問は，できる限り，争点及び証拠の整理が終了した後に集中して行わなければならない」と規定しています。これが集中証拠調べの原則です。

　かつて，人証調べを1回の期日で実施するのではなく，複数の期日に分けて，少しずつ行う運用が一般的であった時代がありました。このような証拠調べのあり方を「五月雨式証拠調べ」と呼んでいます。しかし，五月雨式証拠調べをしていると，ある期日における供述の内容を次の期日まで詳細に覚えていることは，困難です。人証の供述の信用性を的確に判断するためには，すべての人証の供述を隅から隅まで丁寧に照らし合わせ，供述の一致する点や相違点，不自然な点をひとつひとつ確かめて，解明していくことが必要ですが，五月雨式証拠調べをしたのでは，前の期日における供述の内容を詳しく思い出して，目の前で行われている供述と対比することが，容易ではありません。その結果，人証の供述の信用性を的確に判断することに，大きな困難が伴っていました。

　そこで，このようなあり方を改善するための努力が続けられ，**現在では，原則として，集中証拠調べが行われるようになりました。その結果，新鮮な記憶に基づいて人証の信用性を判断することができるようになり，心証形成の質が大きく向上したわけです。**

人証について考える際には，このような点にも留意してほしいと思います。

　なお，尋問をする際の留意点などを解説した最近の文献としては，例えば加藤新太郎編著『民事尋問技術〔第4版〕』（ぎょうせい，2016年）や，京野哲也『民事反対尋問のスキル』（ぎょうせい，2018年）などがありますので，参考にしてください。

Chapter 7 証明度

I はじめに

　裁判所は，口頭弁論の全趣旨および証拠調べの結果をしん酌して，自由な心証により，事実についての主張を真実と認めるべきか否かを判断する（民訴247条）ことになりますが，では，**どの程度の証明があれば，裁判所は，その事実を真実と認めることができるのでしょうか。**これが証明度の問題です。訴訟当事者から見れば，ある事実が認定されるためには，どの程度立証すればよいのか，ということになります。

II 2つの最高裁判例

　証明度をめぐっては，**ルンバール事件判決（最判昭和50・10・24民集29巻9号1417頁）**および**長崎原爆訴訟判決（最判平成12・7・18判時1724号29頁）**の2つの最高裁判決がとても参考になります。

1 ルンバール事件判決
（伊藤眞「証明度(1)——ルンバール事件」伊藤=加藤【1】）

　重篤な化膿性髄膜炎に罹患した3歳の幼児が入院治療を受け，その病状が一貫して軽快していた段階において，医師による治療としてルンバール施術（腰椎穿刺による髄液採取とペニシリンの髄腔内注入）を受けたのち，嘔吐，けいれんの発作等を起こし，これにつづき右半身けいれん性不全麻痺，知能障害，運動障害等の病変を生じた事案について，原告は，この病変はルンバール施術のショックによる脳出血が原因であると主張したのに対し，被告は，この発作は，化膿性髄膜炎の再燃によるものであってルンバール施術との間の因果関係はないと主張しました。第1審および原審において鑑定が複数行われ，因果関係があるとは言えない旨の鑑定も複数ありました（ルンバール事件における鑑定については，萩澤清彦「医療過誤訴訟の一事例」中野貞一郎編『科学裁判と鑑定』〔日本評論社，1988年〕に詳しい）。最高裁は，**訴訟上の因果関係の立証は，一点の疑義も許されない自然科学的証明ではなく，経験則に照らして全証拠を総合検討し，特定の事実が特定の結果発生を招来した関係を是**

認し得る高度の蓋然性を証明することであり，その判定は，通常人が疑いを差し挟まない程度に真実性の確信を持ち得るものであることを必要とし，かつ，それで足りるとしました。そして，原告の病状が一貫して軽快しつつある段階において，ルンバール施術後15分ないし20分後突然に嘔吐，けいれんの発作等を起こしたこと，医師が原告の昼食後20分以内に施術したこと，医師は一度で穿刺に成功せず何度もやり直し，終了まで30分を要したこと，原告は，脆弱な血管の持ち主で入院当初より出血性傾向があったこと，泣き叫ぶ原告に対してその体を押さえつけて施術を行ったことから，まず，施術によって脳出血を惹起した可能性があるとし，さらに，脳の異常部位が脳実質の左部にあると判断されること，発作後の髄液所見でも施術前より好転が見られること，発作後退院まで医師は原告の病変を脳出血によるものとして治療を行ってきたこと，化膿性髄膜炎の再燃する蓋然性は通常低いものとされており，当時化膿性髄膜炎の再燃するような特別な事情はなかったことから，脳出血が発作とその後の病変の原因であるとして，因果関係を認めました。

2 長崎原爆訴訟判決
（加藤新太郎「証明度(2)──長崎原爆訴訟上告審判決」伊藤=加藤【2】）

　原告は，爆心地から2.45km離れた自宅の縁側付近において，爆風により飛んできた瓦が頭部に当たって頭蓋骨陥没骨折等の傷害を受け，満足な治療も受けられない状態で，頭髪が抜け，傷口が化膿し，約2年半かかってようやく一応の治癒をみましたが，脳に大きな空洞ができ，右半身不全麻痺等の症状が残り，治療が必要な状態でした。原告は，原子爆弾被爆者の医療等に関する法律（平成6年廃止。現在では原子爆弾被爆者に対する援護に関する法律に引き継がれている）に基づき原爆被爆者医療給付認定を求めたものの却下されたことから，この処分の取消しを求めたのが本件の訴訟です。原爆被爆者医療給付認定を得るには，放射線起因性，すなわち，①医療を要する傷害または疾病が放射線に起因するものであることか，②放射線以外の作用に起因する傷害または疾病ではあるが，治癒能力が放射線の影響を受けているため医療を要する状態にあることか，が必要とされています。そこで，原告の医療を要する状態が①か②に該当するかどうかが争点となりました。原審が確定した事実によれば，放射線の人体に及ぼす影響については，一定の放射線量以上の放射線を浴びないと影響が起こらない閾値があり，脳神経細胞の損傷が100ラド，白血球減少が50ラド，脱毛が300～500ラド，リンパ球の障害による免疫能の低下は10ラド強などとされています。また，当時原

爆による放射線の線量評価システムとして承認されていたDS86によれば，長崎における放射線量は，爆心地から2.4kmの地点で2.963ラド，2.5kmの地点で2.092ラドであり，残留放射線等による放射線量は評価するに足りないとされていました。この閾値とDS86を機械的に当てはめると放射性起因性は否定されることになります。反面，原審は，これらによっては説明しきれない脱毛等の症状が広島および長崎において起こったという調査結果があること，原告の頭部外傷の程度，原告に生じた放射線による急性症状とされている脱毛や下痢，症状の経過，治癒の遷延等によれば，瓦の打撃以外の要因も加味していることを強く推認させることを認定しています。このような事実関係の下で，原審は，原爆による被害の甚大性，原爆後障害症の特殊性，法の目的，性格等を考慮すると，放射線起因性の証明の程度については，物理的，医学的観点から「高度の蓋然性」の程度にまで証明されなくても，被爆者の被爆時の状況，その後の病歴，現症状等を参酌し，被爆者の負傷または疾病が原爆の傷害作用に起因することについての「相当程度の蓋然性」の証明があれば足りると解すべきである旨判示して，放射線起因性を認めました。これに対して，**最高裁は，ルンバール事件判決と同様の基準を示し，放射性起因性についても，要証事実につき「相当程度の蓋然性」さえ立証すれば足りるとすることはできない**，としました。ただし，原審が認定した事実関係からは，放射線起因性があるとの認定を導くことも可能であって，それが経験則上許されないものとまで断ずることはできない，本件において放射線起因性が認められるとする原審の認定判断は是認し得ないものではないとして，原審の結論を維持しました。

Ⅲ　学　説

1　まず，民事訴訟全般に通じる証明度の基準を立てる（原則的証明度）か，訴訟類型などに応じて異なる基準を立てる（段階的証明度）か，という点で考え方の違いがあります。通説，判例は前者であると理解されています。後者は，公害訴訟等証拠が偏在する特定の領域では，証明度を軽減しようとするものです。たしかに前者の立場からは，証拠の偏在する公害訴訟等において困難に直面することがあり，その対応策は，別途考えることになり，一定の場合に証明度軽減が認められるか，という議論があります。これについては，加藤新太郎「証明度軽減の法理」同『手続裁量論』（弘文堂，1996年）124頁や山本克己「証明度の軽減——東京水俣病訴訟」伊藤=加藤【4】などが参考になります。

2　原則的証明度を要求する立場には，大きく分けると，**高度の蓋然性が必要であるとする通説と，証拠上いずれの側の証明度が優越しているかという証拠優越の原則であるとする証拠の優越説**（石井良三「民事裁判における事実証明」ジュリ150号〔1958年〕38頁），**証明責任を負う当事者の証明活動と相手方当事者の反証活動を総合して，証明主題についての裁判所の心証が相当の蓋然性に達していればよいとする優越的蓋然性説**（伊藤眞「証明，証明度および証明責任」法教254号〔2001年〕33頁，同「証明度をめぐる諸問題——手続的正義と実体的真実の調和を求めて」判タ1098号〔2002年〕4頁。なお，伊藤349頁参照）**など証拠の優越で足りると考える立場**とがあります。

　前者の立場からは，①刑事訴訟と比較すると相対的に当事者の証拠収集能力が低いと言える民事訴訟においては，証拠の優越説や優越的蓋然性説では，事実認定が偶然の要素に大きく左右されることになりかねない，②訴訟制度は，自力救済を禁止していることから明らかなように，現状の保護が図られることに価値を置いていると考えることができ，現状を覆す当事者に対して，より大きな負担を課することが合理的であり，法的安定性の確保にも有益である，③証拠調べを実施することによってされる証明というものが公権力による強制的な権利実現がオーソライズされる判決の基礎となるものであるから，証明度として要求される事実の蓋然性の程度は，基本的に高度のものであることが必要である，④裁判の客観的妥当性や法的安定性を確保するためには，高度の蓋然性を原則的証明度とし，証拠偏在型の訴訟では，それを一定の要件の下に緩和することを検討すべきであると解かれています（加藤新太郎「確信と証明度」鈴木正裕先生古稀記念『民事訴訟法の史的展開』〔有斐閣，2002年〕549頁）。

3　学説には，心証を，証明主題の蓋然性（証明度）と審理結果の確実性（解明度）の2つの概念に分ける考え方（太田勝造「『訴訟カ裁判ヲ為スニ熟スルトキ』について」新堂幸司編著『特別講義民事訴訟法』〔有斐閣，1988年〕429頁）や，要証事実の存否に関する推定の程度（心証度あるいは証明点）と，推定の結果に対する信頼の程度（信頼度）の2つの概念に分ける考え方（三木浩一「確率的証明と訴訟上の心証形成」『慶応義塾大学法学部法律学科開設百年記念論文集〔法律学科篇〕』631頁）もあります。いずれも，同じ証明度に達したとしても，有益な情報を多く得た場合には，そうでない場合に比べ，より確実な心証が得られるという発想に基づいています。興味がある人は，田尾桃二＝加藤新太郎編『民事事実認定』（判例タイムズ社，1999年）第7章「〈座談会〉民事事実認定の客観化と合理化」を読むのもよいと思います。

Ⅳ 刑事訴訟との比較

1 刑事事件について，最判昭和23・8・5刑集2巻6号1123頁は，「元来訴訟上の証明は，自然科学者の用ひるような実験に基くいわゆる論理的証明ではなくして，いわゆる歴史的証明である。論理的証明は『真実』そのものを目標とするに反し，歴史的証明は『真実の高度な蓋然性』をもって満足する。言いかえれば，通常人なら誰でも疑を差挟まない程度に真実らしいとの確信を得ることで証明ができたとするものである」と判示しています。

2 学説では，刑事訴訟における証明において要求される心証の程度は確信であり，確信とは通常人である限り疑問を投じようとしないだけの高度の蓋然性が要求されると説明されるのが一般的です（酒巻匡『刑事訴訟法』〔有斐閣，2015年〕469頁）。

3 民事訴訟においても，刑事訴訟においても，刑事訴訟において犯罪事実の立証に要求される証明度が，民事訴訟における証明度より高度のものであることとして議論されることが比較的多いようです。その理由については，刑事訴訟においては，「疑わしきは被告人の利益に」，「無罪推定」という大原則があり，この原則から民事訴訟に比べて，より高度の立証が要求されると説明されています。

Ⅴ 証明度と事実認定

上記のとおり，判例，通説は，民事訴訟における証明度として「高度の蓋然性」が必要であるとしています。そして，具体的事件においては，事案の証拠の状況や弁論の全趣旨に基づいて心証を形成し，これが高度の蓋然性に達しているかどうかを判断することになります。

「高度の蓋然性」について，80％なのか90％なのか，などと言われることがありますが，実際には証明の程度を数値で表すことは困難です。実際の事件において，ある事実が証明されたと言えるかどうかを検討する際にも，そのような数値を意識したり，高度の蓋然性であったらどうかとか優越的蓋然性であったらどうかなどと考えたりするわけではなく，最終的に，「この事実はあったであろう」と考えるか，「この事実があったとはいえまい」と考えるのか，そのどちらかに考えが決まるというのが実際のところではないかと思われます（事実認定司法研究11頁注16，12頁注18参照）。

なお，証明度をめぐる議論については，高田裕成ほか編『注釈民事訴訟法

(4)』（有斐閣，2017年）7頁［大村雅彦執筆］に整理されています。

Chapter 8 事実認定のヒント

I　はじめに

　ここまでの解説で，事実認定についての理解をある程度は深めてもらえたと思いますが，それでも，現実の事件においては，そう簡単に事実認定ができるわけではありません。事実認定は，やはり難しいことなのです。

　なぜ事実認定は難しいのでしょうか。事実認定の対象のほとんどは，人間の行動です。人間がどのような状況においてどのような行動をするかを表したものが「経験則」ですから，どのような状況であったのかが分かり，その状況における経験則が分かれば，人間がどのような行動をしたかは，分かるはずであるようにも思えます。ところが，実際にはそうではありません。それは，**経験則には常に例外がつきまとう**からなのです。「人間は，Ａという状況においては，通常は，Ｂという行動をする」という経験則があるとしても，それはあくまで「通常は」そうだというにとどまります。ですから，Ａという状況において，Ｂという行動をしない場合もあるわけです。「AならばB」とは単純には言えない。論理的にスパッと答えが出るわけではない。そのため，いろいろな経験則を当てはめ，一応，結論を出したとしても，「本当にこれで正しいのだろうか」という疑念を完全に晴らすことはできません。ですから，悩ましい思いが続くことになりますし，事実認定は難しいという気持ちになってしまうわけです。

　しかし，事実認定は法適用の前提です。事実認定に誤りがあれば，いくら立派な法解釈をしたとしても，その判断は砂上の楼閣です。ですから，「完璧に疑問の余地のない事実認定」に到達することは困難だとしても，「できるだけ質の高い事実認定」をするように努力することは，非常に重要なことです。

　そこで，「できるだけ質の高い事実認定」をする上で，どのようなことに留意すればよいかを検討してみることにしましょう。

II　争点整理

　まず，**充実した争点整理をすることが非常に重要です。人証調べをする前**

に，間接事実や書証のレベルに踏み込んだ争点整理をきちんとしておくかどうか，これが事実認定の質を大きく左右します。

　なぜでしょうか。

1　「動かし難い事実」を把握しておくことは，事実認定をするための不可欠の前提です。そして，「動かし難い事実」を十分に把握するためには，充実した争点整理をして，争いのない事実や書証をきちんと整理しておかなければなりません。争点整理の主要な目的は，争いのない事実や書証（もちろん，意味の乏しいものは除きます）をきちんと集めることにあるといってもよく，それは，事実認定の質をできるだけ高いものにするために，どうしても必要なことなのです。そして，そのためには，準備書面等の書面を交換するだけではなく，口頭で活発に議論をしながら争点整理をすることが役に立ちます。こういう事実があったのではないか，こういう書証があるのではないかと，想像力を働かせながら議論をしていると，重要な事実や書証が見つかることが多いものです。

2　また，争点整理においては，そうやって集めた争いのない事実や書証にどのような意味があるのか，どのような経験則とどのように結びついて，どの事実の認定に役立つのかをしっかり議論しておくべきです。

　事実認定は，「仮説の構築とその検証」であると言われます。どのような仮説（ストーリー）があり得るのか，その仮説は，動かし難い事実をすべて矛盾なく説明できるか，また，経験則に反するものではないかといった検討（検証）をする作業を通じて，事実認定をしていくのだという意味です。そして，その作業は，人証調べの段階でも行わなければなりませんが，それ以前に，争点整理の段階からしておくことがたいへん有益だと言われています。かつてのように五月雨式の証拠調べが一般的であった時代と異なり，現在は，集中証拠調べが原則となっているため，人証調べの段階での仮説の検証は，原則として1回しか行うことができません。ですから，その意味でも，争点整理の段階で仮説の検証をしておくことは，非常に重要です。

Ⅲ　書　証

1　書証の重要性は，十分に認識する必要があります。書証は，人証と異なり，全体像を説明する力は通常はありませんが，内容が固定しており，動かし難い事実として，大きな力を発揮します。書証があるとき，そのことを説明できないストーリーは，どれほど自然で合理的であっても，採用すること

ができません。また，ある行動をする際に通常は作成されるはずの書証が存在しないとき，作成されなかった（または，作成されたがその後に消滅した）理由についての合理的な説明がされない限り，その行動がされたと認めることはできません。

　書証が重要だといっても，どんな書証でも出せばよいということではありません。無意味な書証を出すことは，むしろ害になります。無意味な書証が大量に提出されていると，重要な書証がその中に埋もれて，見えにくくなってしまうからです。ですから，書証を提出する際には，その書証にどのような意味があるのか，よく検討する必要があります。そして，意味があるとして書証を提出する際には，その意味の説明に労力を惜しむべきではありません。提出するだけで，その意味を説明する努力を怠っている訴訟代理人を見かけることもありますが，実にもったいないことです。必要に応じて，書証の写し（民訴規137条に基づき，訴訟記録に編てつするために裁判所に提出されるものおよび相手方に送付または直送されるもの）に，注目してほしいと考える部分にラインマーカー等で印をつけるなどの工夫をしたり，詳しい証拠説明書を書いたりすることも有益ですし，最近では，そのような提出の仕方も増えてきました。

　原本をよく見ることの重要性も，十分に認識すべきです。コピーを見れば，原本から得られる情報と同じだけの情報が得られるような気持ちになりがちですが，そうではありません。重要な情報が原本にしかない（コピーには写っていない）ことがあるのです。その具体例は，「5 書証(3)」で説明したとおりです。もちろん，コピーを見ればそれで十分という書証もたくさんありますので，すべての書証について，原本を丁寧に見なければならないということではありませんが，原本を見ることに価値がある書証は，きちんと確認すべきです。

2　1で述べたことと逆のようですが，**書証によりかかってはいけません。「書証があるから認定できる」，「書証がないから認定できない」という安易な判断は，誤った結論をもたらす危険が大きく，厳に戒めるべきです。**処分証書（契約書など）や重要な報告文書（領収証など）があり，その真正な成立に争いがない場合であっても，特段の事情があれば，記載どおりの認定をすべきことにはなりません。そして，そのような特段の事情を認めるべきケースは，（それほど多いわけではないかもしれませんが）それほど少ないわけでもありませんので，慎重に検討する必要があります（なお，この点の説明の仕方は，処分証書の定義の仕方によって変わります。本書33頁のコラム「処分証書を

どのように定義するか」参照）。また，真正な成立に争いがある場合，現実の訴訟では，いわゆる二段の推定が働くことが多いでしょうが，推定が破れると判断すべきケースは，しばしばあります。逆に，たとえば契約書がなくても，契約書を作成しなかった理由について合理的な説明がされているため，契約締結の事実を認定すべき場合は，決して少なくないはずです。書証の存否だけで事実上結論を出してしまい，上記のような点についての丁寧な検討を怠るというのは，絶対にしてはならないことです。

Ⅳ　人証調べ

　かつて，「民事訴訟における事実認定は，結局のところ，書証で決まる」という感覚の人が少なくない時代がありました。これは，書証を重視しているとも言えますが，逆に，人証を軽視していると言うこともできます。その背後には，「人証の供述には，多くの虚偽が含まれている。そして，どれが虚偽でどれが真実かを見分けるのは，非常に難しい」という感覚があったと思われます。

　しかし，このような感覚は，正しいとは言えません。

　昭和60年ころから民事訴訟の運営改善が行われ，また，これと並行して民事訴訟法の改正作業が行われて，平成10年1月1日から新しい民事訴訟法が施行され，争点および証拠の整理手続の整備と証拠収集手続の拡充が図られました。これにより，動かし難い事実をきちんと整理することは，以前に比べると，相当程度，容易になりました。そして，そのようにして整理された動かし難い事実を前提として，原則として集中証拠調べが実施されることになりました（民訴182条）から，**人証の供述の信用性を判断することは，かつてと比べると，その困難さの度合いが少なからず減少した**と言うことができます（もちろん，判断が容易にできるというわけではありませんが）。

　ですから，「誰が虚偽を述べ，誰が真実を述べているかは，所詮は分からないことだ」というような感覚で事実認定をするのは，妥当なことではありません。

Ⅴ　経験則

　事実認定をする上で，経験則がいかに重要であるかは，言うまでもないことでしょう。**どのような経験則があるのか，その経験則がどのような理由でどのように関係するのか，その経験則を当てはめるためにはどのような事実が必要か，その経験則が当てはまらないのはどのような場合かなどを考えるのが事実認定である**と言っても，言い過ぎではありません。

ただ，また逆のことを言うのですが，**むやみに経験則にとらわれるべきではありません**。経験則には，常に例外がつきまといます。人間は，必ずしも経験則どおりには行動しないのです。ですから，例外に当たるケースであるかどうかを判断することこそが最も重要であると言えます。機械的に経験則を当てはめて結論を出すほど危険なことはありません。

　なお，どのような経験則があるかというのは，誰が考えても同じであるように思う向きもあるかもしれませんが，案外，そうでもないようです。人は誰しも，自分を基準に考えるものですから，ある人が経験則だと考えることを，他の人は経験則だとは考えないということもあります。このことにも，留意しておく方がよいかもしれません。

Ⅵ　「鳥の目」と「虫の目」

　証拠の細かな部分を丁寧にきちんと検討するという見方（虫の目）と，証拠の細かな部分に拘泥することなく，全体の構造を大きく捉えるという見方（鳥の目）のどちらが正しいのでしょうか。

　これは，どちらも正しいのです。言いかえると，いずれか一方の見方だけで見てはいけないということです。

　熱心に検討すればするほど，証拠の細かな点が気になってきます。そうなると，「木を見て森を見ない」状態になります。これは危険です。事案を大局的に見ることが必要です。事件の全体像を把握してはじめて，細かな点をいくら見ていても気付かなかった不合理な点に気付くことがあります。

　他方，「真実は細部に宿る」ということもあります。書証の中のほんのわずかの部分や，人証の供述のごく細かな点から，事件の全貌が見えてくることもあるのです。

　細かく見て大きく見ること，木を見て森を見ることが必要です。

Ⅶ　検討に当たっての留意点

　謙虚であることは非常に重要です。これ以上に重要なことはないと言ってよいかもしれません。頭の良さに自信を持っている人ほど，事実認定を誤る危険が大きいと言う人もいますが，それはこのことに関係があります。**自分に疑いを持つこと**が必要です。いったん結論を出しても，本当にそのように考えてよいのか，立ち止まり，想像力を十分に働かせて，再度検討してみるべきです。それをせず，思い込みで最後まで突っ走ってしまうのは，危険です。

　当事者の主張や人証の供述が不合理に見えるというのは，ごく普通にある

111

ことです。そのような場合，不合理だと言って簡単に切り捨ててはいけません。**一見不合理に思えることが真実であることは，あり得る**ことなのです。不合理に見えても，一度は信じてみる（信じようとしてみる）ことが必要です。もちろん，それで終わってしまってはいけませんが。

　気になることがあるときは，人に相談するのが有益です。人に相談すると，自分一人で考えていたときには見えなかった視点を提供してもらえることがあります。また，相談するためには，問題点を整理しなければならず，その作業をすること自体によって，問題が解決してしまうこともありますし，説明をしているときに，自分で解決に到達してしまうこともあります。

　いろいろやってみても，事実認定は，やはり簡単なことではありません。結局は，いろいろと悩み，迷うしかないとも言えます。どれほど悩んでも，どうしてもすっきりしないことも少なくありません。そのような場合は，最後には，どこかで割り切るしかないでしょう。

　もちろん，簡単に割り切ってしまうことは，決して許されないことです。いいかげんなことをしてはいけません。事実に立ち向かう決意で，本気で取り組まなければなりません。しかし，いつまでもいつまでもぐずぐずしているのも，やはり許されないことです。どうしても分からなければ，最後は無理をせず，証明責任で決めるという決断をすれば足ります。

Ⅷ　事実認定能力を向上させる方法

　事実認定能力を向上させるためには，どうすればよいでしょうか。簡単な方法は存在しません。ひとつひとつのケースに真剣に取り組み，多角的にいろいろな推論を試みること，様々な文献や裁判例を読み，多くの事例を知ること，特に，裁判例を読むときは，要旨だけを読むのではなく，どのような事実や証拠からどのような論理に基づいて判断しているのかを考えること，幅広いジャンルの小説やドキュメンタリーなどにも興味を持ち，人間というものに対する関心を抱き続けることなどが有益であると言われています。こうした努力を地道にコツコツと続けていけば，次第に事実認定能力が向上していくはずです。

<table>
<tr><td>Chapter
9</td><td>**事実認定のための証拠収集**
——各種の証拠方法とその収集</td></tr>
</table>

Ⅰ　はじめに

　訴訟代理人として，争点に応じた的確な証拠を提出するためには，事案を
シミュレーションして存在する可能性のある証拠を予測し，これを適切な方
法で確実に収集する必要があります。

　そこで証拠収集について概要を確認しておきます。

Ⅱ　証拠はどこにある？

　民事訴訟の事実認定においては，過去の事実を立証するために証拠を提出
するわけですから，既に存在する書面や人の認識・記憶を証拠として提出す
るのであって，訴訟代理人が新たに証拠を作出するわけではありません（訴
訟になった段階で，訴訟代理人が当事者または関係者の陳述を聞き取って新たに
書証としての**陳述書**を作成する場合も，その内容は，作成者の過去の事実に対す
る認識を書面化するものです）。

　そして，過去の事実に関し，どのような証拠がどこに存在しているかは，
訴訟代理人としては，依頼者から聞き取るとともに，依頼者に持参するよう
指示した事案の関係書類一切を確認して提出の要否を決定することが基本と
なります。ただし，依頼者自身は法律については素人であることが多く，そ
もそも的確な証拠となるものが何かを認識していないので，むしろ訴訟代理
人の方から，事案の内容に応じて事実経過をイメージして，このような証拠
があるはずだと当たりをつけて，依頼者に具体的な証拠となる書面等を挙げ
て，そのようなものが存在しないか積極的に質問をしたり，事案の類型に応
じて客観的な証拠を弁護士会照会等により自ら収集することも必須となりま
す。

　しかし，実際の訴訟では，訴訟代理人においても重要な証拠の存在に気付
かないことがあります。たとえば，建築請負の瑕疵が問題となっている請負
代金請求事件で，通常であれば建築会社や工務店は施工の際の**現場写真**や工
事完成時の**竣工写真**を撮影しており，実際に当該事案でも写真が存在してい
るのに，訴訟代理人が写真の存在に気付かず証拠提出がされていないケース

113

もあります。また，時効取得が問題となる事案で，20年前の**航空写真**を入手すれば占有状況を立証することが可能であるのに，これをしていない場合も見受けられます。さらに，また，暴行を受けて傷害を負ったとする損害賠償請求事件で，暴行現場の目撃証人が存在せず，被告が暴行した事実の客観的な立証が困難な事案でも，暴行直後に第三者が救急車を呼んで原告が搬送された事実があれば，**救急車の搬送記録**や搬送先の病院の入院記録には原告が誰に暴行を受けたか被害直後の説明が記載されている可能性があるのに，その送付嘱託がされていないなどの場合もあるところです。

Ⅲ　事前の交渉による証拠収集

　代理人弁護士としては，前記のように事案の事実経過から証拠となる書面等を想起して依頼者にその探索と提出を求め，さらに，依頼者の手元にない証拠資料については，相手方当事者との事前の交渉において相手方から任意に交付してもらうことも検討する必要があります。

　事案の内容に照らし，事前交渉を申し入れると相手方が証拠を秘匿したり責任財産を秘匿したりするおそれがない限り，代理人弁護士としては，訴訟提起前に，相手方に任意の話合いを申し入れ，交渉を継続する中で，それぞれが所持する証拠資料についても情報を共有して調整を進めるのが通例です。

　逆に言えば，訴訟提起前に当事者間での事前交渉が実質的に行われた事案であれば，訴訟提起の段階では，当事者双方が証拠関係について共通認識を有していることが多く，これを踏まえて，ただちに法律行為や証拠の評価等に関する双方の主張が対立する争点に的を絞った審理が実現できることになるわけです。

Ⅳ　主な証拠収集方法

　実務上多く利用されている証拠収集の方法は次のとおりです。
　①**文書送付嘱託**の申立て（民訴226条）
　②**調査嘱託**の申立て（同186条）
　③**弁護士法23条の2による照会**
　④**文書提出命令**の申立て（同220条）
　⑤**訴訟記録の取寄せ**申請（**記録提示の申出**）
　⑥**証拠保全**の申立て（同234条）
　⑦訴えの提起前における証拠収集の処分（同132条の2以下）
　このうち①②④⑤は提訴後の利用が多いですが，①②については提訴前の

114　Chapter 9　事実認定のための証拠収集

証拠収集としても認められています（民訴132条の4）。また，⑦の提訴前の証拠収集としては書面照会等が認められています。

　これらの証拠収集の方法はいずれも当事者の立証または立証準備として行われるものですが，裁判所としても，適切な事実認定のために，事案をシミュレーションして，通常であれば存在するはずの証拠の提出がなければ，事案に応じて積極的に特定の証拠の存否および提出予定を当事者に確認したり，提出を促す場合もあるところです。

　上記の証拠収集について，以下でその内容を具体的に見てみます。

Ｖ　文書送付嘱託の申立て

　裁判所が文書の所持者に対してその文書の送付を嘱託し，これに応じて送付されてきた文書を証拠とするもので，現在の実務で頻繁に利用されています。具体的には，損害賠償請求事件で後遺症の症状につき反証するため，病院にカルテの送付を求めたり，遺産の預貯金を相続人の一部が勝手に払い戻したか否かが争いとなっている事案で郵便貯金や銀行預金の取引履歴の送付を求める場合等があります。

　文書送付嘱託の申立ては，任意で文書の提出を求めるもので，実務上は証拠提出のための準備行為として扱われていますので，送付された文書は当然に証拠となるものではなく，大部の書類一式が送付されてきた場合でも，**当事者がそのうち必要なものを選択した上で甲号証または乙号証等の書証として提出**します。

Column	証拠収集と個人情報保護

　文書送付嘱託の申立ては，現在の実務では大変頻繁に利用されている証拠収集方法です。ただし，実務上，裁判所が送付嘱託を行った嘱託先は当該訴訟について何も知らない第三者であることも多く，嘱託先が，文書を送付することについて，**「個人情報の保護に関する法律」**等に反するのではないかとの見解から，嘱託に応じることを躊躇したり，これを拒否する場合も見受けられるようです。裁判所としては，事案の解明のために文書送付嘱託が必要であると考えて採用しているのですから，文書の送付を受けられることが重要です。また，個人情報の保護に関する法律等では，本人の同意を得ないで個人データを提供することを禁止していますが，「法令に基づく場合」（個人情報23条1項1号）には，例外となることが定められていますから，民訴法226条に基づいて裁判所が行う送付嘱託は，「法令に基づく場合」に該当し，本人の同意は必要

ありません。

　そこで，嘱託の実効性を高めるため，嘱託先に文書送付の必要性等を理解してもらえるよう，送付嘱託の申立訴訟代理人においては「文書送付嘱託申立書」を作成する際，事案の概要や送付の必要性等を記載し，書記官は「送付嘱託書」にその写しを添付するとともに，文書送付嘱託に応じることは「法令に基づく場合」に該当するので個人情報保護法等の適用はない旨の説明文も同封するなどの工夫がされているところです（東京地方裁判所民事部プラクティス委員会第一小委員会「文書送付嘱託関係のモデル書式について」判タ1267号〔2008年〕5頁）。

Ⅵ　調査嘱託の申立て

　公私の団体に対して，調査事項に対する調査報告を求めるもので，自然人に対してはすることができません。具体例としては，気象台に対する気象状況の調査，商品取引所に対する取引価格の調査や，商工会議所に対する取引慣行の調査の嘱託などがあります。調査嘱託による調査結果を証拠資料とするには，調査結果を**口頭弁論に顕出**すれば足りるとされています（最判昭和45・3・26民集24巻3号165頁）。

Ⅶ　弁護士法23条の2による照会

　裁判外で，弁護士が所属弁護士会に対し，弁護士会から特定の公務所または公私の団体に対して必要な事項の報告を求める照会を発すべきことを求め，弁護士会がその適否を判断した上で照会を行い，照会を受けた団体等が弁護士会に対して照会事項について報告し，弁護士会が照会を申し出た弁護士に報告を通知する手続です。具体的には，交通事故の実況見分調書，金融機関に対する取引履歴の照会，手形交換所で交換呈示された手形・小切手のマイクロフィルム画像情報（なお，手形による商取引決済は激減しており最近の利用は多くありません）等がありますが，金融機関などは，裁判外での照会に対してはプライバシー保護を理由に拒絶することもあるようです。なお，弁護士法23条の2第2項に基づく照会の権限が弁護士会に付与されているのは，同制度の適正な運用を図るためにすぎず，同照会に対する報告を受けることについて弁護士会が法律上保護される利益を有するものではないから，23条照会に対する報告拒絶行為が弁護士会の法律上保護される利益を侵害するものとして当該弁護士会に対する不法行為を構成することはない

とされています（最判平成28・10・18民集70巻7号1725頁）。

　裁判外で弁護士法23条の2の照会によって収集した証拠は，改めて訴訟で提出することになります。

Ⅷ　文書提出命令

　文書提出義務は，旧民事訴訟法下では限定的義務とされてきましたが，現行法は，旧法で文書提出義務を認めていた類型の文書（引用文書，引渡し・閲覧請求の対象となる文書，利益文書，法律関係文書）に加え，220条4号で，一般的に文書提出義務を認めています。この改正後，実務では，文書提出命令が申し立てられた場合，**当該文書が220条4号の提出義務から除かれる自己使用文書に当たるか，また，そもそも争点との関係で当該文書につき証拠調べの必要性があるかが争いとなることが多くなっています。**

　当事者の文書提出命令の申立てに対しては，裁判所が提出を命ずるか否かの決定をすることになりますが，実務的には，文書提出命令の申立てがされた場合，裁判所から相手方に任意の提出を促し，相手方代理人が任意提出の可否を検討した上で，命令を待たずに当該文書を書証として提出することも多いところです。

　訴訟の相手方または第三者に対して文書提出を命ずることができますが，このうち訴訟の相手方が提出命令に従わなかったときは挙証者の主張を真実と認めることができる点が重要です（民訴224条）。文書提出命令に応じて文書が提出された場合，**当事者は，提出文書のうち必要な全部または一部を改めて書証として提出する**のが実務の扱いです。

　また，文書提出命令の申立てに対し，証拠調べの必要性がないとして却下決定がされた場合，文書提出命令の申立てが書証申出の一方法であり，その採否の判断は受訴裁判所に委ねられていることから，これに対して，申立人は抗告することはできません（最決平成12・3・10民集54巻3号1037頁）。

　なお，知的財産権訴訟における文書提出命令に関しては，特許法や著作権法等において特別の規定がされているところです（特許105条，著作114条の2等）。

117

Column	銀行の貸出稟議書の文書提出命令

　実務では，文書提出命令が申し立てられた場合，当該文書が220条4号ニの提出義務から除かれる自己使用文書に当たるか争われることが多いところですが，特に，銀行の貸出稟議書について，この点に関する最高裁の判断がいくつか示されています。

　最決平成11・11・12民集53巻8号1787頁は，自己使用文書に該当するための一般的要件として，「ある文書が，その作成目的，記載内容，これを現在の所持者が所持するに至るまでの経緯，その他の事情から判断して，専ら内部の者の利用に供する目的で作成され，外部の者に開示することが予定されていない文書であって，開示されると個人のプライバシーが侵害されたり個人ないし団体の自由な意思形成が阻害されたりするなど，開示によって所持者の側に看過し難い不利益が生ずるおそれがあると認められる場合には，特段の事情がない限り，当該文書は民訴法220条4号ハ〔平成13年改正前。現ニ〕所定の『専ら文書の所持者の利用に供するための文書』に当たると解するのが相当である」として，銀行の貸出稟議書は，特段の事情がない限り，これに当たると判断しました。

　そこで，その後，上記判例を前提として，「特段の事情」の有無に関する判断がされていますが，特段の事情を肯定したものとして，**最決平成13・12・7民集55巻7号1411頁**（信用組合から営業全部を譲り受けて信用組合作成の貸出稟議書を所持している者に対する文書提出命令を認めたもの）があります。

　また，貸出稟議書ではありませんが，銀行が法令により義務付けられた資産査定の前提として債務者区分を行うために作成し，保存している資料は，自己使用文書に当たらないとした**最決平成19・11・30民集61巻8号3186頁**や，金融機関と顧客の取引履歴の明細書（**最決平成19・12・11民集61巻9号3364頁**）や金融機関が顧客から提供された財務情報が記載された文書（**最決平成20・11・25民集62巻10号2507頁**）が，いずれも民訴法220条4号ハ所定の文書に当たらないとしたものなどが存在します。

Column	貸金業者の取引履歴の開示義務

　借主が貸金業者に対し過払金の不当利得返還を求める訴訟においては，訴訟提起前に，原告が貸金業者に対して取引履歴の開示を求め，これに応じて開示された取引履歴に基づいて，原告が過払金を計算して不当利得返還請求訴訟を提起することになります。**最判平成17・7・19民集59巻6号1783頁**は，「貸金業者は，債務者から取引履歴の開示を求められた場合には，その開示要求が濫用にわたると認められるなど特段の事情のない限り，貸金業の規制等に関する法律の適用を受ける金銭消費貸借契約の付随義務として，信義則上，その業務に関する帳簿に基づいて取引履歴を開示すべき義務を負う」と判示し，義務に違反して開示を拒否した貸金業者は不法行為責任を負うとしています。

　前記のとおり，実務上は，訴訟提起前に開示済みであることがほとんどですから，文書提出命令の申立てがされることは稀ですが，貸金業者が10年以上前の取引履歴は廃棄してしまったとして開示していない場合などに，原告が訴訟提起後に文書提出命令の申立てをすることがあります。その場合，貸金業者（被告）が実際に廃棄した事実を裏付ける廃棄業者への支払書類が提出されるなどして，過去の取引履歴が存在しないものと認められれば，裁判所は文書提出命令の申立てを却下することになります。

Ⅸ　訴訟記録の取寄せ（記録提示の申出）

　広義の意味での受訴裁判所（当該事件が係属している訴訟法上の意味の裁判所ではなく，国法上の意味の裁判所）が保管する他の事件の民事または刑事の記録を証拠として援用する場合に，これを使用することを裁判所に請求するもので，記録提示の申出とも言い，申請がされたときは，受訴裁判所は送付された記録を提示します。記録取寄せの申請は書証の申出の準備行為とされているので，**当事者は送付された他の事件の記録のうちから必要部分を書証として提出する**ことになります。

　他方，広義の受訴裁判所以外の裁判所で保管されている別事件の記録については，送付嘱託の申立てをすることが必要です。これらの記録取寄せまたは送付嘱託は，刑事事件の被害者が民事において損害賠償請求の訴えを提起した場合などに特に有用とされています。

| Column | 刑事関係書類の証拠収集 |

　平成13年12月から施行された改正民事訴訟法では，公文書も私文書と同様に一般的な文書提出義務の対象とされましたが，刑事事件関係書類については対象文書から除外されています（民訴220条4号ホ）。ただし，刑事関係書類等については，次のとおり刑事関係法令で設けられた独自の開示制度により，開示が認められています。

1　刑事訴訟記録

(1)　検察官保管の確定訴訟記録

　刑事被告事件が終結した場合は，何人も訴訟記録を閲覧することができます（刑訴53条1項）。この場合に，検察官が保管する確定訴訟記録については，**刑事確定訴訟記録法**4条1項により閲覧することができ，運用上は謄写も認められているので，検察官に対し，記録の閲覧・謄写を求め，これを書証として提出することができます。また，民事訴訟において文書送付嘱託により取り寄せることが可能です。

(2)　刑事裁判所が保管する確定前の訴訟記録

　犯罪被害者等の権利利益の保護を図るための刑事手続に付随する措置に関する法律3条により，第1回公判期日の後であれば，公判中であっても，被害者等が損害賠償請求をするために必要である場合等の正当な理由があり，かつ，犯罪の性質や審理の状況等の事情を考慮して相当であると認められる場合には，被害者等に当該記録の閲覧・謄写をさせることができます。文書送付嘱託がされた場合には，刑事裁判所の判断により送付をすることができます。

2　不起訴記録

　刑事の捜査関係書類等の不起訴記録を所持しているのは，検察官または都道府県警察等です。不起訴記録については，関係者の名誉・プライバシーを侵害するおそれや，捜査・公判に支障を生ずるおそれがあるため，刑訴法47条の「訴訟に関する書類」に該当するものとして非公開が原則ですが，「公益上の必要その他の事由があって，相当と認められる場合」にはこの限りではないとされています（同条ただし書）。

　この点につき従来から，交通事故の**実況見分調書**については，代替性がなく，民事上の権利行使のため必要性がある客観的な証拠として，交通事故の民事の損害賠償訴訟において，弁護士法23条の2による照会や文書送付嘱託に応じる扱いとされてきました。

　そして，特に，犯罪被害者の保護を十分なものとするため，法務省は，平成12年2月4日法務省刑事局長回答により，不起訴記録中の客観的証拠で必要性の認められるものについて被害者等からの閲覧請求を認め，また，民事裁判で

文書送付嘱託がされた場合にも送付に応じるとし，供述調書の開示について
は，平成16年5月31日付けの指針に基づいて，民事訴訟で証明に欠くことの
できない内容で，訴訟では供述が得られない場合である等の要件を明確化して
送付嘱託に応じることとしました。さらに，法務省は，平成20年11月19日付
けの通達で，被害者等について，被害者参加対象事件では，事件の内容を知る
こと等を目的とする場合であっても，実況見分調書や写真撮影報告書等の客観
的証拠は原則として閲覧を認めることとし，それ以外の事件は，客観的証拠で
あって代替性に乏しく，その証拠なくして立証が困難な場合に閲覧謄写の対象
とし，代替性がないとまで言えない客観的証拠についても，必要性が認めら
れ，かつ，弊害が少ないときは閲覧謄写を認めるとするとともに，民事裁判所
からの文書送付嘱託に対する客観的証拠および供述調書の開示の要件について
も定めています（法務省ウェブサイト「不起訴事件記録の開示について」）。

3　目撃者特定のための調査嘱託

　上記2の平成16年の指針および平成20年の通達では，民事裁判所から，刑
事事件における目撃者の特定のための調査嘱託がされた場合について，当該目
撃者の証言が，民事訴訟において，訴訟の結論を左右する重要な争点に関し，
証明に欠くことのできない場合であること等一定の要件の下に，目撃者の特定
に関する情報のうち氏名および連絡先を回答することとされています（上記2
の法務省ウェブサイト参照）。

Column	捜査関係書類と民訴法220条3号の法律関係文書

　捜査関係書類については，前記のとおり「訴訟に関する書類」（刑訴47条）
として非公開が原則とされていますが，これに対する文書提出命令について
は，民訴法220条3号の法律関係文書に該当するか否かに関し，次の3件の最
高裁決定が出されています。

　最決平成16・5・25民集58巻5号1135頁は，保険会社が原告として，被告に
対し，故意に交通事故を作出して保険金を詐取したとして不法行為に基づく損
害賠償を求めた本案訴訟において，被告が検察官を相手方として，刑事被告事
件の公判に提出されなかった共犯者らの供述調書の文書提出命令を申し立てた
のに対し，**刑訴法47条所定の「訴訟に関する書類」に該当する文書であって
も，当該文書が民訴法220条3号所定のいわゆる法律関係文書に該当し，かつ，
当該文書の保管者によるその提出の拒否が，民事訴訟における当該文書を取り
調べる必要性の有無，程度，当該文書が開示されることによる被告人，被疑者**

121

等の名誉，プライバシーの侵害等の弊害発生のおそれの有無等の諸般の事情に照らし，当該保管者の有する裁量権の範囲を逸脱し，または濫用するものであるときは，裁判所は，その提出を命ずることができると判示しました（ただし，当該事案については，検察官の提出拒否の判断が，裁量権の範囲を逸脱しまたはこれを濫用したものとは言えないとしています）。

最決平成17・7・22民集59巻6号1837頁は，東京都所属の警察官が原告（文書提出命令申立人）の住居等において行った捜索差押えが違法であるとして国家賠償を求めた本案訴訟につき，その捜索差押えの「捜索差押許可状」および「捜索差押令状請求書」は，いずれも，当該警察官が所属し，上記各文書を所持する地方公共団体と文書提出命令申立人との間において，民訴法220条3号所定のいわゆる法律関係文書に該当するとした上，刑訴法47条に基づき「捜索差押許可状」の提出を拒否した所持者の判断は，本案訴訟において同許可状を証拠として取り調べる必要性が認められ，同許可状が開示されたとしても今後の捜査，公判に悪影響が生ずるとは考え難いなど判示の事情の下では，裁量権の範囲を逸脱し，またはこれを濫用したものというべきであるが，「捜索差押令状請求書」について提出を拒否した所持者の判断は，本案訴訟において同請求書を証拠として取り調べる必要性は認められるものの，被疑事件につき，いまだ被疑者の検挙に至っておらず，現在も捜査が継続中であって，同請求書には捜査の秘密に関わる事項や被害者等のプライバシーに属する事項が記載されている蓋然性が高いなど，同請求書を開示することによって，被疑事件の今後の捜査および公判に悪影響が生じたり，関係者のプライバシーが侵害されたりする具体的なおそれが存するという事情の下では，裁量権の範囲を逸脱し，またはこれを濫用したものとは言えないと判断しました。

最決平成19・12・12民集61巻9号3400頁は，強姦の被疑事実に基づき逮捕勾留され，その後不起訴処分となった被疑者が原告となり，国に対して国家賠償を求めた本案訴訟につき，勾留請求に当たって刑訴規則148条1項3号所定の資料として裁判官に提供した告訴状および被害者の供述調書は，いずれも，上記各文書を所持する国と上記請求により勾留された者との間において民訴法220条3号所定のいわゆる法律関係文書に該当するとし，(1)勾留の裁判が準抗告審において取り消されているから，検察官が被疑者には罪を犯したことを疑うに足りる相当な理由があると判断するに際し最も基本的な資料となった上記各文書には取調べの必要性があること，(2)被害者は被疑事実につき被疑者に対する不法行為に基づく損害賠償請求訴訟を提起しており，その審理に必要な範囲でプライバシーが明らかにされることを容認していたと言うことができること，また，国は，本案訴訟において，被害者の供述内容として被害の態様が極めて詳細かつ具体的に記載された検察官の陳述書を既に書証として提出してお

り，上記各文書が開示されることによって，被害者の名誉，プライバシーの侵害の弊害が生ずるおそれがあるとは認められないこと，(3)被疑事件については不起訴処分がされており，また，上記陳述書の内容はほぼ上記供述調書の記載に従ったもののようにうかがわれ，上記各文書が開示されることによって，捜査や公判に不当な影響が及ぶおそれがあるとは認められないこと等の各事情の下では，刑訴法47条に基づき提出を拒否した国の判断は裁量権の範囲を逸脱したものであると判示して，文書の提出を命じています。

X　証拠保全

(1)　本来の証拠調べが行われるまで待っていたのでは，証拠調べが困難になるおそれがある場合（たとえば，証人が死亡してしまうとか，書証が廃棄されたり滅失するおそれがあるなど）に，訴訟係属の前後を問わず，将来の訴訟において利用するために予め証拠調べを行うのが証拠保全です。実務上，過去には，医療訴訟に先立って行われる診療録（カルテ）の証拠保全が多くみられましたが，電子カルテの普及にともなって記載内容の変更履歴が残るようになったことから申立例は割合的には減少しており，他に，証券会社等の取引履歴，労働者の時間外割増賃金請求のためのタイムカードや運転業務に従事していた場合のタコメーター，会社関係事件の帳簿などについて証拠保全の申立てがされています（なお，電子カルテの証拠保全の場合の検証の対象物は，電磁的記録それ自体と考えられています。「電子カルテの証拠保全について」判タ1329号5頁）。

　上記のとおり，証拠保全は，訴訟提起後の証拠調べまでの時間の経過による証拠使用の不能または困難を避けるための証拠保全機能を果たすことを目的としていますが，その実施により，付随的には，証拠開示の機能も果たしていると言われているところです。

(2)　証拠保全は，あらかじめ証拠調べをしておかなければその証拠を使用することが困難となる事情があるとき（民訴234条）に行われるものですから，当事者が証拠保全を申し立てるには，「証拠保全の事由」を具体的に記載し，これを疎明する必要があります（民訴規153条2項4号・3項）。具体的には，廃棄・散逸のおそれ（カルテ，賃金台帳などについて，法定の保存期間が経過したり，間近に迫っている場合）や改ざんのおそれが挙げられます。他方で，証拠保全で行う証拠調べの方法に限定はなく，人証，書証，文書送付嘱託，検証，検証物提示命令，鑑定，調査嘱託のいずれも可能ですが，最も多いの

は，検証の申立てです。

(3) 証拠保全手続の実施後に，訴訟が提起された場合，証拠保全の申立てにより行われた証拠調べに関する記録は，職権により本案訴訟の係属裁判所に送付され（民訴規154条），口頭弁論に上程されると当然に証拠資料となりますが，たとえば，証拠保全事件の相手方は医療法人のみだったのに対し，損害賠償請求の本案訴訟では，医師個人も共同被告としたような場合には，改めて書証として提出することが必要となります。さらに，実務上は，大部の証拠保全記録の中から立証に必要な証拠だけを選別し，カルテなどについては訳文を付する必要もありますから，別途書証として提示することがほとんどです。

なお，電磁的に記録された情報に関する証拠保全の具体的な手続については，「10証拠保全の具体例」で詳しく説明しています。

XI　訴えの提起前における証拠収集の処分等

(1) **訴えの提起前における証拠収集の処分等**（民訴132条の2〜）は，平成15年の民訴法改正により，訴訟手続の計画的進行を図り，民事裁判の充実・迅速化を実現するためには，当事者が訴え提起前において，証拠や情報を適切に収集することが重要であるが，証拠保全による証拠収集は限定的であり，上記要請を満たすことが困難であるとして，手続を拡充する趣旨で設けられたものです。

(2) 訴えの提起前における証拠収集の処分等の申立要件としては，提訴予告通知（訴えを提起しようとする者が，訴えの相手となるべき者に対し，書面によって，提訴しようとする訴えの請求の「要旨」および「紛争の要点」を記載して，訴えの提起を予告する）が必要です。

また，実体的要件としては，①当該予告通知に係る訴えが提起された場合の立証に必要であることが明らかな証拠となるべきものであることと，②申立人がこれを自ら収集することが困難であること（同132条の4第1項柱書）が必要です。

さらに，消極的要件として，その収集に要すべき時間または嘱託を受けるべき者の負担が不相当なものとなることその他の事情により，相当でないと認められる場合でないことが必要とされています（同132条の4第1項ただし書）。

(3) 提訴前証拠収集の方法としては，

　ア　**訴えの提起前における照会**（民訴132条の2・132条の3）

　イ　**訴えの提起前における証拠収集の処分**（同132条の4以下）**として，文**

書送付嘱託，調査嘱託，専門的な意見陳述の嘱託，執行官に対する現況
調査命令

があります。

　実務での申立ては少ないものの，上記のうちでは，文書送付嘱託と調査嘱
託が多くの割合を占めており，たとえば，提訴前の文書送付嘱託を利用すれ
ば，証拠保全手続を利用する場合と異なり，申立人において現地に行く必要
がなく，当該事案につき定型的に必要となる証拠を早期に入手できるメリッ
トがあります。実際の利用例としては，改ざんのおそれがない場合の病院の
カルテや，先物被害に関する取引会社の勘定元帳に対する提訴前の送付嘱託
などが見られるところです。

XII　その他

　その他の証拠収集の方法として，裁判上では，**鑑定嘱託の申立て**（同218
条）および**検証物の送付嘱託**（同232条・226条）が，裁判外では，訴訟係属
中の**当事者照会**（同163条）がありますが，実務的にはあまり活用されてい
ないのが実情です。

Chapter
10

証拠保全の具体例
——電磁的に記録された情報についての証拠保全

従来は紙に記録された情報を証拠保全の対象とする事案が大半でしたが，近年はパソコンのハードディスク等に電磁的に記録された情報が重要な証拠となり得る事案が増えており，そのような情報を証拠保全の対象とする事案も増えています。

たとえば，X社の著作物であるコンピュータ・プログラムをY社が違法に複製して使用しているという情報を得たものの，この事実を立証するための証拠が入手できていない場合に，X社の代理人弁護士として，どのような証拠保全の申立てをすることが考えられるでしょうか。

なお，インターネット関係の仮処分については，演習問題15「損害賠償請求事件——不法行為（名誉毀損）の成否」を参照してください。

【事案の概要】

X社は，コンピュータ・プログラムの製作・販売等を目的とする株式会社であり，Y社は，インターネットを利用した広告宣伝，ウェブページ制作および販売等を目的とする株式会社です。

Y社の資本金は300万円，従業員は約30人であり，その求人募集では，応募資格として，X社の製品であるコンピュータ・プログラムを使用したウェブデザインができることが求められています。しかし，Y社によって購入された当該プログラムのライセンス数は「1」であり，インストール可能なコンピュータの台数も「1」です。

インターネット上にはコンピュータ・プログラムの違法な複製・使用に関する通報窓口が設置されていますが，X社は，Y社の元従業員から，同窓口を通じて，次のような情報提供を受けました。

「Y社においては，本店に設置された共有サーバー上に，X社の著作物である当該プログラムが保存されています。Y社が購入したプログラムのライセンス数とインストール可能台数はいずれも1ですが，Y社は何らかの方法によりライセンス数の制限を不正に解除して，複数のコン

127

ピュータでプログラムを使用することができる状態にした上で，共有サーバー上に保存しています。Y社の従業員は，全員が社内に設置された共有サーバーにアクセスすることができ，当該プログラムをダウンロードし，違法に複製して日常的に使用しています。

　私は，他の異業種の会社に転職するためにY社を退職したものであり，その際にY社との間で特にトラブルはありませんでしたし，Y社の社長や従業員に対して特に個人的な感情はありません。もっとも，Y社が経費削減の目的で違法にプログラムの複製や使用を繰り返し，それに対して役員も従業員も何も言わないことについては，ずっと疑問に感じていました。Y社を退職した後，インターネット上でたまたま通報窓口があるのを見つけ，単純にY社に違法行為を止めてもらいたいという気持ちから，この通報をしたのです。」

　この情報を受けて，X社から対応を依頼された代理人弁護士は，Y社に対し，当該プログラムの違法な複製・使用の事実を確認するとともに，違法な複製・使用を直ちに止め，損害賠償について協議する機会を持つことを提案する旨の書面を内容証明郵便で送付しました。約2週間後，Y社の代理人弁護士から，Y社代表者からの聞き取り調査の結果，違法な複製・使用の事実は認められなかった旨の回答が届きました。

I　検証によって証明すべき事実

　民事訴訟規則153条2項は，申立書の必要的記載事項として，①相手方の表示，②証明すべき事実，③証拠，および④証拠保全の事由を記載すべきことを定めています。

　証明すべき事実（民訴180条1項，民訴規99条1項）とは，本案において当該証拠により立証しようとする事実をいいます。証拠保全の申立てに当たって証明すべき事実の記載を要求されるのは，成り立ち得る請求を探索するための申立てや，相手方に嫌がらせをするための申立てなど，証拠保全の目的を逸脱するような申立てが行われることを防止するためです。訴え提起前の証拠保全では証明すべき事実を厳密に記載することが困難である場合も多く，ある程度概括的な記載も許容され得ると考えられますが，証拠保全の目的を逸脱する申立てであるとして却下されないようにするためには，できるだけ具体的に記載すべきです。

たとえば，本件の事案であれば，次のような記載をすることが考えられます。

証明すべき事実
　相手方が，
1　申立人の著作物であるコンピュータ・プログラムを違法に複製した
　事実。
2　違法に複製された本件プログラムを，その事実を知りながら，業務
　上，電子計算機において使用している事実及び過去に使用していた事
　実。

Ⅱ　証　拠

　保全の対象となる証拠は，証明すべき事実と関連するものに限られますの
で，申立てに当たっては，証明すべき事実と証拠との関係を具体的に明示す
る必要があります。
　本件において，Ｘ社は，Ｙ社による当該プログラムの違法な複製と使用の
事実を証明すべき事実としています。これを立証するためには，Ｙ社が使用
している当該プログラムのうち，Ｙ社が正当なライセンスを有するプログラ
ムの数を確定した上で，違法に複製されたプログラムを特定する必要があり
ます。具体的には，Ｙ社のライセンスを立証するための証拠として，当該プ
ログラムのマスターディスク，シリアル番号が記載された書面やラベル，使
用許諾に関する書面等を，また，違法な複製・使用の事実を立証するための
証拠として，Ｙ社本店内の全てのコンピュータの内部および外部記憶装置，
CD-R，DVD-R，USBメモリ等の記録媒体に複製された当該プログラムの
名称，バージョン情報，シリアル番号，インストール履歴，削除履歴，ライ
センス保有者，複製日に関する電磁的記録等を保全の対象とすることが考え
られます。

Ⅲ　証拠保全の具体的な方法

　本件のように電磁的に記録された情報を証拠保全の対象とする場合には，
電磁的記録それ自体を検証することができないので，保全の対象となってい
る情報をコンピュータのディスプレイ上に表示し，その画面を写真に撮影す
るという方法が考えられます。また，Ｙ社の協力が得られる場合には，当該

情報を紙等に印刷したものの提出を受けたり，裁判所が持参したUSBメモリやCD-R，DVD-R等の記録媒体に当該情報を保存したりすることが考えられます。

なお，電磁的に記録された情報の証拠保全については，森冨義明＝東海林編著『新版 証拠保全の実務』（きんざい，2015年）や，町村泰貴＝白井幸夫編『電子証拠の理論と実務──収集・保全・立証』（民事法研究会，2016年）第4章「民事訴訟における電子証拠の取扱い」などが参考になります。

Ⅳ　証拠保全の事由

1　証拠保全の事由とは，「あらかじめ証拠調べをしておかなければその証拠を使用することが困難となる事情」（民訴234条）をいいます。申立人は証拠保全の事由を疎明する必要がありますが，疎明における事実認定は，基本的に証明の場合と同様です。証拠保全の事由とは，例えば，保全の対象となる証拠が文書の場合であれば，滅失や散逸，改ざんのおそれなどが挙げられますし，対象が証人の場合であれば，海外に渡航し帰国の見込みがないことや，余命いくばくもないことなどが挙げられます。本件において保全の対象とされている電磁的記録については，隠滅や改ざんのおそれなどが考えられます。

2　では，X代理人弁護士として，証拠の隠滅・改ざんのおそれについて，どの程度の疎明を行う必要があるでしょうか。実務上は，相手方の権利保護にも配慮する観点から，証拠の隠滅・改ざんのおそれは一般的・抽象的なものでは足りず，具体的事実に基づいて客観的に証拠の隠滅・改ざんのおそれがあることを疎明する必要があると考えられています。もっとも，証拠保全の申立てを行う段階で申立人が入手することができる疎明資料には限りがあることから，証拠保全の目的を逸脱する申立てではなく権利の濫用には当たらないと認められる程度の具体性があれば足りると考えられます。

一般的に，本件のような企業内におけるコンピュータ・プログラムの違法な複製・使用は，企業内で隠密裏に行われることが多く，証拠の入手が困難な場合が多いと考えられます。また，違法な複製・使用を立証するための電磁的記録等は，コンピュータの操作によって短時間のうちに容易に隠滅・改ざんすることが可能です。仮に違法な複製・使用の事実が明らかになれば，Y社は損害賠償責任を負うだけでなく，企業としての社会的信用を失い，その営業活動に大きな影響が出ることが予想されることから，一般的・抽象的な証拠の隠滅・改ざんのおそれはあると言えます。

では，具体的な証拠の隠滅・改ざんのおそれについてはどうでしょうか。本件では，**Y社の業務内容からすれば，従業員の大半は当該プログラムを使用したウェブデザイン等の業務を担当しているものと推測されます。Y社の従業員数は約30人ですので，取得したライセンス数およびインストール可能台数がいずれも「1」であるというのは少なすぎて不自然だと言えます。加えて，元従業員から提供された情報の内容は非常に具体的である上，通報の動機や経緯も特に不自然ではなく，信用性は高いと考えられますので，Y社において違法な複製・使用が行われていることが強く**疑われます。Y社の代理人弁護士は，違法な複製・使用の事実はないと回答していますが，その根拠として挙げられているのはY社代表者からの聞き取り調査のみであり，違法な複製・使用の事実がないことについて合理的な説明がされているとは言えません。さらに，**Y社の規模からすると，違法な複製・使用の事実が明らかになり，多額の損害賠償義務を負い，またはコンピュータ・プログラムの使用差止めが認められた場合には事業の継続が困難になる可能性があることから，Y社には違法な複製・使用について証拠の隠滅・改ざんを行う動機があると言えそうです。**

　X社代理人弁護士としては，証拠保全の事由として，上記のような事情を挙げて，本件では，具体的事実に照らし，Y社が証拠の隠滅・改ざんを組織的に行う可能性が高いということを主張することが考えられます。

3　証拠保全の事由を疎明する資料としては，①Y社の目的，本店所在地を疎明するものとして，Y社の履歴事項全部証明書，②Y社の従業員数，具体的な業務内容，求人広告の内容を疎明するものとして，ウェブサイト上のY社の「会社概要」や求人広告のページを印刷したもの，③Y社の違法な複製・使用の事実を疎明するものとして，Y社のライセンス数が確認できる資料，内部通報者から提供された情報を記載した報告書や陳述書のほか，X社代理人からY社に内容証明郵便で送付した書面と，これに対するY社代理人の回答書の写しなどが考えられます。

　本件のような事案では，**情報提供者がY社から債務不履行や不法行為等の責任を追及される可能性があることから，情報提供者の個人情報を保護するという観点も重要です。**証拠保全の申立てに当たっては，情報提供者の特定につながる可能性がある情報を黒塗りにして提出するなどの工夫をすることが考えられます。

第2部　演習問題編

演習問題 1	売買代金請求事件
	——売主は誰か

土地とその上に建っているアパート（まとめて「本件不動産」と言うことにします）の売買代金をXがYに請求しているケースを取り上げます。XもYも会社ですが，ここでは便宜上，X，Yそれぞれの関係者の話をまとめて「Xの話」「Yの話」と記載することにします。

（Xの話）

Xは，Yに対し，本件不動産を1億円で売り，手付金1000万円，中間金4000万円を受け取りましたが，残金5000万円の支払がありません。そこで，Yに対し，残金5000万円の支払を請求します。

（Yの話）

Yが本件不動産を買ったこと，代金5000万円が未払であることは事実ですが，Xからではなく，Aから買ったものです。ですから，Xが代金を請求するのは筋違いです。

Yが本件不動産を1億円で買い，代金のうちの5000万円が未払になっていることは間違いがなく，売主がXなのかAなのかが問題のようですので，どのような事情をどのように検討すればよいのかを考えていきましょう。

まず，売買契約書はどうなっているのでしょうか（次頁）。

売買契約書上は，Aが売主とされています。売買契約書の売主欄に記載されているのは，通常は売主の名前でしょうから，この事実は，Xを売主と認定する上では，消極方向に働く事実になります。また，Xが仲介業者（売買契約書には「媒介業者」と記載されています）として記載されています。売主が同時に仲介業者にもなるということはあり得ないことですから，Xが真に仲介業者としてこの売買に関わったのであれば，Xを売主と認めることは不可能でしょう。

それから，手付金や中間金の支払があったというのですから，その領収証があるのではないでしょうか。確認しましょう（次々頁）。

135

不動産売買契約書

　売主Aと買主Yは後記表示物件（以下「本物件」という。）につき，双方合意の上，以下の条項により売買契約を締結した。

第1条　売主は本物件を代金1億円で買主に売り渡し，買主はこれを買い受ける。

第2条　買主は，本契約書作成と同時に手付金として金1000万円を交付し，売主はこれを受領した。

第3条　買主は，平成○年○月○日までに，第4条の所有権移転登記を受けるのと引換に，中間金として売主に対して金4000万円を支払うものとする。

第4条　売主は，平成○年○月○日までに，第3条の中間金の支払を受けるのと引換に，買主に対して所有権移転登記申請手続をするものとする。

（第5条以下省略）

（売買物件の表示）

　　省略

平成○年○月○日

　　売　　主　　住所　（省略）
　　　　　　　　氏名　　A　　　　　印
　　　　　　　　電話（省略）
　　買　　主　　住所　（省略）
　　　　　　　　氏名　　Y　　　　　印
　　　　　　　　電話（省略）
　　媒介業者　　免許証番号（省略）
　　　　　　　　所在地（省略）
　　　　　　　　商号　　X　　　　　印
　　　　　　　　電話（省略）
　　　　　　　　取引主任者（　）第　　　号　　　　　　印

　Aが領収証の作成名義人になっています。手付金と中間金を受領するのは，通常は売主ですから，Aが受領したのであれば，その事実は，同様に，Xを売主と認定する上で，消極方向に働く事実になります。

　Xは，どう言うのでしょうか。

（Xの話）

　契約書や領収証がA名義で作成されているのは，Xの名前を表に出せない事情があって，Aの名義を借りたからです。

　Xの名前を表に出せない事情があったということなら，どのような事情があったのかを具体的に聴く必要があります。後で聴くことにしましょう。

　次に，登記はどうなっているのでしょうか。他人の所有物の売買も有効とされてはいます（民561条以下参照）が，他人の所有物を売るというのは，何か特別の事情がある場合のことで，通常は，自分の所有物を売るはずですから，XとAのどちらが所有者であったのかは，売主がどちらであったのかを

```
領 収 証          Y    様                     No. _____

              ￥１０，０００，０００－
_____

    但し  手付金                              収 入
    平成○年○月○日    上記正に領収いたしました
内訳 _____                              印 紙
税抜金額 _____
消費税            （住所省略）
額  等
（  %）_____      A           ㊞
```

```
領 収 証          Y    様                     No. _____

              ￥４０，０００，０００－
_____

    但し  中間金                              収 入
    平成○年○月○日    上記正に領収いたしました
内訳 _____                              印 紙
税抜金額 _____
消費税            （住所省略）
額  等
（  %）_____      A           ㊞
```

考える上で，非常に重要なことです。そこで，登記事項証明書を見てみましょう（次頁以下。土地の登記事項証明書だけを掲げておきましたが，建物の登記事項証明書も同じ内容のものになっています）。

　BからAが売買によって取得し，さらに売買によってYが取得したという内容の登記になっていますね。

（Xの話）

　本当はXがBから買ってYに転売したのですが，先ほども述べたとおり，Xの名前を表に出せない事情がありましたので，AがBから買ってYに転売した形にしたわけです。

　そういうことなら，Bが本件不動産を売るときの売買契約書や代金の領収証などがあるはずですから，それも見ておきましょう（140頁）。

　売主がB，買主がAとされ，Xが仲介業者として記載されています。代金の領収証も，A宛てのものになっています。そうすると，Yが買ったときの

○○県○○○市○○×丁目×番×

全部事項証明書　　（土地）

【表題部】（土地の表示）　調製 平成○年○月○日　地図番号 余白

【所在】○○市○○×丁目　　余白

【①地番】	【②地目】	【③地積】 m²	【原因及びその日付】	【登記の日付】
××番×	雑種地	○○○	②③昭和○年○月○日地目変更	昭和○年○月○日
余白	余白		余白	昭和63年法務省令第37号附則第2条第2項の規定により移記 平成○年○月○日

【権利部（甲区）】（所有権に関する事項）

【順位番号】	【登記の目的】	【受付年月日・受付番号】	【原因】	【権利者その他の事項】
1	所有権移転	平成○年○月○日 第○○○○号	平成○年○月○日相続	所有者 ○○県○○○市○○×番地の× B 順位2番の登記を移記
余白	余白	余白	余白	昭和63年法務省令第37号附則第2条第2項の規定により移記 平成○年○月○日
2	所有権移転	平成○年○月○日 第○○○○号	平成○年○月○日売買	所有者 ○○県○○○市○○×番地の× A
3	所有権移転	平成○年○月○日 第○○○○号	平成○年○月○日売買	所有者 ○○県○○○市○○×番地の× Y

整理番号 K○○○○○　（○/○）　○/○

＊ 下線のあるものは抹消事項であることを示す。

○○県○○市○○×丁目××番×

全部事項証明書　（土地）

【順位番号】	【登記の目的】	【受付年月日・受付番号】	【原因】	【権利者その他の事項】
（乙区）（所有権以外の権利に関する事項）				
（省略）	（省略）	（省略）	（省略）	（省略）
	（省略）	（省略）	（省略）	（省略）

これは登記記録に記録されている事項の全部を証明した書面である。

平成○年○月○日
○○地方法務局○○支局

登記官　　某　　印

整理番号　K○○○○○　（○/○）　○/○

* 下線のあるものは抹消事項であることを示す。

不動産売買契約書

　売主Bと買主Aは後記表示物件（以下「本物件」という。）につき，双方合意の上，以下の条項により売買契約を締結した。

（契約条項省略）

（売買物件の表示）
　　省略

平成〇年〇月〇日

　　売　　主　　住所　（省略）
　　　　　　　　氏名　　　B　　　　　㊞
　　　　　　　　電話（省略）
　　買　　主　　住所　（省略）
　　　　　　　　氏名　　　A　　　　　㊞
　　　　　　　　電話（省略）
　　媒介業者　　免許証番号（省略）
　　　　　　　　所在地（省略）
　　　　　　　　商号　　　X　　　　　㊞
　　　　　　　　電話（省略）
　　　　　　　　取引主任者（　）第　　　号　　　　　　　㊞

　領　収　証　　　＿＿＿＿A＿＿＿様　　　　　　　No.＿＿＿＿＿＿＿

　　　　　　¥（省略）－

　　但し　売買代金
　　　平成〇年〇月〇日　　　上記正に領収いたしました　　　　収　入
　内訳＿＿＿＿＿＿＿＿＿＿　　　　　　　　　　　　　　　　印　紙
　税抜金額＿＿＿＿＿＿＿＿
　消費税　　　　　　　　（住所省略）
　額　　等
　（　％）　　　　　　　　　　　　B　　　　㊞

　売買契約書や領収証について説明したのと同様の理由で，これらの事実は，Bから本件不動産を買ったのがAであるとの事実を認定する方向に働く間接事実となります。そして，その結果，売主がXであるとの事実との関係では，消極方向に働く間接事実（再間接事実）であると言うことができます。
　ところで，売主がA，買主がYの名義になっている不動産売買契約書（136頁）を見ると，代金の半額が未払の段階で，所有権移転登記手続をすることとされており，Xの話によっても，Yの話によっても，実際に代金の半

140　演習問題1　売買代金請求事件

額が未払のうちに所有権移転登記がされたことになっていて，双方が一致してそう言っているのですから，おそらく間違いないのでしょう。しかし，代金が半額しか支払われていない段階で所有権移転登記をすることは，それほど多くはないと思われます。何か事情があるのではないでしょうか。

（Xの話）

　Bが多額の借金をしてどうにもならなくなり，本件不動産を売りたがっているという話が入ってきましたので，Xが買い取った上で転売することを計画し，買主を探していたところ，Yが，新築マンションを建てる目的で買うことになりました。ところが，そのためには，アパートの賃借人を立ち退かせる必要があります。立ち退かせる作業は，X側ですることになりました。そこで，代金の半額の支払があった時点で所有権移転登記をし，立ち退きが完了した段階で，残りの半額を支払ってもらうことにしたわけです。

　これは，一応，合理的な説明と言ってよいと思います。積極方向，消極方向のいずれの間接事実も，ここからは引き出せそうにありません。他の事情を調べることにしましょう。

　まず，Bに対して支払った売買代金は，誰が用意したのでしょうか。売買代金は，買主が支払うものですから，代金を用意した人が分かれば，その人が買主であると認定できる方向に働く間接事実になります。

（Xの話）

　それは，当然，Xが出しました。

　本当にそうであれば，その事実は，Bから本件不動産を買ったのがXであったと認定できる方向に働く間接事実になります。そして，Bから本件不動産を買ったのがXであったとの事実は，Yに対する売主がXであったと認定するための間接事実になります。もっとも，X以外の者（このケースであれば，おそらくA）が買主であるが，XがAに対して売買代金を用立ててやったということも，あり得ないわけではありませんから，そのような可能性についての検討は不可欠です。

　ところで，Xは，Xが代金を出したと言っていますが，その言葉を単純に信用してよいのでしょうか。少額の取引であれば，手持ちの現金から出すことも多いでしょうが，ある程度大きな額の取引であれば，預金を引き出して資金を用意するなど，形になって残るのが通常です。そこで，具体的にどの

141

ような形で支出したのかを尋ね，それが形となって残っている書証を確認する必要があります。そのような書証があり，特に不審な点がなければ，金銭を支出したという供述の裏付けになりますし，逆に，そのような書証がなければ，金銭を支出したという供述の信用性に疑問符がつくことになります。

次に，Xは，Xの名前を表に出せない事情があってAの名義を借りたと言っていました。本当にそうであるのなら，真実の売主はXであるとする方向に大きく動きますが，これは本当のことでしょうか。本当のことかどうかを判断するためには，どのようなことを検討すればよいでしょうか。

この点を判断するためには，まず，Xの名前を表に出せない事情というのが具体的にどのような事情であったのかを説明してもらう必要があります。

（Xの話）

それは，こういうことです。先ほども言いましたように，Yは，新築マンションを建てる目的で本件不動産を買うわけですから，アパートの賃借人を立ち退かせる必要があり，その作業は，X側ですることになっていましたので，Xは，それをCに頼みました。そうしたところ，Cは，こういう場合はどうしても苦情が来ることが避けられないから，Xがその矢面に立たずに済むようにするため，Aの名義を借りた方がよいというのです。Xは，この助言に従うことにしたところ，CがAに名義貸しを頼んでくれ，Aの了解を得ました。そのため，Xは，Aに対し，名義使用料を払っています。

Xのこの話の信用性を判断するために，AとCの話を是非とも聴きたいところです。また，Xは，名義使用料を払ったと言っていますが，その裏付けがあるかどうかも調べなければなりません。裏付けとしては，名義使用料の領収証が考えられます。ただ，領収証がある場合でも，金銭を受領した旨の記載があるだけで，名義使用料の支払であるかどうかがはっきりしないというケースもあり得ます。その場合は，名義使用料以外の支払をする可能性があるかどうかを検討するべきです。名義使用料以外の支払をする可能性が具体的に見当たらないとすれば，名義使用料の支払であったと認定できるかもしれません。それと，Xは，矢面に立たずに済むようにするため，名前が表に出ないようにしたということですが，仲介業者としては契約書に名前が出ています。そこで，仲介業者として名前が出るだけなら，矢面に立つようなことになる心配はないと言えるのかどうかも，考えなければなりません。この点については，特にCの供述を注意深く聴く必要があるでしょう。

ところで，いまも言ったように，2通の売買契約書には，どちらにも，X

が仲介業者として記載されていました。しかし，仮に，Xが契約当事者（Bからの買主，Yへの売主）であったとすると，Xを仲介業者とする記載は，虚偽のものであることになります。ですから，Xが今回の取引において仲介業者としての実態がなかったと言うことができれば，その事実は，XがYへの売主であったとする方向に働きますし，逆に，仲介業者としての実態があったのであれば，Xが契約当事者（Bからの買主，Yへの売主）であったとは考えられないことになります。そこで，Xに仲介業者としての実態があったかどうかをよく検討する必要があります。そして，そのためには，契約交渉，契約書作成，その後の履行等までを含むすべての過程において，Xがどのような行動をしたのか，あるいは，どのような行動をしなかったのかを丁寧に調べなければなりません。また，仲介業者であれば，仲介手数料が支払われるはずですので，その支払の事実があったかどうかも重要なポイントになるでしょう。XとYだけでなく，AやBからの事情聴取が不可欠ですし，Xの行動を裏付ける書類や，仲介手数料の領収証などがあれば，提出してもらうべきです。

　Xについて，契約交渉，契約書作成，その後の履行等までを含むすべての過程において，Xがどのような行動をしたか，あるいはしなかったかを丁寧に調べなければならないと言いました。同じことは，Aについても言えます。**売主が通常とるような行動をAがしていたのであれば，その事実は，Aが売主であると認められる方向に働きますから，それはすなわち，Xが売主であるとの事実を認められない方向に働くということができます。具体的には，契約交渉の場に出席したかどうか，契約内容の決定にどの程度関わったか，登記関係書類の受渡しや代金支払の場に出席したかどうか，AがYに対して売買代金請求をしたことがあるかどうか，あるいは，AがXに対し，Aが契約当事者である旨の主張をしたことがあるかどうかなどの点について調べると，重要な間接事実が出てくる可能性が高いでしょう。** Yへの売主が通常とるような行動をしていたかどうかだけでなく，Bからの買主が通常とるような行動をしていたかどうかも，「Bからの買主がYへの売主である可能性が高い」という論理を媒介することにより，同様に重要なポイントになります。Bに支払った手付金および中間金を用意したのが誰かという問題に先ほど触れましたが，これは，「Bからの買主が通常とるような行動」のひとつです。

　なお，第三者に会って話を聞き，必要な書類の交付を受けることが常に自由にできるとは限りません。また，ときには，相手方当事者から，書類を提出してもらったり，さまざまな情報を提供してもらったりする必要がある場

合もあります。そのような場合にとり得る手段としては，弁護士会照会（弁護23条の2），当事者照会（民訴163条），調査の嘱託（同186条），文書送付の嘱託（同226条），文書提出命令（同220条〜225条まで）などがあります。それぞれ，どのような場合にどのようなことができるのか等をきちんと知り，適切に使い分ける必要があります。

144　演習問題1　売買代金請求事件

演習問題 2	保証債務履行請求事件
	——契約書は真正に成立したか

　Ｘは，平成30年8月，Ａ社に対し，運転資金として500万円を貸し付けた
のですが，その後，Ａ社が倒産してしまったため，返済を受けることができ
ません。

　貸付けの際に作成された消費貸借契約証書には，Ｙが連帯保証する旨の記
載があります。

　Ｘは，Ｙに対し，保証人として債務を履行するよう求めました。これに対
し，Ｙは，保証した事実はないと主張しています。

　Ｙが保証した事実が認められるかどうかを判断する上で，どのような点を
検討すればよいでしょうか。

Ｓ　（学生）先生，保証した事実が認められるかどうかなんて，考えても仕方
　　がないのではありませんか？　公正証書が作成されていない限り，保証
　　は無効ですよ。

Ｔ　（教授）どうして？

Ｓ　だって，会社の運転資金ですから，民法465条の6が適用されます。Ａ
　　社のＸに対する貸金債務は，「事業のために負担した貸金等債務」なの
　　で，これを主たる債務とする保証契約を締結するためには，契約締結前
　　の1か月以内に作成された公正証書で保証人になろうとする者が保証債
　　務を履行する意思を表示していなければなりません。

Ｔ　例外はないの？

Ｓ　あっ，そうか。公正証書を作成しなくてもよい場合があるのでした。民
　　法465条の6の第3項と465条の9です。それに当たるかどうかを確認す
　　る必要があります。

Ｔ　仮に，それらの規定には当たらないとしましょうか。その場合，本当に
　　民法465条の6が適用されるのですか？

Ｓ　どういうことですか？

Ｔ　民法465条の6というのは，平成29年の民法（債権法）改正によって新
　　設された条文ですよね。いつから施行されるの？

Ｓ　そうでした。令和2年4月1日が施行日でした。平成30年の保証ですか

145

ら，新法は適用されません。

T 附則21条1項ですね。新法と旧法のどちらが適用されるのか，当分は気を付けないといけません。

さて，本題に入りましょう。Yが保証した事実が認められるかどうかを判断する上で，どのような点を検討すればよいと思いますか？

S そう言われても，もっと詳しいことが分からないと，さっぱり見当がつきません。

T 確かにそうですね。で，「詳しいこと」というのは，具体的にはどんなことですか。

S ……。

（読者の皆さんも考えてみてください）

T まず，消費貸借契約証書がありますね（次頁）。これを見て，何を考えますか。

S 特に変わった点は見当たりませんが……。

T 連帯保証人欄はどうなっていますか。

S Yの署名押印があります。しかし，Yは，保証した事実はないと主張しているのですから，二段の推定が覆されるかどうかを検討すべきです。

T いきなりその話をするのは，論理が飛んでいますよ。もっと段階を追って順々に説明しなければいけません。

まず，**この書面には，金銭消費貸借契約と保証契約が記載されているわけですから，1つの書面に2つの文書が含まれていることになります。そして，いま問題にしているのは，Yが保証した事実（保証契約を締結した事実）が認められるかどうかですから，検討する必要があるのは，保証契約が記載された部分の方です。**

さて，先ほどあなたは二段の推定と言いましたが，二段の推定が認められると，何が言えるのですか。

S 書証が真正に成立したことが推定されます。

T 書証が真正に成立したかどうかを判断しなければならないのは，どのような場合ですか。

S 書証の成立に争いがある場合です。

T Yは，書証の成立を争うのでしょうか。

S ……だって，Yは，保証した事実はないと主張しているんですよね。ということは，成立に争いがあるに決まっているのではありませんか。

T そうとは限りません。Yの争い方としては，**保証契約が記載された書面**

146　演習問題2　保証債務履行請求事件

消費貸借契約証書

第1条　貸主は本日金５００万円を貸し付け，借主はこれを受け取り
　　　　借用した。
　（第2条から第○条まで省略）
第○条　連帯保証人は，借主の債務を連帯保証し，借主と連帯して支
　　　　払う義務を負うものとする。

　　　　平成30年8月1日

　　　　　　　貸主　　　　○○市○○1丁目2番3号
　　　　　　　　　　　　　株式会社X
　　　　　　　　　　　　　代表取締役　○○○○　印

　　　　　　　借主　　　　○○市○○4丁目5番6号
　　　　　　　　　　　　　A株式会社
　　　　　　　　　　　　　代表取締役　○○○○　印

　　　　　　　連帯保証人　○○市○○7丁目8番9号
　　　　　　　　　　　　　Y　　　　　　　印

を自らの意思に基づいて作成したことは争わないで，保証をしたとは認められない「特段の事情」があると主張する場合もあり得ますので，そのどちらなのかをYに尋ねる必要がありますね。もっとも，処分証書を「意思表示その他の法律行為が文書によってされた場合のその文書」と定義することを前提として，書証の真正な成立が認められると，特段の事情を検討することなく法律行為が認定できるとする立場もあり，その立場からは，特段の事情ではなく，虚偽表示等の抗弁が認められるかどうかの検討が必要ということになります（本書33頁のコラム「処分証書をどのように定義するか」参照）。

（Yの話）
　私が契約書の連帯保証人欄に署名押印をした事実はありません。署名押印を誰かに頼んだとか，署名押印することを認めたということもありません。

T　とすると，書証（消費貸借契約の方ではなく，保証契約の方です）の成立に争いがあることになりそうです。

ところで，成立が認められるかどうかを判断することにどのような意味があるか，分かっていますか。

S 保証の事実を認定する上で，保証契約が記載された書面は処分証書ですから，その成立が認められると，特段の事情が認められない限り，保証の事実を認めるべきことになります。

T 処分証書を「意思表示その他の法律行為が文書によってされた場合のその文書」と定義する立場だと，現時点では，形式的証拠力が認められるかどうかがはっきりしませんから，処分証書であるというわけにはいかないこと，また，その立場だと，形式的証拠力が認められれば，特段の事情を検討することなく保証の事実が認められるとする考え方が有力であることに気を付ける必要がありますが，処分証書を「立証命題である意思表示その他の法律行為が記載されている文書」と定義する立場だと，Ｓさんの言ったとおりになりますね。一応，それでよいのですが，保証の場合は，もうひとつ，別の意味があることにも留意した方がよいと思います。**平成16年の民法改正により，保証契約は，書面（または電磁的記録）でしなければ，その効力を生じないこととされました**（民446条2項・3項）。**そのため，口頭での合意を認定しただけでは足りないわけで**，その意味でも，書証の真正な成立が認定できるかどうかを判断することが必要になります。そこで，成立の認定ができるかどうかを考えることにしましょう。どういうことを調査しますか。

S 二段の推定を破る事情が認められるかどうかです。

T やはり論理が飛んでいますよ。そもそも，二段の推定はどのような場合に認められるのですか。

S 印影がＹの印章によって顕出されたことが必要でした。ですから，印影がＹの印章によって顕出されたことをＹが認めるか，何か別の証拠によってそのことが証明されたら，二段の推定が認められることになります。そして，その次に，二段の推定を破る事情が認められるかどうかを検討することになるという順番です。

T そのとおりです。それから，**二段の推定は，とても重要なものですが，それだけに頼るのは非常に危険です。本問のようなケースでは，署名押印がされた際の具体的状況などを詳しく調査することも重要です。**

（Ｙの話）
　署名は，私の妻であるＢの字です。押印も，Ｂが私の実印を勝手に押したの

です。

Ｔ　押印だけでなく，署名についても，よく検討する必要があります。仮
　　に，Ｙが自らの手で署名したものであるということになったら，直ちに
　　民訴法228条４項が適用され，真正な成立が推定されることになります
　　からね。

　　　　Ｙは，妻であるＢが署名したと言っていますが，本当にそうなのかど
　　うか，どうやって調べますか。

Ｓ　……筆跡鑑定をするのでしょうか。

Ｔ　筆跡鑑定については，そもそもどの程度信用できるものかについて，慎
　　重な検討が必要だと考えられていますので，筆跡が問題になるケースで
　　も，筆跡鑑定をすることはそれほど多くはありませんし，少なくとも，
　　最初からいきなり筆跡鑑定をするというのは，まず考えられないことで
　　す。まず，可能であればＢに尋ねるべきでしょう。それから，Ｂの筆跡
　　が分かるものがあれば，それと対照してみるとか，ＢにＹの氏名を書い
　　てもらって対照することも考えられます。Ｂを証人尋問するのであれ
　　ば，尋問の際にＹの氏名を筆記してもらうこともあります。この点は，
　　民訴規119条に規定がありますから，確認しておいてください（筆記して
　　もらった書面は，民訴規69条により，証人尋問調書の末尾に添付します）。

　　　　なお，証人ではなく，当事者本人の筆跡を確認したい場合には，訴訟
　　委任状にある本人の署名と対照することがよく行われています。

（Ｂの話）

　　署名は，確かに私がしました。押印も，Ｙの実印を私が押しました。いずれ
もＹに無断でしたことです。

Ｔ　念のため，ＢにＹの氏名を書いてもらって対照してみましたが，Ｂが署
　　名したことに間違いなさそうですね。

　　　　次に，押印について検討しましょう。本当にＹの実印かどうかは，印
　　鑑登録証明書を見れば分かります。今回は，Ｙの実印が押されているこ
　　とに間違いなさそうですね。

　　　　ところで，Ｙの署名をしたのがＢであることがまず間違いないとする
　　と，Ｙの実印を押したのもおそらくＢでしょう。Ｙが押印したとは考え
　　にくい。なぜそう言えるか，分かりますか。

Ｓ　……ＢとＹがそう言っているからでしょうか。

Ⓣ それもあるでしょうが，仮に，Ｙが押印したのだとすると，どういうことになるでしょうか。

Ⓢ ……Ｂが署名をして，Ｙが押印したということです。

Ⓣ そうです。そして，そういうことも絶対にあり得ないとは言えませんが，非常に不自然なことです。500万円もの金額の保証をするための署名押印なのですから，Ｙに押印してもらうのなら，何か特別の事情がない限り，署名もＹにしてもらうでしょう。ですから，特別の事情が見当たらないのであれば，押印をしたのもＢであると考えることになります。

　さて，ここで**もう一度，今回の書証は，本当に成立に争いがあることになるのかどうかを考えてみましょう。作成者はいったい誰なのでしょうか。**

Ⓢ ……Ｙではないのですか。

Ⓣ Ｂが署名押印をしたのだとすると，Ｂが作成者であるということにはならないのでしょうか。

Ⓢ でも，そうだとすると，真正な成立が簡単に認められることになります。そうすると，特段の事情がない限り，保証の事実が認められるということになると思いますが，それは，何かおかしいのではありませんか。

Ⓣ Ｂが作成者だとすると，書証の真正な成立が認められるでしょう。というよりも，Ｙは，Ｂが作成したことを争うとは思えませんから，成立に争いがないことになるでしょうね。そして，その場合，特段の事情がない限り，保証の事実が認められることになります。ただ，そこで認められるのは，「Ｂが」保証契約を締結した事実です。「Ｙが」保証契約を締結した事実ではありません。保証契約の効果がＹに帰属するためには，ほかに，ＢがＹのためにすることを示した事実（いわゆる顕名）と，ＹがＢに対して保証契約締結の代理権を授与した事実が必要です。そのうち，顕名は，ＢがＹの名前を契約書に書いていることから，容易に認定できるでしょうが，問題は代理権授与の事実ですね。この事実が認定できるかどうかが，重要な争点だということになります。そして，その際，Ｙの印章をＢが押したこと，言い換えれば，ＢがＹの印章を持っていたことが重要な間接事実のひとつとして登場するという論理になります。通常，人は印章を慎重に保管するものですから，ＢがＹの印章を持っていたということは，ＢがＹから印章を預けられた可能性が高い，そして，なぜ預けたかと言えば，それは，ＹがＢに代理権を授与したからである可能性が高いと考えるわけですね。

Ⓢ Ｙが作成者だという考え方は，ないのですか。

150　演習問題2　保証債務履行請求事件

T あります。現実に署名押印という行為を行ったのはBですが，YはBを使者として文書を作成したと考えるわけですね。Yが作成者だと考えた場合は，Yは，Yの意思に基づいて作成された文書であること，すなわち，真正に成立したことを争うはずですから，二段の推定の問題になってくるわけです（本書64頁参照）。

　　ただ，どちらの考え方をとったとしても，結論に違いが生ずるとは思えません。Bが作成者であるとする考え方をとったとして，代理権授与が認定できるような場合であれば，Yが作成者であるとする考え方をとったとしても，真正な成立が認められることになるでしょうし，逆に，Bが作成者であるとする考え方をとったとして，代理権授与が認定できない場合であれば，Yが作成者であるとする考え方をとったとしても，真正な成立は認められないことになるでしょう。

　　ここで，実印とそれ以外の印章との関係について，少し補足説明をしておきます。「二段の推定」において，一般に，実印以外の印章が押されている場合でも，二段の推定が働きますが，実印の方が推定力が強いと考えられています。なぜだか分かりますか。

S 実印の方が慎重に保管されているからでしょうか。

T そうです。**実印は慎重に保管されているから，それが本人の意思に基づかないで押される可能性は，実印以外の印章の場合よりも低いということですね。ただ，一般的にはそういう場合が多いでしょうが，どの印章がどの程度慎重に保管されているかは，ケース・バイ・ケースというほかありませんから，具体的な事情次第で，推定力の強さは変わります。単純に「実印の推定力は強い」と暗記し，無批判にそれに従うというのは，やめた方がよいと思います。**

　　先ほどの説明で，Bが作成者であるとする考え方をとった場合は，二段の推定の問題とはならず，BがYの印章を押したことが代理権授与の重要な間接事実になると言いましたが，その場合に関しても，まったく同じことが言えます。

　　さて，ここからは，二段の推定が破られるかどうか，あるいは，YのBに対する代理権授与が認定できるかどうかを判断するための材料を集めることにします。関係者から話を聞いてみましょう。

（Bの話）

　A社は，私の父であるCが創業した会社で，株式はCとその家族が保有しており，代表取締役はCです。会社といっても，個人経営のようなものです。Y

151

は，以前から何度も，おそらく10回近くになると思いますが，Ａ社の借入れについて，保証人になってくれていました。Ｙは，海外からの家具の輸入業を営んでいるのですが，これまで仕事が順調だったため，金銭面で比較的余裕があったこともあり，保証人になることを引き受けてくれていたのです。ただ，最近は，Ｙの事業が以前ほどはうまくいかなくなってきたこともあって，Ｙがいい顔をしないようになりました。そこで，今回，私は，Ｃから保証を頼まれたことをなかなかＹに言い出すことができませんでした。そのため，Ｙが海外に出張している間に，Ｙの実印を無断で持ち出し，署名押印してしまったのです。

（Ｃの話）

　Ｂの言うとおりです。Ｙには，これまでも何度も，娘のＢを通じて保証を依頼し，快く引き受けてもらっていました。今回，まさかＢが勝手にやっていたとは，思いもよらないことでした。Ａ社が倒産したため，多くの人に迷惑をかけることになり，本当に申し訳ないと思っています。

（Ｙの話）

　これまで，Ａ社のために10回近く保証をしたのは事実ですが，今回のことは，私はまったく知りません。私が仕事で海外に行っている間にＢが勝手にしたことです。

（Ｘ従業員の話）

　Ａ社との取引は，私が担当しています。Ａ社とＹとの関係は，Ｂの言うとおりです。Ｘは，これまでＡ社に何度も貸付けをしてきました。Ａ社への貸付けについてＹが保証した回数は，今回の件までに合計8回あり，今回が9回目です。これまで，Ｙから，保証したことはないと言われたことは一度もありません。

- 🅣　これらの話をもとに，検討すべき間接事実を指摘していってください。
- 🅢　まず，Ａ社とＹとの関係があります。Ｙは，Ａ社の代表取締役の娘の夫です。
- 🅣　それが間接事実としてどのように機能するのですか。
- 🅢　**保証をする動機**があるということです。
- 🅣　そうですね。Ａ社はＣが創業した会社で，株式はＣとその家族が保有しているという事実も加えておく方がよいかもしれません。これらは，主債務者と保証人との間に**密接な人的関係**があることを意味し，そのことは，保証の動機を裏付けるものですので，積極方向に働く重要な間接事

152　演習問題2　保証債務履行請求事件

実になります。ただし，密接な人的関係があると，印鑑の盗用が容易になるという面もあり，その点ではむしろ消極方向に働くとも言えることに留意しておいてください。

S 次に，**これまで何度もＹが保証をした事実**があります。そういう事実があれば，今回も保証した可能性が高いと言えるだろうと思います。

T それも，そのとおりです。

S 最近，Ｙの事業が以前ほどはうまくいかなくなってきたことも挙げられます。消極方向に働く間接事実だと思いますが。

T はい。**保証人の資産状態**も間接事実になりますね。資産状態から見て，とうてい支払えるはずのないような額の債務を保証することは，考えにくいというのがその理由です。

S それから，契約日にＹが海外に行っていたことも間接事実です。海外にいたのなら，契約できるわけがありません。

T 本当に海外にいると契約できませんか。自分は海外にいても，国内にいる人に指示するなどして契約することは可能なのではないでしょうか。

　　ところで，Ｙは，これまでに10回近く（Ｘによると8回）も保証しているわけですが，そのときの署名押印は，誰がしていたのでしょうか。聴いてみましょう。

（ＹおよびＢの話）
　これまでの保証については，Ｙが署名押印していました。

（Ｘ従業員の話）
　確かに，これまでの8回と今回とでは，署名の筆跡が違いますね。

T そうすると，今回だけＹが署名押印していないという事実は，消極方向に働く間接事実になるでしょう。これまで保証する際には自ら署名押印していたのであれば，今回も自ら署名押印するのが普通だと考えられるからです。

　　そして，それに対して，契約日にＹが海外にいた事実があれば，今回だけ署名押印できなかったことには理由があるということになりますから，その事実は，実は，積極方向の間接事実として働いてくるとも言えそうです。

　　ところで，Ｙが本当に海外に行っていたのかどうか，行っていたとして，それはいつからいつまでだったのかを確認するためには，どうすれ

ばよいでしょうか。

S　……渡航先に問い合わせれば……。

T　いや，普通は，パスポートで出入国の記録を確認します。確認してみると，Yは，平成30年7月29日に出国し，同年8月8日に帰国していたことが分かりました。ですから，契約書が作成された時期には，Yは日本にいなかったことになりますね。

　　ところで，保証をするとき，消費貸借契約書の連帯保証人欄に署名押印するだけの場合もありますが，そのほかにも書面を作成することもあります。今回はどうだったのでしょうか。

（X従業員の話）

　Xでは，保証人に対して，保証意思確認書を送り，署名押印して，X宛てに返送してもらっています。今回の件では，平成30年7月28日に保証意思確認書が返送されてきました。

（Bの話）

　保証意思確認書に署名押印したのも私です。

T　保証意思確認書のYの署名が契約書の連帯保証人欄のYの署名と同じ筆跡だとすると，Bが署名押印したことは，まず間違いないでしょうね。その場合，どのようなことが言えますか。

S　……。

T　保証意思確認書は，7月28日，Xに返送されてきたというのですから，保証意思確認書の署名押印は，その日よりも前にされているはずです。そして，そのとき，Yは，まだ日本にいます。それなのに，Yではなく，Bが署名押印したわけです。契約書が作成された日には，Yは日本にいなかったのですから，署名押印できなかったことには理由があると言うことができますが，保証意思確認書についてはそういう説明ができないということですね。ですから，これは消極方向の間接事実として機能すると言えるでしょう。

　　ほかに，事後の事情として，Yが，**保証債務を負っていることを前提とする言動をした事実**があれば，積極方向の間接事実となり得ますから，その点も調べる必要があります。保証債務を負っていることを前提とする言動というのは，たとえば，分割弁済や支払猶予の申入れをしたといった事実です。

154　演習問題2　保証債務履行請求事件

演習問題	所有権に基づく建物収去土地明渡
3	請求事件
	——買主は誰か

Xは土地を所有していると主張して，土地上に建物を所有しているYに対して建物を収去して土地を明け渡すよう求めています。

以下のX，Yそれぞれの言い分および各書証に基づき，XのYに対する所有権に基づく本件建物収去本件土地明渡請求において，Xの本件土地所有が認められるか，について検討してください。

【Xの言い分】

1　私は，昭和53年に郷里の高校を卒業した後就職のために上京し，以来ずっと東京で働き，現在は，埼玉県和光市の自宅に住んでいます。私には兄弟はなく，母は私が上京して間もなく病気で亡くなり，その後父（平戸太郎）が1人で暮らしていたのですが，その父も平成29年3月20日に亡くなりました。私は，郷里に帰る予定もありませんので，父が住んでいた土地建物やその周囲の父の所有していた土地を売ることにしました。

2　私の父は，大工の棟梁で多くの弟子を抱えており，そのうちの何人かに自宅近くの所有地を貸して，それぞれの自宅を建てさせていました。Yの父もその1人です。私は，賃貸借契約の詳しい内容など知りませんでしたが，このたび，父の遺品である文箱を整理していたら，Yの父やその隣の大村さんなどからの地代の受領をメモした書類が見つかりました。これによると，平成18年から平成25年まで毎年5万7000円を，平成26年および平成27年には合計15万円を受け取ったことが分かります。平成17年以前のものについては見つかりませんでした。

3　本件土地を含めて父の所有していた土地を売却するに当たって，できることならば土地の賃借人に買って貰うのがよいと考えて，交渉を郷里の不動産業者にお願いしました。すると，Yは，本件土地は自分のものだと主張しているというので，びっくりしました。登記簿上も私の父の名義になっていますし，地代ももらっていました。そこで，権利関係をはっきりさせるためにも，Yには本件土地を明け渡してもらいたいと思います。

なお，登記簿によれば，本件土地は，もともと長崎次郎さんの所有であり，昭和53年4月5日，父は，長崎さんから本件土地やその周辺の土地を買ったよ

155

うですが，父の遺品の文箱の中には売買契約書等はありませんでしたので，売買代金がいくらであったかは分かりませんし，そのころ私も上京しましたので，長崎さんから土地を買ったいきさつ等については分かりません。子供のころ近所に長崎さんという80歳くらいのおじいさんが住んでいて，大地主であると聞いたことがあります。また，Y宅の隣の大村さんは，自宅の敷地を父から借りていることはもちろん認めていますし，きちんと毎年地代も払ってくれています。

4　Yの父が本件土地上に本件建物を建てたこと，Yが相続により（遺産分割が行われたかどうかなど詳しいことは分かりません）本件建物を取得したことについてはそのとおりだと思います。

【Yの言い分】

1　私は，昭和52年に生まれた時から，現在の自宅に居住しています。もちろん，最初は両親および姉と一緒に暮らしており，平成19年に結婚した後は，両親および妻と同居し，その後子供2人に恵まれた反面，平成20年に父（島原一郎）を，平成28年には母を亡くし，現在は親子4人で暮らしています。なお，本件建物は，父の遺産分割により私が取得しています。

2　私の自宅の建物は，昭和48年に姉が生まれた直後に父が建てたもので，私の結婚前に2部屋増築するとともに改修工事を行いました。敷地である本件土地は，もともと長崎さんが所有していたものです。長崎さんは，このあたりの土地をたくさん所有していた地主さんで，父は本件土地を賃借して本件建物を建てましたが，隣近所の人たちも同様に長崎さんから土地を借りて家を建てていました。Xの父や今も本件建物の隣に住んでいる大村さんもそうでした。長崎さんは，昭和53年ころ，このように賃貸していた土地を次々と売却し，父も本件土地を昭和53年4月5日に購入しました。その時の領収証が残っています。

3　ところで，本件土地の登記上の名義人は，Xの父になっていますが，これは，Xの父の指示によるものです。Xの父は多くの職人を抱えた大工の棟梁で，私の父はその下で修業を積んだ後独立したのですが，独立後もXの父から仕事の紹介を受けるなどしており，頭が上がらなかったようです。父から聞いた話では，長崎さんから土地を借りていた者たちがそれぞれ借りていた土地を購入するときに，Xの父が長崎さんとの交渉等を取りまとめ，その際，まとめて長崎さんからXの父への所有権移転登記手続をするということになったそうです。いずれそれぞれの者に所有権移転登記がされる予定であったということ

156　演習問題3　所有権に基づく建物取去土地明渡請求事件

ですが，そのままになっており，そのために，私の母は，本件土地の固定資産税相当分の金員を毎年Ｘの父に支払っていると言っていました。申し訳ないとは思いますが，母が亡くなった後は，失念しておりました。もっとも，Ｘの父やＸから催促されたこともありません。

4 Ｘの父が私の父母あるいは私に対して，本件土地は自分の土地であるなどと主張したことはなかったにもかかわらず，Ｘの父が亡くなった途端，東京に住んでいるＸから本件建物を取り壊して出て行け，などと言われて心外です。なお，Ｘの父が死亡したこと，Ｘには兄弟姉妹はなくＸの母がＸの父より先に亡くなったことは認めます。

Ⅰ 本件の争点

Ｘは，所有権に基づいてＹに本件建物を収去して本件土地を明け渡すことを求めるのですから，**請求原因として，Ｘが本件土地を所有していることおよびＹが本件土地上に本件建物を所有して本件土地を占有していること，を主張立証する必要**があります。本件では，Ｙが本件土地上に本件建物を所有して本件土地を占有している事実については自白が成立していますが，Ｙは，本件土地を長崎から買ったのはＹの父であると言っていますから，Ｘが現在本件土地を所有していることについてはもちろん，Ｘの父が本件土地を所有していたことについても権利自白は成立していません。したがって，Ｘの訴訟代理人としては，**本件土地についてのＸの父の所有権取得原因事実，すなわち長崎とＸの父との間の本件土地の売買契約締結の事実について主張立証しなければならず，この事実が争点**ということになります。

なお，本件では，Ｙは，Ｙの父がＸの父から賃貸借契約に基づいて本件土地の引渡しを受け占有している旨の占有権原の抗弁を主張することが予想されますが，本問では，請求原因のＸの本件土地所有の点についてのみ検討することにします。

Ⅱ 証明方法について

1 契約書の不存在

売買契約締結の事実を証明する際に最も強力な証拠は，処分証書である売買契約書であることはいうまでもありません。しかし，本件ではそれはありません。また，契約当事者である長崎もＸの父も既に亡くなっており，長崎とＸの父との間の売買契約締結自体について的確な証言ができる証人もいる

ようには思えません。

2 登記記録の推定力

(1) 本件土地の登記簿（登記事項証明書）を見ると，長崎からXの父に売買を原因として所有権移転登記が記載されています。

この登記記録の実質的証拠力についてはどのように考えればよいのでしょうか？

(2) 最判昭和34・1・8民集13巻1号1頁は，原告（上告人）が自己の所有に属すると主張して，登記簿上の所有名義人である被告（被上告人）に対して土地の所有権移転登記抹消登記手続を求めた事案において，原審が，不動産登記が被告（被上告人）の所有名義に登記されていることから一応被告（被上告人）の所有を推定したことは正当であり，原告（上告人）の請求を理由あらしめるには，原告（上告人）において，自己の主張事実を証明してその推定を覆す責任を負担する旨判示しました。すなわち，登記簿上の所有名義人の記載に所有権という権利の推定力を認めたものです。したがって，本件土地についても，Xの父が登記簿上の所有名義人であることは争いがありませんから，Xの父が所有権を有していたことが推定される，ということになります。

この登記の推定力についての民事訴訟法上の意義については，登記が表象する権利関係についての法律上の権利推定とする説と，事実上の権利推定とする説があります。上記最判はいずれであるかを明確に述べてはいませんが，最判昭和46・6・29判時635号110頁は，「**登記はその記載事項につき事実上の推定力を有するから，登記事項は反証のないかぎり真実であると推定**

Column	所有権移転登記手続
売買等によって不動産の所有権が移転した場合，登記権利者（買主）と登記義務者（売主）の共同申請（不登60条）により，所有権移転登記が行われますが，その際，登記義務者の本人確認の方法として**登記識別情報**（登記名義人となる際に登記名義人を識別することができる情報として登記官から通知される，アラビア数字その他の符号の組合せからなる12桁の符号です）の提供が義務づけられ（同22条），また，**登記原因証明情報**として売買契約書等の提供が必要とされています（同61条）。もっとも，登記識別情報や登記原因証明情報の提供が必要になったのは，不動産登記法の平成16年改正によるもので，改正前においては，登記識別情報の提供ではなく，当該不動産の登記済証の提出が求められ，	

また，必ずしも登記原因証書の提出は必要とされていませんでした。なお，この改正により，それまで登記官が登記用紙に登記事項を記載し，これを綴って編成されていた登記簿が，磁気ディスクをもって調製され，これに登記官が登記情報を電磁的に登記記録として記録することとされましたので，「記載」ではなく，「記録」とするのが正確ということになりますが，本問では，改正前の不動産登記法が適用される判例の事案については，「記載」としています。不動産登記法については，山野目章夫『不動産登記法〔増補〕』（商事法務，2014年）などが参考になります。

登記識別情報通知書

次の登記の登記識別情報について，下記のとおり通知します。

【不動産】　横浜市○○区○○町1番1の土地

【不動産番号】　○○○○○○○○○○

【受付年月日・受付番号】　平成○年○月○日　第○○○○号

【登記の目的】　所有権移転

【登記名義人】　○○○○

（以下余白）

記

登　記　識　別　情　報

平成○○年○月○○日

○○地方法務局
登記官　　　某　　　　印

すべきである」と述べて事実上の推定であることを明らかにしています。したがって，相手方は，この推定を覆すために，権利の存在や帰属等について疑問を生じさせる反証を提出する必要がある，ということになりますが，主張立証責任が転換されるというわけではありません。

(3) ところで，本件の争点は，長崎とＸの父との間の売買契約締結の事実です。したがって，登記簿上の所有名義人であるＸの父の所有権が推定されることと，Ｘの父の所有権取得原因事実との関係はどのように考えるべきか，疑問を抱く人も多いと思います。所有権移転登記の登記原因とされた事実についても登記の推定力が認められると考えると，本件においてＸの父の所有権取得原因事実である長崎との間の売買契約締結の事実が推定されるということになり，理解は容易でしょう。これに対して，登記原因とされた事実については登記の推定力を認めないとすると，Ｘは，長崎とＸの父との間の売買契約締結の事実を証明しなければならないのでしょうか。そもそも，この売買契約締結の事実は，本件土地をＸの父が所有していたという法的効果の発生のために必要であって，上記２(2)のとおり，**登記簿の記録からＸの父が本件土地の所有権を有していたことが事実上推定されるのですから，まずは，Ｙにおいて，反証を提出する必要があることになりますが，反証が成功する可能性がある以上，Ｘとしては，Ｘの父の所有権取得原因事実についての主張立証を行う，ということになると考えることができます。**登記の推定力やこれと所有権取得原因事実の主張立証責任との関係等については，北川清「登記簿による認定」伊藤＝加藤【25】およびそこに挙げられた文献が参考になります。

3 本件における反証について

登記の所有名義人の記録からＸの父が本件土地を所有していたことが事実上推定されるのを妨げるために，Ｙが行う反証活動としては，どのようなものが考えられるでしょうか？

登記の推定力は，登記手続が登記権利者と登記義務者との共同申請により行われることや登記義務者の本人確認方法として登記識別情報の提供（平成16年改正前は原則として登記済権利証の提出）が義務づけられるなど，登記記録の正確性を確保する手当がされていることに基づいているわけですから，**長崎からＸの父への所有権移転登記手続が長崎の登記申請意思に基づかないでされたことなどについて反証を行うことになります。**本件では，Ｙの言い分によると，本件土地はＹの父が長崎から購入したということですから，長崎からＹの父が買ったかもしれないということが証明できれば，Ｘのストー

リーは崩れ，強力な反証になると言えます。なお，**本件では，長崎は，Ｘの父かＹの父のいずれかに売ったという事案（つまり，売買契約は１つです）であって，長崎がＸの父とＹの父との双方に売ったという二重譲渡の事案とは異なります。**では，証拠関係を見てみましょう。

まず，長崎作成の領収証があります（次頁）。領収証は，通常であればお金を支払った人に交付されるものですから，これが本件土地の売買代金の領収証であれば，長崎から本件土地を買ったのはＹの父であることを推認させる重要な間接事実となります。**この領収証の日付けは，昭和53年４月５日となっていて，長崎からＸの父への所有権移転登記原因である売買の日付けと同じです。しかし，ただし書欄が空白で，何のお金を領収したのかが分かりませんし，金額が当時の本件土地の価格と見合うのかどうかも分かりません。**Ｙの訴訟代理人としては，当時の本件土地の価格について，厳密には無理かもしれませんが，少なくとも一応の相場は調査する必要があります。

次に，Ｙは，Ｙの母がＸの父に対し，固定資産税相当分を支払っていたと主張しており，Ｘの父作成の領収証が何通か残っています（次頁）。**固定資産税は，通常不動産の登記簿上の所有者に課税されますから，本件ではＸの父が納付してきたと思われます。Ｙの母が固定資産税相当分をＸの父に支払っていたとすると，それは本来Ｙの父およびその相続人が負担すべきものであり，その清算をしていたということになりますから，**本件土地はＹの父の所有であった，つまり長崎から本件土地を買ったのはＹの父であることを推認させる間接事実ということになります。本件では，そのうちのいくつかには，「地代」と記載されている点が気になります。もっとも，固定資産税相当額なのか，地代なのかの判断には，支払った金額と固定資産税の額との比較が欠かせませんので，その点の調査が必要です。Ｙの訴訟代理人としては，この点をきちんと調査する必要があります。

さらに，Ｙは，本件土地の登記上の名義人をＸの父としたのは，その指示によるもので，隣の大村も同様に長崎から土地を買ったけれども，Ｘの父名義に所有権移転登記手続をしたと主張しています。Ｘは，大村はＸに現在も地代を支払っていると主張していますから，Ｙの訴訟代理人としては，Ｘに対して，領収証の控え等を提出するよう求めることが考えられますし，大村から事情を聴取する必要もあるでしょう。また，近所にＹの父と同様に長崎から土地を借りて自宅を建てた人が残っていれば，その人達から話を聞くことも考えられます。

領　収　証　　　　　　　　No.	
島原一郎　様	
金　　　弐　百　四　拾　萬　円　　　也	
但	
上記正に領収いたしました。	
昭和 53 年 4 月 5 日	
長　崎　次　郎　印	

領収書　　　　島　原　　様 　　　　　　　　　　No. ¥57,000 　但 　　　平成 18 年 12 月 30 日 　　　上記正に領収いたしました。 　　　平　戸　太　郎　印	領収書　　　　島　原　　様 　　　　　　　　　　No. ¥57,000 　但 　　　平成 19 年 12 月 30 日 　　　上記正に領収いたしました。 　　　平　戸　太　郎　印
領収書　　　　島　原　　様 　　　　　　　　　　No. ¥135,000 　但 　　　平成 20 年 12 月 30 日 　　　上記正に領収いたしました。 　　　平　戸　太　郎　印	領収書　　　　島　原　　様 　　　　　　　　　　No. ¥135,000 　但　地代 　　　平成 21 年 12 月 30 日 　　　平　戸　太　郎　印
領収書　　　　島　原　　様 　　　　　　　　　　No. ¥135,000 　但 　　　平成 22 年 12 月 30 日 　　　上記正に領収いたしました。 　　　平　戸　太　郎　印	領収書　　　　島　原　　様 　　　　　　　　　　No. ¥135,000 　但 　　　平成 23 年 12 月 30 日 　　　上記正に領収いたしました。 　　　平　戸　太　郎　印
領収書　　　　島　原　　様 　　　　　　　　　　No. ¥135,000 　但　地代 　　　平成 24 年 12 月 30 日 　　　上記正に領収いたしました。 　　　平　戸　太　郎　印	領収書　　　　島　原　　様 　　　　　　　　　　No. ¥135,000 　但 　　　上記正に領収いたしました。 　　　平　戸　太　郎　印
領収書　　　　島　原　　様 　　　　　　　　　　No. ¥270,000 　但　地代 2 年分 　　　平成 27 年 12 月 30 日 　　　上記正に領収いたしました。 　　　平　戸　太　郎　印	

4 X側からの視点

　Xが長崎とXの父との間の売買契約締結の事実を証明できればよいのですが，前述したとおり，契約書等によって直接証明することはなかなか難しそうです。

　Xの訴訟代理人としては，Yの反証の成功を妨げる活動も必要です。たとえば，当時の本件土地の価格や固定資産税額を調べて，Xの父の領収証の証拠力を減殺することが考えられます。固定資産税額を調べたら，次頁のとおりの固定資産税および都市計画税（地方税法により都市計画区域内の土地・建物に市町村が条例で課すことのできる税金で，固定資産税とともに賦課徴収される）が課せられていたということになると，Yの母から受領していた金員の額は，その3倍を超えることになりますから，本来Yの父あるいはその相続人が支払うべき固定資産税額分を代わりに納付してくれたXの父にその分を支払ったものとは言えず，Yの反証の成功を妨げることになります。また，Xの父の遺品の中から見つかった受領メモのほか，大村に交付した領収証の控えがあれば，大村から地代を受け取っていたことが認められることになり，Yのストーリーを崩すことになります。また，これらの書証に照らすと，たとえYの訴訟代理人が大村から事情聴取をしたとしても，Yの主張に沿うような事情は出てこないものと思われます。

Ⅲ　総合判断

　以上の証拠関係からすると，本件において，Yが登記記録による推定を反証により妨げることに成功するのは難しいようです。したがって，本件では，Xの父が本件土地を所有していたことが証明され，Xが本件土地を父から相続したことについては争いがありませんから，Xが本件土地を所有していることは認められる可能性が高い，ということになります。

平成27年度　固定資産税・都市計画税課税明細書（土地・家屋）

資産	登記地目	現況地目	物件の所在	住宅用地	軽減税額　円	家屋番号	所有	評価額　　　　円	物件税相当額　円
	種類	構造	課税地積m²	新築軽減等	建築年等			固定資産税課税標準額　円	固定資産税相当額　円
	前年度固定資産税課税標準額	課税標準額固定資産税	課税床面積m²　前年度都市計画税課税標準額	住宅用地区分	登記の有無			都市計画税課税標準額　円	都市計画税相当額　円
土地	（省略）								
土地	（省略）								
土地	○○60番			住宅地			※	11127248	40894
	宅地	宅地	297.52　住宅地					1969931	27579
	1930764	449319	493196					4438531	13315
土地	（省略）								

貸金請求事件
――金銭は交付されたか

　Xは，貸金業者です。Xは，Yに対し，まず3000万円の貸付けをし，次いで，5000万円の貸付けをしたのに，まったく返済がないと主張して，元本合計8000万円と遅延損害金の支払を求めています。
　Yは，Xから金銭を受け取ったことはないと主張しています。
　そこで，これらの貸付けが認められるかどうかを判断する際に，どのような点を検討すればよいか，考えてみましょう。

T（教授）はじめに，何をしますか。
S（学生）契約書を見て，内容を確認します。
T　まあ，そうですね。本当は，契約書があるかどうかの確認が先ですが。
S　でも，契約書がなければ，それだけで，貸付けは認定できないに決まっていることになるのではありませんか。
T　どうして？
S　お金を貸すのに契約書を作らないなんて，考えられません。
T　あなたは，この前，財布を忘れてきたからバイト先まで行く交通費がないと言って，友だちにお金を借りたでしょう。
S　えっ，見てたのですか？
T　ええ，見てましたよ。そのとき，契約書を作りましたか。
S　作ってくれと言われたのですが，その時は紙とペンがなかったので。いや，すみません，冗談です。契約書なんか，作るわけがありません。
T　そうすると，お金を貸すときに契約書を作らないということもあり得るでしょう？
S　だって，友だちに1000円借りただけですよ。そんなことで，いちいち契約書を作る人はいません。でも，今回は，3000万円と5000万円の貸付けだというのですから，作るに決まっています。
T　たしかに，法律上は，どちらも金銭消費貸借契約ですが，実際には，大きな違いがありますね。**金額が少なければ，契約書を作らずに貸したとしてもおかしくない。非常に少ないときは，契約書があると，むしろおかしいという場合もある。それから，ある程度の額であっても，たとえ**

ば親子兄弟とか親友とか，そういう親しい人同士なら，契約書を作らず
に貸したとしてもおかしくない場合もあるでしょう。ただ，それも，親
しさの度合いと金額の大きさとの兼ね合いによることです。いくら親し
くても，あまりに大きな額だと，やはり契約書を作らなかったというの
はおかしいということもあります。ＸとＹとの間には，そういう親しい
関係はないようですから，結論としては，契約書が作成されなかったと
すれば，特別の事情がない限り，貸付けの事実を認めるのは困難な場合
が多いと言うことはできるでしょう。特に，Ｘは貸金業者ですから，貸
金業者が貸付けをするのに，契約書を作らないというのは，まず考えら
れないことです。

　少しだけ一般論を話しておきます。特に親しいとは言えないＸとＹと
の間で，消費貸借契約書はないけれども，ＸはＹに貸付けをしたと言っ
ており，現実に大きな額の金銭が動いたことに争いがないとか，金銭が
動いたことが証拠上はっきりしている場合はどうでしょうか。たとえ
ば，銀行預金通帳を見ると，ＸからＹの預金口座に振込みがされている
ことが明らかなような場合です。

S　その場合は，貸付けがあったと認められると思います。

T　いや，それだけで，貸付けが認定できるかどうかは分かりません。お金
が動くのは，貸付けがあった場合だけではありませんよね。

S　そうか，貸付けをする場合でなくても，お金を振り込むことはあります
ね。

T　たとえば，売買代金の支払かもしれません。あるいは，借りていたお金
の返済なのかもしれません。ＸとＹの関係しだいでは，贈与という可能
性もあるでしょう。もちろん，貸付けという可能性もあります。

　ですから，こういう場合は，Ｙに尋ねるのです。ＸからＹにお金が動
いたことは間違いない。Ｘは，Ｙに貸したのだと言っている。しかし，
Ｙは，借りたのではないと言う。では，何のお金だったのか。Ｙが売買
代金の弁済だと言うのなら，そのような売買代金債務があったのかどう
かを審理しますし，もらったのだと言うのなら，贈与をするような事情
があったのかどうかを審理するわけです。そして，そのような事情が認
められないということになったら，お金が動いた理由として残るのは，
貸付けだけだということになりますから，そのような場合は，契約書が
なくても，貸付けが認定できる可能性は高くなるということです。

T　契約書はありました（次頁・次々頁）。次に，何をしますか。

S　成立が真正かどうかの確認です。Ｙに尋ねることになると思います。

金銭消費貸借契約書

貸主X（以下「甲」という。）及び借主Y（以下「乙」という。）は，
本日，次のとおり契約を締結した。

第 1 条（貸借）
　甲は，平成27年3月11日，金 3000 万円を貸し渡し，乙はこれを
受領した。
第 2 条（借入内容）
　(1)　弁済期　平成 27 年 5 月 11 日
　(2)　利息　年　　　％
　(3)　損害金　この契約による債務を履行しないときは，借主は，
　　　　　　　　支払うべき金額に対して年　　　％の割合の損害金を
　　　　　　　　支払う。
（第 3 条以下省略）

本契約を証するため本書2通を作成し，甲及び乙が各自 1 通を保有
する。

　　　　　平成 27 年 3 月 11 日

　　　　　　　　　　貸主　　　○○市○○1丁目1番1号
　　　　　　　　　　　　　　　X　　　　　　　印

　　　　　　　　　　借主　　　○○市○○2丁目2番2号
　　　　　　　　　　　　　　　○○マンション2号室
　　　　　　　　　　　　　　　Y　　　　　　　印

金銭消費貸借契約書

貸主X（以下「甲」という。），借主Y（以下「乙」という。）及び保証人A（以下「丙」という。）は，本日，次のとおり契約を締結した。

第1条（貸借）

　甲は，平成27年11月11日，金5000万円を貸し渡し，乙はこれを受領した。

第2条（借入内容）

　(1)　弁済期　平成28年1月11日

　(2)　利息　年　　％

　(3)　損害金　この契約による債務を履行しないときは，借主は，支払うべき金額に対して年　　％の割合の損害金を支払う。

（第3条から第○条まで省略）

第○条（保証）

　保証人丙は，乙がこの契約によって負担する一切の債務について，乙と連帯して保証し，支払う義務を負う。

本契約を証するため本書3通を作成し，甲，乙及び丙が各自1通を保有する。

　　　　　　平成27年11月11日

　　　　　　　　　　貸主　　　　○○市○○1丁目1番1号
　　　　　　　　　　　　　　　　X　　　　　印

　　　　　　　　　　借主　　　　○○市○○2丁目2番2号
　　　　　　　　　　　　　　　　○○マンション2号室
　　　　　　　　　　　　　　　　Y　　　　　印

　　　　　　　　　　連帯保証人　○○市○○1丁目2番3号
　　　　　　　　　　　　　　　　A　　　　　印

T そうです。

> （Yの話）
> この2通は，私が内容を確認した上で，署名押印しました。

S 真正な成立に争いがありません。

T そう言う前に，署名押印したときと比べて，内容が訂正などされていないかどうかも，確認すべきです。

> （Yの話）
> そういうことは，ありません。内容は，このとおりです。

S 処分証書の真正な成立に争いがないことになりました。

T ちょっと待って。処分証書とは何ですか。

S 法律行為が記載されている文書とする立場と，法律行為が文書によってされた場合のその文書とする立場があります。後者の立場だと，形式的証拠力が認められない限り，処分証書とはいえないことになりますが，今回は，真正な成立に争いがないわけですから，どちらの立場に立っても，処分証書に当たります（本書33頁のコラム「処分証書をどのように定義するか」参照）。

T よく勉強していますね。ところで，金銭消費貸借契約書には，何が記載されているのですか。

S 金銭消費貸借契約です。

T そのとおりですが，金銭消費貸借契約は，分析すると，どういう事実から構成されますか。

S 金銭の交付と返還約束です。平成29年の民法（債権法）改正では，諾成消費貸借と呼ばれる，合意のみで成立する形態の消費貸借の条文もできました（民587条の2）が，今回のケースは，要物契約としての消費貸借ですから。

T そのとおりです。そうすると，契約書には，返還約束だけではなくて，金銭の交付も記載されているわけですね。これは，法律行為ですか。

S ……違いますね。

T はい。返還約束は法律行為ですから，金銭消費貸借契約書が処分証書であるというのは正しいのですが，金銭の交付に関しては，処分証書ではありません。でも，金銭の交付も認定できないと，貸付けがあったとい

うことはできないわけですよね。どうしますか。

S えっと，それでは，金銭の交付については，契約書は証拠になりませんので，……。

T そうですか？

S ……。

T 契約書には，金銭の交付があったとの事実が記載されているわけでしょう。これは，意味のないことですか。

S そうですね……。分かりました。**金銭交付については，契約書は，処分証書ではありませんが，領収証のようなもので，作成者に不利な内容をその当時記載したものですから，重要な報告文書と呼ばれたり，類型的信用文書と呼ばれたりする文書です（本書34頁のコラム「『重要な報告文書』と『類型的信用文書』」参照）。また，返還約束については処分証書となります。ですから，結局，特段の事情がない限り，契約書に記載どおりの貸付けがされた事実を認めるべきです。ということで，特段の事情があるかどうかの判断をすべきことになります。**

T そうです。なお，処分証書を「法律行為が文書によってされた場合のその文書」と定義する立場を前提として，形式的証拠力が認められれば，特段の事情を検討することなく当然に法律行為が認定できるとする考え方もありますが（本書33頁のコラム「処分証書をどのように定義するか」参照），仮にその考え方に立ったとしても，金銭交付に関しては，契約書は処分証書ではないわけですから，特段の事情を検討する必要がありますね。まあ，このあたりは，立場の違いによって説明の仕方が変わりますから，混乱しないように整理しておいてください。

　さて，契約書に記載どおりの貸付けがされたとは認められない特段の事情があるかどうかの判断をするために，どのような事実があり得るか，検討することにしましょう。

　双方の話を聴く必要がありますが，その前に，契約書を見ただけで気付くことがあります。何でしょうか。

S 利息と遅延損害金の欄が空欄になっています。これは変です。

T 本当に変ですか？あなたが友だちから1000円を借りたとき，利息や遅延損害金の利率を決めましたか？

S 決めようと言われたらどうしようかと思って，ドキドキしたのですが，言われなくて助かりました。すみません，これもつまらない冗談です。えっと，友だちに1000円くらい貸すときと，業者が何千万円も貸すときとでは，違うと思います。

170　演習問題4　貸金請求事件

T　そうですね。なぜ利息と遅延損害金の欄が空欄なのか，事情の説明が必要でしょう。合意したのだけれども契約書には書かなかったという可能性もありますが，その場合は，なぜ書かなかったのかが次の問題になります。うっかり書き忘れたというのであれば，そんなことが本当にあるのかを検討する必要がありますし，そうではなく，事情があって書かなかったというのであれば，具体的にどのような事情だったのか，その事情が合理的なものと言えるかどうかを検討しなければなりません。それから，利息と遅延損害金の合意をしなかったのだとすると，その事情を尋ねる必要があります。

　　　ほかに，気付くことはありませんか。

S　……。

T　契約書にいくつかの日付けが出てきますね。それを古い方から順番に並べてみてください。

S　はい。（メモを作成して）こういう順番になります。

　　（Sさんが作ったメモ）
　　27. 3.11　3000万円の貸付け
　　27. 5.11　3000万円の弁済期
　　27.11.11　5000万円の貸付け
　　28. 1.11　5000万円の弁済期

T　これを見て気付くことは？

S　かなり古いですね……。

T　そうですね。こんなに長い期間，何もないまま過ぎてきたというのは，おかしいと思いませんか。

S　そうか，弁済期を過ぎても弁済がないのであれば，請求するなり，訴訟を起こすなり，何か行動を起こすのが普通です。それなのに，これほど長い期間，そういったことを何もしないままだったとすると，それはおかしい。なぜ，何も行動を起こさなかったかというと，そもそも貸付けをしていなかったからなのではないかと考えられるわけですね。ですから，貸付けを否定する方向の間接事実になります。

T　もうひとつ問題点があります。**2回目の貸付けをしたのは，平成27年11月11日でしたね。このとき，どういう状態でしたか。**

S　……。

T　XとYとの間に，どういうことが起きている状態でしたか。

S　XがYに3000万円の貸付けをして，その弁済期が経過して，半年ほど経った状態です。

T　そういう状態のときに，追加の貸付けをするでしょうか。

S　そうか，おかしいですね。Xは，1円も返済を受けていないと言っているのですよね。そうすると，3000万円もの貸付けをして，まったく返済がないまま半年も経ったわけですから，普通なら，返済を要求するはずです。そのような状態で，5000万円もの貸付けをしてほしいと言われても，特別な事情がない限り，そう簡単には貸さないと思います。

（Xの話）

　弁済がないのに，何もしないで放置していたということはありません。ちゃんと内容証明郵便を送って，請求しています。

請求書

　私は，貴殿に対して，平成27年3月11日，金 3000 万円を弁済期同年 5 月 11 日と定めてお貸ししましたが，貴殿からは，現在まで，まったく返済がされていません。

　ついては，本書面到達後 7 日以内に右元金 3000 万円及びこれに対する平成 27 年 5 月 12 日から完済に至るまで年 5 ％の損害金を支払うよう請求します。

　上記期間内にお支払いなき場合には，訴訟その他の法的手段をとらざるを得ませんので，ご了承ください。

　　　令和元年8月8日

　　　　　　　　　　　　　　　　　○○市○○ 1 丁目 1 番 1 号
　　　　　　　　　　　　　　　　　　　　　X

○○市○○ 2 丁目 2 番 2 号
○○マンション 2 号室
　　　Y　殿

T　これを見て，気付くことはありますか。

S　請求していると言っても，この内容証明郵便を送ったのは令和元年ですよね。この時期になってようやく請求したというのでは，あまり意味がないと思いますが。

172　演習問題4　貸金請求事件

T それと，もうひとつ，気付いてほしいことがあるのですが。

S ……5000万円の貸付けについて，何も書かれていません。

T そうですね。5000万円の貸付けについても，弁済期から3年以上経っているのに，何も触れていないというのは，解せないことです。

（Xの話）

　それは，5000万円については，抵当権をつけていたからです。

T たしかに，Xが出したA所有の土地の登記事項証明書を見ると，Aを債務者とする5000万円の抵当権設定登記がされていますね。

S 抵当権があったから，返済を督促しなかったということですか。一理あるようにも思いますが，それなら，抵当権に基づいて競売の申立てをしていてもよさそうなものですが。

T それに，普通は，抵当権があっても，まずは支払を求めますよ。それから，債務者がAになっているのも，ちょっと不自然な感じがします。Aは，連帯保証人になっていますから，Aに対する保証債権を被担保債権にするのは，法律上はもちろん可能なことですが，通常は，主債務者であるYに対する貸金債権を被担保債権にするはずです。債権者にとって，保証債権を被担保債権にするメリットはないでしょうからね。ですから，こういった点についても，何か合理的な理由があるのかどうか，Xに尋ねる必要があると思います。

S 貸付けがなかったのなら，Aが保証をするはずがないとは言えませんか。

T それは何とも言えません。ひょっとすると，実はAが真の借主で，ただ，何か事情があったために，Yが借主，Aが保証人という形式をとったという可能性もあります。あるいは，XとAが仲間で，Aが保証人であることにした上，そのことを何らかの方法でうまく利用して，Yから取立てをしようと企んでいたということなのかもしれません。そういった可能性もありますから，Aがどのような人物なのか，AとXとの関係，AとYとの関係などを調べる必要があるでしょう。その結果しだいでは，Aが保証をしていることがYへの貸付けを認定するための間接事実として使える可能性もあるかもしれないとは思います。

　次の問題に移りましょう。Yは，Xから金銭を受け取ったことはないと主張しているのでしたね。**一般に，貸付けを否認する場合，その否認の仕方には，大別して2つの種類があります。ひとつは，金銭を受け取**

った事実を否認する場合です。もうひとつは，金銭を受け取ったことは争わず，金銭交付の趣旨を争うというものです。たとえば，もらったものであるとか，債務の弁済を受けたものであるとか主張するケースがこれに当たります。これは，消費貸借契約が，物の交付と返還約束の2つから成り立つものであることに対応しているとも言えるでしょう。今回は，Yは，金銭交付を否認しているのですから，金銭交付が認定できるかどうかで，ほぼ決まりです。借主とされる者が金銭交付を否認している場合に，金銭交付は認定できるが返還約束は認定できないというのは，絶対にないとまでは言いませんが，極めて稀なことですね。

　さて，金銭がXからYに動いたかどうかを判断しなければならないのですから，まずは，Xに，金銭をどのようにしてYに渡したのか，聴いてみます。

（Xの話）
　金庫から現金を出して，貸しました。数千万円程度の金は，いつでも貸せるよう，金庫に入っています。

T **金銭交付が認定できるかどうかを判断するときには，交付したとされる側がどうやってその金銭を用意したのかが重要なポイントのひとつです。**一般的にいうと，貸付けがあったとされる時期の直前に，貸主とされる者が，貸付けがあったとされる程度の額について，銀行預金の払戻しを受けたとか，別の人から貸金債務の弁済を受けたとか，何かを売って売買代金を手に入れたとか，そういうことがあれば，金銭交付を認定できる方向に働く間接事実になります。今回のXの話だと，金庫の中の現金を渡したということですから，いま言ったような間接事実はないことになりますね。だからといって，Xの話が当然に信用できないということになるわけではありませんが，普段，Xの手元にそれくらいの額の金銭が本当に現金の形であったのかどうかを調べる必要があります。そして，仮に，そんな大金が現金の形で金庫に入っていたとは考えられないということになったら，Xの話は信用性が低いことになるわけです。Xの帳簿等を調べてみると有益かもしれません。

　次に，借主とされる側に視点を移すと，どういうところに注目すればよいと思いますか。

[S] 金銭の使途だと思います。

T そうです。特に使途がないのに何となくお金を借りるという人は，おそ

らくいないでしょう。**借りる人は，使い道，目的があって借りるので
す。ですから，借主とされる人に金銭を使う必要があったかどうかが重
要なポイントになります。**そして，実際に金銭を使ったことが分かれ
ば，その事実は，貸付けを認定できる方向に働きますね。たとえば，貸
付けがあったとされる時期の直後に，借主とされる人が，貸付けがあっ
たとされる程度の額について，借金を返済したとか，何かを買ったとい
うような事実です。Ｙは，そのような事実はないと言うことが多いでし
ょうから，Ｘの側で，そのような事実を見つけられるかどうかという問
題ですね。

　それから，Ｙは，消費貸借契約書の内容を確認した上で，署名押印し
たと言っていましたね。本当に借りていないのに署名押印したというの
であれば，何か事情があったはずです。

　こういった点について，双方に尋ねてみましょう。

（Ｘの話）

　土地を買うための資金だと聞いています。実際，Ｙは，平成27年4月に甲土
地を買い，12月には乙土地を買って，それぞれ造成工事をした上，転売して
います。

（Ｙの話）

　甲土地と乙土地を買ったのは，Ｘです。Ｘは，貸金業者だと言っています
が，実際には，不動産取引もしているのです。私は，Ｘから，土地を買うのに
名前を使わせてほしいと言われて，了解し，その際，Ｙが取引をしたように装
うために，消費貸借契約書が必要だからと言われて，署名押印したのです。造
成工事をしたのもＸです。

Ｓ　こういう話だと，当然，まず，甲土地と乙土地の登記を確認する必要が
ありますね。

Ｔ　そうです。登記事項証明書を見ると，甲土地は平成27年3月13日に，
乙土地は同年11月12日に，それぞれＹ名義に移転登記され，その後し
ばらくして，他に移転登記されています。いずれも，貸付けがあったと
される日の直後ですね。

Ｓ　それで，Ｘは，この取引の資金を貸したのだと言っています。他方，Ｙ
は，この取引をしたのはＸであって，Ｙは名義を使わせただけだ，消費
貸借契約書に署名押印したのはその一環だと言うのですね。そうする

175

と，土地の取引をしたのがXだったのかYだったのかが重要な争点になってきます。

T　ええ。その点を調べるためには，何を考えればいいでしょうか。

S　土地の元所有者や転売相手に会って，事情を聴くとか。

T　可能なら，ぜひそうすべきですね。売買契約書は，おそらくYの名義で作成されているのでしょうが，実際に契約交渉をしたのがXとYのどちらだったのか，転売先から代金を受け取ったのがXとYのどちらだったのかなどを調べるとよいでしょう。また，宅地造成をしていることは間違いなさそうですから，その費用を出したのがXとYのどちらだったのか，あるいは，所有権移転登記手続費用その他の売買に要する費用を負担したのがXとYのどちらだったのかが分かると，それも間接事実になります。

　それから，XがYの名前を使ったのだというのであれば，なぜYの名前を使う必要があったのかも問題です。Xが自分の名前では取引できない事情があったとか，税金の関係でYの名前を使う方が有利だったというようなことが分かれば，それはYの話を裏付ける間接事実になりますね。もっとも，それは，違法行為，場合によっては犯罪行為をしたという話になる可能性もありますが。

176　演習問題4　貸金請求事件

演習問題
5

所有権移転登記手続請求事件
——売買契約は締結されたか

XがYに対して，平成30年1月12日，所有権に基づいて本件土地の東側半分（次頁図面のア，イ，ウ，エ，アの各点を結ぶ直線で囲まれた部分）について，売買を原因とする所有権移転登記手続を求める訴訟を提起した。以下のX，Yそれぞれの言い分に基づく主張がされたとして，請求が認容されるかどうかについて検討してください。

【Xの言い分】

1　私は，東京都練馬区でタオル工場を経営していましたが，現在は，代表取締役社長は息子に引き継ぎ，第一線からは退いています。私は，埼玉県内の土地（本件土地の東側部分）を従業員であったYから買ってプレハブの倉庫を建て，会社がこの倉庫を商品等の保管に使用しているのですが，登記はY名義のままにしています。私は既に80歳になりましたし，登記をきちんとしておきたいと思い，昨年Yに話をしたところ，Yは私に売ったことはないと言い，登記手続に協力してくれません。

2　現在会社に残っている記録では，Yは昭和46年3月に18歳で入社したとなっています（当時の社長は私の父でした）。Yは，その後結婚した妻とともに会社の寮に住み，平成25年に定年退職するまで工員として働き，平成18年からは工場長を務めていました。

3　本件土地をYから買ったのは次のような事情からです。平成4年，Yの父が亡くなり，Yの父の自宅であった本件土地は，地元に住んでいたYの弟であるCが相続したようです。当時Cは具体的な内容は忘れましたが，何か事業をしていて，本件土地がCの名義になって間もない頃に本件土地を担保に借金するようになり，そのうち町の金融業者からも借りるようになったようです。平成11年，私は，Cの実情を知ったYから，「このままでは土地を取られてしまう。社長さん，何とかして下さい」と頼まれました。詳しい話を聞くと，Cが相続した本件土地は750坪くらいあり，本件土地に抵当権を設定して農協から300万円借りているほか，他にも借金があり，Cは返済不能の状態でYも助けてやることはできないとのことでした。

4　私は，数日考えた上，Yに対し「借金の分は出してあげるけれど，この

177

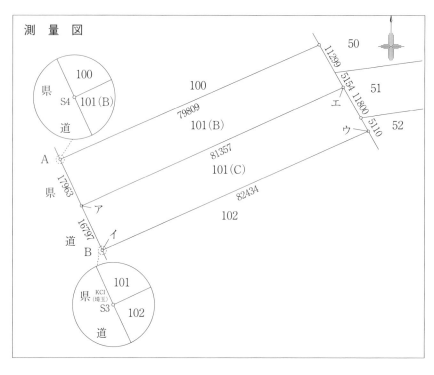

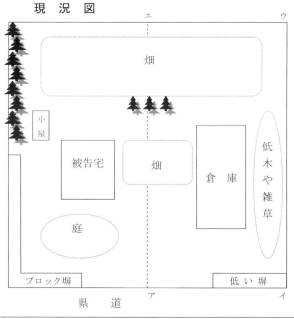

際本件土地は君のものにしておいたらどうか」と助言しました。Yも「できれ
ばそうしたい。そうなれば本件土地の半分は社長が取って下さい」とのことで
した。Yとしても500万円もの大金を返済していくことはとてもできないから
ということでした。そして，平成11年9月24日，私が自動車を運転してY夫
婦を連れて行き，Cとは司法書士のところで落ち合ったと思います。司法書士
の話では，抵当権設定登記と相続を原因としてC名義にした登記を消して，Y
が父親から相続したという登記をするとのことでした。Cは登記手続に必要な
書類を持ってきましたので，その場で私はCに500万円を手渡しました。もち
ろん，東側部分の売買代金として渡したのです。登記の手続一切は司法書士さ
んにお任せしました。

　5　その後，Y名義への登記は直ぐに終わったのですが，本件土地の半分に
ついての私への登記は，分筆するためには測量等の費用がかかる，ということ
ですぐには手続をしませんでした。Yとの話では，Yの父親の住んでいた古い
家があった道路から見て左半分（西側）をYのものとし，右半分（東側）を私
のものとするということに決まりました。登記をすぐしない代わりに，私は，
権利保全のために，自分の土地の方のほぼ中央にプレハブの倉庫（約40坪のも
の）を作り，これを会社の倉庫として使うことにしました。

　6　Yは長年会社に尽くしてくれていましたから，私はYを信用して，売買
契約書など書類を作らなかったのですが，それでもこうしておけば，万一にも
私の知らないうちに，この土地の権利が第三者に変わってしまう心配はないだ
ろうと考えたのです。

　7　Yは，退職後，Yの父が住んでいた古い家を壊して自宅を新築して居住
しています。私は，自分も高齢になってきたことから，本件土地の件を解決し
ておこうと思い，平成29年の8月，同業者の社長であるDさんに運転してもら
い，Yを訪れました。そして早速に本件土地の分筆と登記の件を切り出しまし
た。Yは，Dさんを弁護士と間違えたのか，態度を硬くし，突然「社長からは
500万円借りたからこれは返す」と言い出しました。私はびっくりし，まった
く話になりませんので，仕方なくその日は，帰りました。平成11年当時のY
の月給は35万円くらいで，子供も1人あり，生活に余裕はない状態でしたか
ら，500万円もの大金を貸し付けるなんてあり得ません。

【Yの言い分】
　1　私がXのタオル製作会社に勤務し，工場でお世話になったのは，Xの言
うとおりです。

179

2　私は，埼玉県内に，父から相続した本件土地を所有し，退職後は本件土地の西側部分に家を建てて妻とともに生活しています。東側部分のうち半分ほどは，畑として野菜や花を育てていますが，残りの半分ほどは，平成11年11月ころXが倉庫を建てて会社が使用しています。

3　本件土地については，平成4年11月3日に父が亡くなった後，私の弟であるCがいったん相続登記を了しました。というのは，当時，私は，会社の寮に住んで勤めており，地元に帰る予定がなかったものですから，地元で生活していたCに相続させたのです。ところが，Cは，その後，事業を始め，本件土地を担保に金員を借り入れたものの，平成11年ころにはその支払に窮するようになり，私に援助を求めてきました。相談を受けた私は，このままでは親から受け継いだ本件土地が他人の手に渡ってしまうおそれがあると考え，Cに借金の返済資金は用意するから，今後も同様の事態が発生しないよう名義を私自身に移転するよう申し入れました。Cも了解してくれたことから，農協に借金を返して担保をはずしてもらったり，金融業者からの借金を返済するためにはどのくらいお金が必要なのか調べたところ，合計500万円くらい必要になるのではないかと思いました。このため，500万円を用立てなければと考え，本件土地を担保に金融機関からお金を借りようかとも考えたのですが，社長であったXに相談したところ，Xがこれを用立てることを承諾してくれたのです。私は，昭和46年からずっと会社で働いておりましたので，Xの信頼も得ており，そのような関係から，Xも私の窮状を察してくれたものだと理解しております。

4　司法書士事務所でXがCに対してお金を渡したことや，司法書士に登記手続を依頼したことはXの言うとおりです。ただ，たしか司法書士事務所に行く前に農協に寄って農協に対する返済をして，司法書士事務所では，残りのお金をCに渡したように記憶しています。XがCにお金を渡したと言っても，Xが借金を重ねたCに貸してくれるわけはありませんから，当然私に貸してくれたものと思っています。当時，Xから借用証などを作成するよう求められたことはありませんし，返済方法等も話し合ったことはありませんが，それは，給料に照らしてもXには私がすぐには返せないことは十分に分かっていたからだと思います。私は，すぐに返すあてもなく，心苦しかったものですから，丁度そのころ倉庫用地を探していたXに，雑草が生えているだけの本件土地の東側部分を倉庫用地として無償で使ってもらうことにしました。Xが倉庫を建てて，現在に至るまで会社が倉庫として使用していますが，これは，決してXが東側部分を買ったから建てたわけではありません。

5　私が定年退職するまで，Xから500万円の返済を求められたことはあり

ませんし，私も生活に余裕がなく，私から返済方法を相談するなどしたことも
ありませんでした。最終的には退職金と清算するしかないと思っておりました
が，退職時に，退職金が支払われた際にもXから何も言われなかったのには少
し驚きました。しかし，私は本件土地に自宅を新築するつもりでしたので，X
から言われないのにこちらから清算を申し出るのも何だと思い，私も一生懸命
会社に尽くしましたし，また，無料で倉庫用地を提供してきましたから，きっ
とXはもう返済を求めないのだろうと理解していました。

　6　Xと私との間で，本件土地の東側部分を売買する，という話は一度もし
たことはありませんし，当然のことながら，売買契約書などの作成や，土地の
測量なども一切行われておりませんし，Xから登記を移転してほしいなどと求
められたこともありません。

　7　その後，台風の際に本件倉庫の屋根の一部が飛ばされるなどしたときに
はXに連絡したり，Xの修繕を手伝ったりしたことがありました。平成29年5
月5日に，倉庫の窓ガラスが割られる事件があり，その際の掃除や修繕を手伝
った際に，Xから本件土地の東側部分をXの名義に登記する話をされました。
私は，ずっとあの500万円を返済していないからXがこのような話をするのに
違いないと思う一方，Xは私の退職時に何も言わずに退職金を満額払ってくれ
たことなどからもう終わった話だと思っていたものですから，びっくりして，
そのうちに，などと曖昧な返事をしました。そして，平成29年8月になって，
Xが法律に詳しいというDとともに私方を訪れ，同様の話をし，持参した書面
に署名するよう求めましたが，私は，拒否しました。さらに，10月20日，本
件土地を分筆して東側部分をXに所有権移転登記をしろ，そうでなければ，
500万円と18年分の利息の合計950万円をすぐに支払えという内容証明郵便が
来たのです。

　私としては，500万円は借りたものであって，東側部分をXに売るなどとい
う話をしたことはありません。たしかに，500万円を返さなかったのは悪いと
思いますが，借りた後もずっと会社に勤務していたのに今まで返済を求められ
たこともありませんし，もう時効にかかっていると思います。

　1　Xは，所有権に基づいて所有権移転登記手続を求め，Yは，本件土地は
自分のものであると主張しているのですから，Xは，請求原因として，①平
成11年9月24日当時のY所有および②同日YからXに対し東側部分を500万
円で売ったことを主張し，②の事実を立証する必要があります。なお，X
は，訴訟物としてYに対して売買契約に基づく所有権移転登記請求権を考え
ることもできたのですが，本件では，既にX主張の売買契約から10年が経

過しており，中断事由がない限り，消滅時効期間が経過しているということになります。

　ところで，令和2年4月1日施行の平成29年の民法（債権法）改正法により，消滅時効に関する規定は大きく変わりました。もし，本件土地の売買契約が施行後に行われたとすると，売買契約に基づく所有権移転登記請求権は，10年の消滅時効期間に加えて，Xが権利を行使することができることを知った時から5年の時効期間を検討する必要があります（民166条1項1号）。契約に基づく債権の場合には，通常，契約締結時と権利を行使することができることを知った時は一致します。もっとも，本件のように，契約締結後20年近くも経って訴訟を提起する場合には，多くの場合，消滅時効は完成していることでしょう。また，改正前の民法では，時効の障害事由として，「中断」事由と「停止」事由が定められていますが，改正法では，「中断」事由をその効果に応じて，時効の完成を猶予する「完成猶予」と時効を新たに進行させる「更新」に整理するとともに，「停止」事由は「完成猶予」として整理しています（民147条～152条・158条～161条）。事由についても見直したり，新設されたりしています。先ほど，「中断事由がない限り，消滅時効期間が経過している」と説明した点は，「完成猶予事由及び更新事由がない限り」ということになります。なお，改正法施行前に生じた債権でも，施行日以後に時効の完成猶予事由あるいは更新事由が生じた場合には改正法が適用されます（民法の一部を改正する法律〔平成29年法律第44号〕附則10条2項・3項）。

　2　本件売買契約については，契約書は作成されていません。不動産の売買契約においては，目的物が高価で重要なものであることが一般ですから，売買契約書が作成されるのが通常です。したがって，**不動産について，売買契約書がない場合に，売買契約締結の事実を認定するのはそう容易ではありません。このような場合には，売買契約の一連の流れ，すなわち，通常，買主にその不動産取得の必要性があり，事前の交渉によって代金額等が決められ，代金の支払，不動産の引渡し，所有権移転登記手続という契約の履行が行われるという過程に沿って，売買契約を裏付ける間接事実があるかどうかを慎重に検討することになります。**

　また，本件では，XからYに対して500万円が交付されたことには争いはなく，Xはこれを本件土地の売買代金であると主張し，Yはこれを貸金であると主張していますから，消費貸借契約の締結について消極的に働く間接事実は，売買契約の締結については積極的に働くという関係になります。

3 このような観点から，本件について検討していきましょう。まず，Ｘの動機の点ですが，本件は，一般的な事案と異なり，Ｘの方から積極的に本件土地を求めて買ったというわけではありません。たしかにＸあるいは会社は倉庫用地を探していたかもしれませんが，むしろ，本件では，Ｃの借金の返済資金をＸが支出するということが出発点になっています。したがって，通常であれば，ＸからＹへの貸付けを行うのが自然でしょう（本件では，Ｃが重ねた借金の後始末ですし，いったんＣに相続させた土地をＹのものとするというのですから，Ｃには見るべき財産がなく，Ｙ自身が述べているように，ＸがＣに貸し付けるとは到底考えられません）。しかし，**ＸがＹに500万円を貸し付けたとすると，Ｘにとっては，確実に返済されるかどうかが最大の関心事ですから，いくら当時のＹの収入に照らして早期に全額弁済される可能性がないことは分かっていたとしても，そのようなＹの経済状態を前提にして，弁済期はいつにするのか，どの程度長期の分割払にするのか，利息はどうするのか，最終的には退職金で清算するのか，など，Ｙとの間で交渉し何らかの合意をするはず**ですが，Ｙの述べるところによっても，本件ではそのような話すらされたことがないという点は，不自然と言わざるを得ません。また，せっかく本件土地がＹ所有となったのですから，Ｙの経済状態に照らすと，本件土地を担保にする，ということも十分考えられたはずですが，そのような話も出ていません。

他方，Ｘの言い分に照らしても，「本件土地の半分を取ってください」というもので，明確に売買の合意があったのか必ずしも明らかではありません。そもそも，「本件土地の東側部分」の意味ですが，当事者の合理的意思解釈としては面積の半分という意味だと解するのが相当であるとしても，契約当時ＸとＹが本件土地のどの範囲を売買契約の目的物として考えていたのかはよく分かりません。

また，代金額の点ですが，**売買代金は，必ずしも目的物の客観的価格と合致しなければならないわけではありませんが，やはり，経済的取引である以上基本的には等価交換でしょうから，交付された金額と目的物の客観的価格との関係は，重要な間接事実**と言えます。そこで，平成11年当時の本件土地の価格が問題となります。当時の近隣土地の取引事例があればとても参考になりますし，また，路線価等も参考になりますから，Ｘとしては，これらを証拠として提出することが考えられます。さらに，代金額がどのように決まったのか，ということも重要です。本件におけるＸのストーリーからすると，先に500万円という金額が決まっていて，本件土地のうちこれに見合うだけの面積の部分を買ったということになるのでしょうが，上記の目的物の

範囲の点と併せて，売買契約に至るまでの交渉過程について，十分検討する必要があります。Cが証人として出廷すれば有益な情報が得られることでしょうし，X，Y双方の話を更に聴く必要があります。

4　では，契約後の履行等についてはどうでしょうか。本件では，500万円が交付されたことは争いがありませんが，本件土地の分筆や，東側部分の所有権移転登記手続は行われていません。Xは，分筆のための測量費等がかかるから後回しにした旨述べていますが，いずれにしても測量費は必要なわけですから，この点はもう少し納得できる説明がほしいところですし，その後Yに対して分筆や登記手続を求めたことがあるのかどうか，ある場合にはYがどのような対応をしたのかも重要な点です。また，土地の所有者はその土地に係る固定資産税等を負担するのが通常ですから，本件土地の固定資産税等のうちの半分をXが負担してきたのかどうかも確認する必要があります。Xが東側部分に倉庫を建てて会社に使用させている点について，Xは，所有権の保全あるいは公示のためと説明し，Yは，好意で敷地部分を使用させている旨説明していますので，倉庫を建てた経緯については更に双方から聴く必要があります。加えて，図面によると，Yは，倉庫の間際まで，畑として利用しているようですが，自己の所有地を他人に利用されたら通常異議を唱えるでしょうから，これについてXがどのような態度をとってきたのかもポイントになります。他方，Yの主張する貸金のストーリーについては，Yの言い分によってもその後もXから返済を求められたことはなく，退職金が支払われた際にも清算することもなかったというのですから，この点においても不自然だということになります。もっとも，Xは内容証明郵便で，500万円の返還を求めていますが，売買契約を締結したのにYが登記手続をしないのであれば支払った代金の返還を求めるというのは，むしろ自然な行動とも言えますから，これをもって貸付金であったことの間接事実とは言えないでしょう。

5　ところで，本件は，Yが先祖代々伝わってきた土地を守ろうとしたことがきっかけであるようですので，Yにはそもそも本件土地の一部といえどもXに売却するつもりはなかったのではないか，という点も考えておく必要がありそうです。しかし，本件土地は東側部分を除いてもなお相当な面積がありますし，また，Yとしては，いったんCが相続した土地について，出費を伴わずにその半分である西側部分をYのものにすることができたわけですから，東側部分の売買契約の締結は，Yにも利益になったということができま

す。この点についても，Yに確認してみたいところです。

6　以上のとおり，本件においては，Yの主張する貸金のストーリーはかなり不自然であって，その点からすると，東側部分の売買契約の締結を認める方向に傾きますが，売買契約書もなく，所有権移転登記手続も長年にわたって行われていないことから，契約締結に至る交渉内容，代金額，契約締結後の本件土地使用およびこれに対する相手方当事者の態度等を更に慎重に吟味する必要があります。

　なお，具体的事例に則した間接事実についての検討については，事実認定司法研究244頁以下，手嶋あさみ「売買契約の認定」伊藤＝加藤【40】，加藤新太郎ほか「契約類型に即応した事実認定」加藤新太郎編『民事事実認定と立証活動Ⅱ』（判例タイムズ社，2009年）194頁などが参考になります。

演習問題
6

請負代金請求事件
──注文者は誰か

　Xが，Yに対し，Y会社の担当者Aとの間で締結したウェブサイト（ホームページ）を制作する請負契約に基づく代金請求をしたのに対し，Yは，Aは個人として営業を行っていた者であるとして，ＸＹ間の合意の事実を否認しており，Xと取引を行った取引主体は誰か，Aの包括的代理権の存否に関する事実認定が争点となっている事案です。

　この場合，Xから訴訟提起を依頼された代理人弁護士としては，どのような主張を構成し，どのような証拠収集（X本人が気付いていない証拠の収集を含む）を検討すべきでしょうか。

【Xの言い分】

　当社は，システム開発・ウェブサイト作成等を行う株式会社であり，Y電器株式会社（以下「Y」と言う）が「E-ステップアップ」の名称で行っていたウェブサイトの作成・販売の営業に関し，Yが顧客から受注したウェブサイトの作成を代金150万円で下請けとして請け負い，これを完成してYに引き渡しました。ところが，Yは，「E-ステップアップ」は，現在行方不明となっているAが個人で営業していたときの屋号であり，Yは，当社との請負契約の当事者ではないと主張して支払を拒んでいます。しかし，当社はYが経営しているE-ステップアップとの間でウェブサイト作成の請負契約を締結したのであって，A個人と契約を締結したことはありません。

　当社がE-ステップアップと取引を始めたのは，Aが当社を訪ねて来て，E-ステップアップはインターネットでのパソコン・家電販売で実績を上げているYが経営しており，インターネットを通じて顧客からウェブサイト作成の注文を受けているが，自分はその担当者として営業等一切の業務を任されている，顧客から注文を受けたウェブサイト作成についてはXに下請けして欲しい，請負代金の支払はYから直接されるので心配ないと話したためです。

　その後，実際に，当社は，E-ステップアップから3回にわたってウェブサイトの作成を請け負い，これを完成して引き渡したところ，Yから銀行振込みで3回分それぞれの請負代金合計480万円の支払を受けています。なお，今回の請負契約については，Yとの間で請負契約書は作成していません。E-ステ

187

ップアップからの受注業務は，Ｅ-ステップアップが当社に対し，顧客から受注したウェブサイト作成をいわば丸投げする形で下請けに出していたもので，当社とＥ-ステップアップの間では，顧客からの受注額からＥ-ステップアップの利益分を控除した残額を当社の受注金額として取り決めるだけで，顧客との打合せ等はすべて当社が行うというものでしたので，Ｅ-ステップアップとの間で，作成業務の詳細等について契約書を作成する必要がなかったためです。

　よって，当社は，Ｙに対し，請負報酬150万円の支払を求めます。

【Ｙの言い分】

　Ｙは，インターネット上で「Ｙ電器株式会社」として，パソコンや家電製品の販売の営業を行っています。Ａは，Ｙの代表取締役Ｂが以前勤務していた会社の後輩で，Ｙのインターネット上での営業を知って，Ｂに対して，自分もインターネットを利用した経営をしたいとＢに相談してきました。ＹはＡを雇用したことはありませんし，Ｙとしては，実績のないＡの経営を支援するために，Ａの開業当初，Ａの支払について第三者として弁済したことはありますが，いずれの場合も，後日Ａの顧客からＡに代金が支払われるとすぐにＡから弁済額相当額の支払を受けていました。したがって，ＹがＡとＸとの請負契約に基づき請負代金支払義務を負うことはなく，Ｘの請求には応じられません。

Ⅰ　問題の所在

　Ｘ代理人弁護士としては，Ｙに対して訴訟を提起する場合，Ａがした請負契約の効果がＹに帰属することを主張立証しなければなりません。

**　他人がした法律行為，たとえば売買契約や抵当権設定契約などの本人への効果帰属が争われ，当該法律行為に関する代理権の存否が事実認定上の争点となる事件は，実務上多いところです。**

　ただし，本件では，Ｘと取引をした取引主体がＹかＡかという点が争点となっており，いわばＥ-ステップアップの経営実態としてＹがＡに対する包括的代理権を授与していたかが問題で，Ａが個別の取引でＹの「代理人」であると述べてＸとの請負契約を締結しているわけではありませんし，Ｙの代理権授与の事実の有無についても，これを直接基礎付ける委任状等の書証は存在しないので，Ｘ代理人弁護士がどのような主張・立証をすべきかが問題となります。

**　他方，実務では，請負契約に関する事実認定が争点となる事案として，請**

負契約成立の有無（見積りや設計図が提出された段階での契約成立の有無や，本契約締結後，追加工事に関する契約成立の有無など）や，注文の内容および仕事が完成したか否か（コンピュータのシステム開発請負契約の場合の仕事の完成の有無など）等が争われるケースも少なくありません。それは，建築請負契約やコンピュータ関連の請負契約などの取引の実情として，必ずしも合意内容をすべて契約書に盛り込んで書面化することが行われていないことにも一因があります。そのように直接証拠としての契約書が存在しない場合には，契約締結の経緯や，打合せや建築施工・システム開発等の経緯および代金支払に関する合意内容等，様々な間接事実による認定が判断の中心ということになります。なお，システム開発をめぐる紛争については，後記の演習問題16で詳しく解説しています。

　ただし，本件では，XとA間でウェブサイト作成の請負契約がされた事実については，Yが不知と認否した場合でも，契約書は存在しないものの，Xにおいて仕事の完成品を示せば容易に立証できるので実質的な争点とは言えません。

Ⅱ　X代理人の主張の構成

1　請負契約の成立

　Xが提起する訴えの訴訟物は請負契約に基づく報酬支払請求権です。請負契約成立の要件事実は，完成すべき仕事と報酬を支払うことの合意であり，請負人の請負報酬債権は，請負契約の成立と同時に成立します（判例・通説）。ただし，請負報酬支払債務の弁済期は，後払を原則とするので（民633条），原告が請負報酬を請求する場合の要件事実としては，請負人が仕事を完成したことが必要です。なお，仕事の一部のみが完成した場合の報酬に関する明文の規定はありませんでしたが，令和2年4月1日施行の民法（債権法）改正では，従来の判例を踏まえて，注文者の責めに帰することができない事由または請負契約の解除により仕事が未完成となった場合には，請負人は，一部の完成により注文者が受ける利益の割合に応じた報酬請求をすることができるとされました（民634条1号・2号）。

　民法633条は，仕事の完成後に目的物の引渡しが必要な場合には，引渡しが請負報酬の支払と同時履行の関係に立つことを定めていますから，請負報酬支払請求の請求原因としては請負契約の成立の事実で足りますが，引渡し未了のときは，注文者である被告が同時履行を抗弁として主張することになり，「引渡し」はこれに対する再抗弁に位置付けられます。

2 代理（商行為の代理）

　民法99条の代理による法律行為を主張するためには，①代理人による法律行為，②顕名，③①に先立つ代理権授与が必要です。

　しかし，本件で，AはXに対する個々のウェブサイト作成の請負契約締結の意思表示の際に，顕名，すなわちYのためにすることは示していないと考えられます。AはXに対して「E-ステップアップ」の名称で注文をしている事実は認められますが，これが，Y電器株式会社の（ウェブサイト作成業務に関する）名称として示されたものであるか，Yが主張するようにAの個人営業の屋号として示されたものであるか自体争いがあるところで，E-ステップアップとして契約した事実が，「Yのためにすることを示した」事実に該当するとは言えないからです。

Column　会社法の改正と会社の行為の商行為該当性

　平成18年5月の会社法の改正前，すなわち，会社法の施行に伴う関係法律の整備等に関する法律（平成17年法律第87号）による改正前の商法では，「会社は商行為をなすを業とする目的をもって設立した社団」であるとされていましたので（旧商52条），株式会社は「自己の名をもって商行為をすることを業とする」，「商人」に当たることになり（商4条1項），したがって，契約締結時に被告が株式会社であることを主張しさえすれば，商法503条1項（「商人がその営業のためにする行為は，商行為とする」）および2項（「商人の行為は，その営業のためにするものと推定する」）により，当該契約が商行為であることを基礎付けることができました（暫定真実）。

　そして，会社に関する規定はすべて会社法に規定することとして，平成18年5月1日から施行された上記整備法により，旧商法52条が削除された改正後の会社法下でも，会社の行為は商行為と推定され，これを争う者において当該行為が当該会社の事業のためにするものでないこと，すなわち当該会社の事業と無関係であることの主張立証責任を負うと解されます（**最判平成20・2・22民集62巻2号576頁**）。同最高裁判決は，その理由として，「会社がその事業としてする行為及びその事業のためにする行為は，商行為とされているので（会社法5条），会社は，自己の名をもって商行為をすることを業とする者として，商法上の商人に該当し（商法4条1項），その行為は，その事業のためにするものと推定されるからである（商法503条2項。同項にいう『営業』は，会社については『事業』と同義と解される。）」と説示しています。

そこで，Xとしては，代理の要件のうち②の顕名が不要とされる，商法504条の商行為の代理の主張をすることが必要となり，請負契約締結がYにとって商行為であることを示す事実を主張することになります。

3　X代理人弁護士の主張

結局，X代理人が請求原因として主張すべき事実は，次のとおりです。
①原告とA間の請負契約の締結
②ウェブサイトの完成
③被告は株式会社（商行為の代理）
④被告からAへの①に先立つ代理権授与

Ⅲ　X代理人弁護士の証拠収集

1　口座の振込履歴と陳述書のほかには？

前記の言い分のような事実関係をクライアントであるX会社の担当者から聞き取ったX代理人弁護士としては，前記Ⅱ3のとおりの請求原因を立証しなければなりません。

しかし，Xの担当者の話の中で言及された書証として提出できそうなものは，Y名義で銀行振込みを受けた記載のあるX口座の預金通帳や取引履歴しかありません。その他には，「Aが最初にXに下請取引の依頼に来たときに，E‐ステップアップの経営はYがしていると間違いなく話しました」などとする，Aの来訪時に同席したXの社員の陳述書を作成するほかないのでしょうか。

このような主張立証がされた場合，Yはこれに対し，前記のYの言い分によれば，YがAのXに対する請負代金の支払をしたのは，Yの代表取締役Bの以前の職場の後輩のAが起業する際の資金不足を助けるために，第三者として弁済しただけであり，Xは，XとYの会社間の取引で請負契約が成立したなどと主張しているが，会社間の取引であるのに契約書も作成していない上，YがAに代理権を授与した客観的な証拠は何もないと主張するでしょう。

X代理人弁護士としては，何とか客観的な証拠を提出して，Yの上記のような主張を封じたいところです。裁判所としても，Y名義での振込みが記載された銀行口座の振込履歴が提出されただけでは，「Aに代わって弁済しただけである」とするYの主張とも矛盾しませんので，X代理人に対して，「何か代理権を基礎づける客観的な証拠はないか」と釈明することが当然予想されます。

2 Xの手元に存在する可能性のある証拠の検討

⑴ Aが初めに訪ねて来たときに持参した名刺

Xの担当者にAが持参した名刺の有無を確認し，Aの「E-ステップアップ」としての名刺に，Aの肩書がY店長などのように表示されていないか，「Y電器株式会社」の表示や，住所欄の表示に，E-ステップアップの本社または本店としてYの本社所在地の表示がないかなどを確認し，E-ステップアップとYの関連性を立証し，E-ステップアップをYが経営するものであることを推認させる書証として利用することが考えられます。

⑵ Y自身が支払をすることを確認した書面または行為

Xの担当者は，Aから「支払はYがするから安心」と言われてそのまま鵜呑みにしたのでしょうか。Y代表取締役の名刺や名刺への添え書きをAが持参していたり，Yの内部者でないと入手できないような資料をAが持参していなかったでしょうか。また，Aに裏付けを求めて，Yの担当者に電話をかけたり，メールを送信して確認した事実はないでしょうか。電話会社から電話の発信履歴を取ったり，メールのやりとりをプリントアウトして，書証として利用することができます。

⑶ XからYに出した納品書・請求書

Yから振込みがされているわけですから，Yは振込額を確認しているはずです。

XからYの本社に直接，納品書や請求書を送付している場合，Yとしては，勝手にXが送付してきただけだと言うかもしれませんが，通常，取引関係のない会社から納品書や請求書が送付された場合には，送付元に対して，誤送付であるとの連絡や返送するなどの対応をとるはずですので，Yがそのまま納品書または請求書を受領して，請求書に記載されたのと同じ金額をXの口座に振り込んでいたとすれば，これは，AがYを代理して契約を締結した事実に関する重要な間接事実に該当します。

また，Xが「Aに対して」，名宛人を「Y電器株式会社」とする請求書や納品書を交付していた場合についても，Yとしては結局，それに記載された請求額を異議なく支払ったということで，代理権を基礎付ける間接事実に当たると言えるでしょう。

⑷ その他

AとXとの間で行われたメールのやりとりや，Aから交付された請負関係の文書などに，Yの関与が認められる記載がないかについても確認すべきところです。

192　演習問題6　請負代金請求事件

3 Yまたは第三者の手元に存在する可能性のある証拠の検討

(1) Yの帳簿

 YがしていたXに対する弁済の経理処理に関する証拠としてYの帳簿を利用することが考えられます。

 Yは株式会社ですから，ウェブサイト作成の請負代金を銀行振込みしている以上，経理上出金処理がされていることは間違いありませんので，経理上の出金科目が，買掛金の支払になっていれば，Yが第三者の債務を代わって弁済したとする説明と矛盾しますから，上記のような記載がされた帳簿を客観的な証拠として利用することが考えられます。

 さらに，Xに対する未払金150万円がYの帳簿に記載されていないかも確認が必要です。Yが第三者としてAの債務を弁済していたにすぎず，債務は引き受けていないのであれば，Aの買掛金債務がYの未払債務として計上されることはないはずだからです。その反面として，Yが真実Aの債務を立替払しただけであれば記載があるはずの，Aに対する立替金や貸金が帳簿に記載されていないことが確認できれば，これを間接事実として主張することになります。

 原告XがYの帳簿を入手する方法として，X代理人弁護士は，訴訟提起後に，Yに対し，Yの帳簿のうちXに対する支払に関する記帳がされている部分や未払金の部分を任意提出するよう求め，Yがこれに応じない場合は，文書提出命令の申立てをします。

(2) E-ステップアップの他の取引先に対するYの支払を裏付ける証拠

 Yが，Xに対する弁済だけでなく，E-ステップアップの他の取引先に対する支払も行っていたとすれば，E-ステップアップの名称で営業を行っていた主体がYであることが推認されます。

 そこで，X代理人としては，E-ステップアップがXの他にウェブサイトの作成を発注していた取引先や，仕入れ先，アルバイトに対する人件費の支払などをY名義で行っていたかどうかを検討することが必要です。

 XがE-ステップアップの他の取引先を知っていれば，これに対する任意の聞き取りや，裁判所に対して調査嘱託の申立てをすることが考えられます。また，Xが取引先を知らない場合には，前記のとおりYの帳簿を入手してE-ステップアップの取引先ではないか検討したり，Y側の担当者や代表取締役の尋問において質問することが考えられます。

(3) E-ステップアップの事務所の賃貸契約書等

 E-ステップアップ独自の事務所が存在していた場合，Yがその事務所の賃借人となっていたり経費を負担していたとすれば，これもYがE-ステッ

プアップの経営主体であることを基礎付ける間接事実になります。

　そこで，事務所の賃借契約の賃借人は誰か，また事務所の電気，ガス，水道，固定電話の契約者はYではないかを，Yに対して釈明を求めたり，釈明に応じない場合でも，賃貸人や電力会社らに対する弁護士法23条の2の照会を行ったり，送付嘱託を申し立てて確認し，他方で前記のとおり帳簿を入手して，賃貸借契約の差入れ保証金についてYの帳簿に記載がされていないかなどによって確認します。

⑷　Yの決算書類等

　Yが，E-ステップアップの売上を管理したり，営業実績を把握していることも，YがE-ステップアップを経営していたことを基礎付ける方向に働く間接事実です。

　たとえば，YがE-ステップアップの支払の経理処理を自社において行っていた場合には，E-ステップアップの売上等もYの決算報告書に反映されている可能性があります。したがって，その点を決算書類や帳簿で確認する必要がありますので，X代理人は，前記のとおりYに任意提出を求め，また文書提出命令の申立てをしてYの決算書類や帳簿を入手します。

　また，YがE-ステップアップの売上等をどの程度把握していたかについては，Y側の担当者や代表取締役に対する尋問で質問することが考えられます。

　なお，E-ステップアップの売上げについては，設問のYの言い分によれば，顧客からの請負代金の支払は，「E-ステップアップ」名義の口座に入金されて，AからYに立替金が送金されていたことになりますが，そのような事実があるか，E-ステップアップまたはA名義の口座からYの口座への送金履歴を確認したり，また，上記口座の管理をYとAのいずれがしていたかも調査することが有用です。

Ⅳ　Y代理人弁護士が行う反証

　上記ⅢのX代理人弁護士の主張・立証に対し，Y代理人弁護士としては，XとY間の請負契約についてYを注文者とする契約書が存在しないこと（弁論の全趣旨）を指摘して，前記Ⅲで検討した各証拠について，Xの主張を推認する方向に働く間接事実と逆の事実を基礎付けるものがあればこれを提出することになります。

　なお，本件においては，前記のとおり委任状は作成されていません。通常であれば，争点となっている代理権の存否で重要な直接証拠である委任状が存在しないことは，それ自体が代理権の存在に関するマイナスの方向に働く

194　演習問題6　請負代金請求事件

重要な間接事実となる場合があるところですが，本件におけるＡの代理権限
は，Ｙからの個別の代理権授与行為に基づくものではなく，店舗の営業に関
する代理権を包括的に授与された事例ですから，この点について委任状が作
成されることは一般的には考えられないので，委任状が作成されていないこ
とそのものを代理権の存在につき消極の方向に働く間接事実と位置付けるこ
とはできないところでしょう。

Ｖ　総合判断

　本件において，Ｘ代理人弁護士が，前記Ⅲ３で検討した経理処理に関する
証拠を提出することに成功した場合には，Ｅ-ステップアップの経営は，Ｙ
の計算（会計処理）において行われていることが認められ，**自己の計算にお
いて取引活動をする者が当該取引の主体であるという経験則**に着眼すれば，
Ｅ-ステップアップの行っていたウェブサイトの作成販売営業は，Ｙが取引
主体として行っていたものと認められます。また，Ｅ-ステップアップが事
務所を開設しており，その借主がＹであったとすれば，事務所の借主が営業
主体であるという経験則に照らしても，Ｙが経営主体である事実を認めるこ
とができそうです。

　そして，そのような場合に，Ｙが，ＡがＥ-ステップアップの営業につい
てした下請への発注行為等の結果が自己に帰属するものとして処理してきた
ことを合わせ考慮すれば，本件においては，結局，Ｙが行うウェブサイトの
作成販売営業について，ＹがＡに対する代理権を授与していたものと認めら
れ，Ｘの請求認容の判決がされることになります。

演習問題 7	売買代金請求事件
	——黙示の意思表示による売買契約の成否

　Xが，Yに対し，特注のテーブルの売買契約に基づく代金請求をしたのに対し，Yが売買契約締結の事実を否認しており，Yの黙示の意思表示があったか否かに関する事実認定が争点となっている事案です。

　この場合に，XまたはYの訴訟代理人弁護士としては，どのような事実について主張立証すべきでしょうか。

【Xの言い分】

　私は，平成30年8月25日ころ，株式会社Yとの間で，YがAから請け負ったフランス料理店の内装工事一式に伴って，YがAに納品する特注家具のテーブル1台（以下「本件家具」という）を，代金112万円でYに売る売買契約の合意をして，Aのフランス料理店に同年9月10日までに納品しました（以下「本件売買契約」という）。ところが，Yは，私が特注の本件家具をAのレストランに納品したにもかかわらず，その後，私と売買契約を締結したことはないとして代金を支払いません。

　本件売買契約につき契約書は作成していませんが，私が，8月25日にYの代表取締役と直接会って打合せをした際，Y代表取締役は，当初の120万円の見積金額について値引きを要求した上，とにかくAの開店時期に間に合わせないといけないので，値引きが無理ならその金額でよいから手配してくれと言いましたので，売買契約が成立したことは間違いありません。私は，Aから依頼を受けてフランス料理店の内装の設計を担当し，家具のデザインも決定していたデザイナーのBからYを紹介されたのですが，Bから聞いた話では，初めにYが納品したテーブルについては，施主のAから取り替えを指示されたために，急遽，私に新しいテーブルを注文することになったということで，その際，AからYに対して，代替品のテーブルの代金はYが負担するよう話したということでした。

　仮に，8月25日の打合せの際のYの代表取締役の明示の承諾による本件売買契約の成立が認められないとしても，Yの代表取締役が，代金について上記のとおり値引きの要求をしたので，私は，これに応じることにして，打合せの後すぐに減額後の金額である112万円の代金額を記載した見積書をファクシミリ

197

で送信しましたが，それ以後，本件家具が納品されるまでの間に，Ｙが納品の差止めを求めるなど異議を述べたことはありませんでした。また，私は，その打合せの際に，Ｙの代表取締役に対し，納品期日に間に合わせるには，塗料の乾燥期間等を含め，明後日には作業に入らないといけないし，納品期日にはＡのフランス料理店でＹの代表取締役も立ち会って本件家具を受領してほしいとも話しています。

　したがって，遅くとも私が減額後の金額による見積書を送信したころまでに，Ｙの黙示の承諾により，私とＹとの間の本件売買契約が成立したと言うべきです。そこで，私はＹに対し，本件家具の代金112万円の支払を求めます。

【Ｙの言い分】

　私はＹの代表取締役ですが，Ｘに対し，本件家具の売買契約締結につき承諾の意思表示はしていません。値引きが無理なら120万円で手配してもらってよいと述べたこともありません。

　Ａのフランス料理店の内装工事については，デザイナーのＢが設計を担当して家具や内装のデザインを決定していましたが，私がＡから請け負った業務の内容は，家具調度品，照明器具，壁紙やカーテンの設置，什器備品の製作・納品で，請負代金は合計1000万円でした。私はＢのデザインどおりのテーブルを外注で手配したのですが，これを納品したところ，Ａからイメージに合わないとして取替えを指示されました。Ａのフランス料理店のオープンは9月15日を予定していたため，テーブルの納品期日は最長でも9月10日とされており，私が改めて外注で特注のテーブルを準備することはとうてい間に合わない状況でしたが，Ｂと協議したところ，Ｂは，Ｂと取引のあるＸに依頼すれば期日に間に合うよう特注家具を納品してもらえると言ってＸを紹介してくれました。そこで，私は，以前の経緯や新たに注文するテーブルのデザインなどをＸに説明するために打合せをしたにすぎません。私としては，Ａのフランス料理店へのテーブルの納品は既に完了しており，Ａから2台目のテーブルの追加分の支払はされていませんから，Ｘが別のテーブルを納品したことについては，ＡかＢに代金の請求をすべきです。もともとＡから請け負った業務のうち，テーブルの予算は50万円で，当初納品したテーブルもその予算で用意したので，さらに120万円の別のテーブルを買うことになれば，そもそもＡとの契約については赤字になってしまいます。なお，Ａから私への請負代金1000万円は，当初の約束どおり，開店の2か月後に支払われました。

　私は，Ｘに対して，発注書を差し入れたこともありませんし，Ｘから送付さ

れた見積書を放置しただけで見積書の内容で発注したと言えるような関係には
なく，黙示の合意も成立しませんから，Xの請求は速やかに棄却されるべきで
す。

Ⅰ　問題の所在

　本件においては，売買契約書は作成されていません。本件の争点となって
いる重要な直接証拠で処分証書である売買契約書が存在しないことは，それ
自体が契約の存在に関するマイナスの方向に働く重要な間接事実となる場合
があることは既に述べたとおりです。

　ただし，商取引において契約書が作成されていない場合に，契約の成立が
認められるか否かについては，慎重な検討が必要ですが，書証が存在しない
からといって，直ちに契約の存在が否定されるわけではありません。

　本件についてまず，XとYとの間で，明示の売買契約が成立したかどうか
について見ると，打合せの交渉では，値引きをして欲しいという話が出てい
たというのですから，それにもかかわらず，Xが主張するように，結局その
場で，値引きが無理ならそのままの金額で買うとの意思をYが表示して売買
契約が成立したと認定するのは難しそうですし，その後も，Yが「買う」と
の意思を明示した事実は出ていません。

　そこで，黙示の契約成立が認められるためにはどのような事実の主張立証
あればよいか検討が必要です。

　なお，本件で，Xは，売買契約が成立したと主張していますが，売買の目
的物は，Yの指示に基づいて製作する特注のテーブルですので，**売買契約と
請負契約が混合している，いわゆる製作物供給契約**に該当するものと言える
でしょう。

Ⅱ　黙示の意思表示の主張立証

　**黙示の意思表示の成立を主張するためには，黙示の意思表示に該当する
個々の具体的事実を主張することが必要です。**これらの具体的事実は，黙示
の意思表示を基礎付ける事実と呼ばれます（司法研修所編『増補　民事訴訟に
おける要件事実(1)』〔法曹会，1986年〕39頁）。

　たとえば，黙示の意思表示による賃貸借契約の成立を具体的事実によって
主張しようとする場合，①原告は20年以上前から被告所有の本件土地を使
用してきたこと，②被告は本件土地の至近に住んでおり，そのころからこれ
を知っていたこと，③原告は当初固定資産税額程度の金額を毎月被告方に持

参して支払っていたが，その後，被告から近隣の賃料相当額に値上げして欲しいとの申入れがされ，これに応じた金額を支払い，また，その後も数度の値上げがされたこと等の事実を主張し，遅くとも，最終の値上げがされた2年前には，黙示の意思表示によって賃貸借契約が成立したと主張するなどです。

Ⅲ 本件において主張立証すべき事項

したがって，Xとしては，黙示の意思表示による売買契約の成立を主張立証するためには，売買交渉の経緯など黙示の意思表示に該当する個々の具体的事実を主張立証する必要があると言えます。たとえば，①YはAから，フランス料理店の内装のうち，家具調度品，照明器具，壁紙やカーテンの設置，什器備品を製作・納品する業務を代金合計1000万円で請け負ったこと，②YはBのデザインに基づいて製作したテーブルを納品したがAのイメージに合わないとして，Aから取替えを命じられたこと，③Aは9月15日に開店を予定していたため，テーブルの納品期日は最長でも9月10日とされており，Y自身が改めて外注で特注のテーブルを準備することは間に合わない状況であったこと，④Bは早期に特注家具を納品してもらうためにはXに依頼するのがよいとしてYにXを紹介したこと，⑤8月25日にXがYに見積書を送付した上で，BがXとYの代表取締役を引き合わせ，その場で，Xは納品期日に間に合わせるには，塗料の乾燥期間等を含め，明後日には作業に入らないといけない，納品期日にはAのレストランでYの代表取締役も立ち会って本件家具を受領してほしいと話すなどし，これに対し，Yの代表取締役は値引きを希望したこと，⑥XはYに対し，話合いから帰ってすぐに減額後の代金を112万円と記載した見積書をファクシミリで送付したが，Yは何らの応答もせず，その後，9月10日にXが本件家具をAのレストランに納品したこと等です。

Ⅳ 総合判断

前記のとおり，本来であれば作成するはずの契約書が存在せず，明確な口頭での意思表示もされていない場合に，黙示の意思表示を認めることについては慎重な検討が必要ですし，本件のように，見積書の送付に対して，明確な態度を示さないまま放置したとしても，一般的には，売買の申込みに対して，当然に承諾の意思表示となるものではないというべきです。ただし，長年の取引関係にある会社間で，発注元が部品の製作の注文を出して，それに対して受注先が見積書を送付して，それに対して発注元で何らの異議を述べ

ないような場合に，受注先がすぐに製作に取りかかって納品するというような場合などには，黙示の契約の成立が認められると考えられます。

　本件については，前記Ⅲのような事実関係があるとすれば，①Ｙは，ＡおよびＢの指示により，当初納品した家具の代替品を納品することおよびＹ自身が代替品を製作するのでは納入期限に間に合わないという理由からＹに代わってＸが代替品の納品を行い，Ｙが代替品の買主となることにつき同意していたと認められること，②代替品の納品期日は，9月10日までと決定されており，ＸとＹが話合いをした8月25日の2週間後に迫っており，その日が経過すれば，ＡおよびＢの指示でＡのフランス料理店に代替品のテーブルの納品義務を負っていたＹ自身が債務不履行の責任を負うことになること，また，Ｙは，特注家具の納品を含めた内装施工を1000万円で請け負っていたのであるから，代金1000万円の支払を受けるためには本件家具が期日に納品されることが必要であったと認められること，③Ｙの代表取締役はＸとの話合いの際，値引きの希望を述べたものの，安くならない場合は発注自体取りやめるとか，代金は負担しない等の発言をしたことはないことなどの事情が認められます。このような①～③の事情の下で，ＸがＹの代表取締役からの値引き要求に応じて112万円に減額した見積書を送付してきたのに対し，Ｙが何らの応答もせず，ＸがＹに代わって納品期日に本件家具を納品することにつき，何ら拒絶する意思を表示しなかったことからすれば，取引通念上，Ｙは遅くとも代金減額後の見積書が送付されたころに，Ｘの売買契約の申込みに対する黙示的な承諾をしたものと認められる可能性は高そうです。

　人証調べにおいては，上記の事実関係に加え，ＹがＡと契約した際の1000万円の請負代金の全体の予算の内訳や，当初納品したテーブルがどうなったか（Ａはその分の代金を別に支払ったのか，Ｙが引き取ったのかなど），また，新たなテーブルの代金についてＡがＹに負担するよう指示したり，Ｙがこれを承諾した事実があったか等についても調べることによって，事実関係を更に明らかにすることができると考えられます。

201

演習問題	株主の地位確認請求事件,
8	新株発行無効請求事件
	——売買契約は虚偽表示か

J：裁判官
S：民裁修習中の修習生
X：原告　坂本龍子
Y₁：被告　株式会社鳴子
Y₂：被告　坂本龍男

【ある日の午後】

S　Jさん，明後日尋問を行う事件について，記録を検討して事実認定のポイントについて整理してみましたので，見ていただけませんか？（とメモを差し出す）

J　Sさん，熱心ですね。証人や本人の尋問の前に，もう一度尋問のポイントについて考えておくことは充実した尋問のためにも大切なことです。では，Sさんの作ったメモに沿って整理していきましょう。

S　まず，事案の概要ですが，XとY₂とは，別居中の夫婦です。夫であるY₂は，市の中心部において飲食店を経営する会社Y₁のほか，県内随一のB建設会社を一代で築き上げたものの，B建設会社は，平成30年3月6日民事再生手続開始決定を受けたことから，現在は，それらの会社の代表取締役の地位を長男Aに譲っています。Y₁社の資本金は設立以来ずっと1000万円で，発行済株式総数は200株であり，Y₂がすべて持っていましたが，同年5月15日，Aを引受人として1株5万円で100株の新株を発行し，現在は資本金1500万円，発行済株式総数300株です。本件において，Xは，Y₁社とY₂に対して，平成29年12月11日，Y₂から当時の発行済株式200株すべてを1000万円で買ったと主張して株主の地位の確認を求めるとともに，Y₁社に対して，Aを引受人とする新株発行を決議した株主総会には，当時一人株主であったXが出席していないから新株発行決議は不存在であると主張して新株発行無効を求めており，Y₁社，Y₂に対する提訴は，平成30年10月1日です。なお，Y₁社は，定款で株式の譲渡には取締役会の承認が必要である旨定めています。

203

Ｊ これに対して，Ｙらは，どのように主張していますか？

Ｓ Ｙらは，平成29年12月11日，Ｙ2がＸに対してＹ1社の株式200株を1000万円で売ったことは認めています。これを本件売買契約と呼ぶことにします。Ｙらは，当時Ｙ2はＢ建設会社の多額の債務について連帯保証していたところ，東京オリンピック関係の工事の影響等により下請けの確保が難しくなったり，下請けに支払う費用が高騰したりしたこともあって資金繰りが苦しくなり，Ｂ社の債務の返済が滞り，債権者からこのままではＢとともにＹ2個人についても破産手続開始の申立てを行う旨通告されており，Ｙ2所有のＹ1社の株式が他人の手に渡ることを防ぐために，名義のみＸに変更したものである，と主張しています。つまり，本件売買契約は仮装のものであり，民法94条1項の通謀虚偽表示に当たるから無効である，という抗弁の主張です。

Ｊ そうですね。前回の期日で確認された争点は何ですか？

Ｓ ＸとＹ2が本件売買契約に際し，仮装の合意をしたか，という点です。

Ｊ 新株発行無効独自の争点はないのですか？

Ｓ Ｘは，Ｙ1社の取締役や監査役ではありませんから，株主でなければ新株発行無効の訴えの原告適格がありません。また，Ｘが株主であったとしたら，唯一の株主であるＸが出席していない株主総会での決議は不存在ということになります。つまり，先ほど述べた争点によって新株発行無効の訴えの結論も決まることになります。

Ｊ 前回の期日は，Ｓさんの民裁修習開始前で期日に立ち会っていなかったのに，記録を読んでしっかり理解していますね。ただ，原告適格の点はそのとおりですが，株主総会決議を経ないで発行された新株は当然に無効となるのでしょうか？

Ｓ その点については，最判平成24・4・24民集66巻6号2908頁（最判解民事篇平成24年度（下）566頁）で，「非公開会社において株主総会の特別決議を経ないまま株主割当て以外の方法による募集株式の発行がされた場合，その発行手続には重大な法令違反があり，この瑕疵は上記株式発行の無効原因となる」とされています。江頭憲治郎『株式会社法〔第7版〕』（有斐閣，2017年）778頁にも，全株式譲渡制限会社の場合には，株主総会決議を欠いた新株発行については，無効とすべきであるとされています。

Ｊ 基本的な調査はしたのですね。よいことです。

Ｓ ありがとうございます。数か月後には弁護士になっているはずですから，今のうちに記録をじっくり読んで考え，疑問点は調べておきたいと

思います。

J よい心がけですね。この点は，法的な判断であって，尋問で明らかになる，というものではないですね。Sさんの就職予定先の法律事務所は一般民事事件を中心に扱っていると聞いていますが，特に企業法務中心という法律事務所ではなくても，日本には中小企業がとても多いですから，会社法が適用される事件は少なくないと思います。そういう意味では，いまのうちに，会社法の基本書を確認したり，判例に注意しておく「くせ」をつけておくことはよいことですね。それでは，どんどん行きますよ。株主の地位が争われる場合の請求原因は何ですか？どのような点を確認する必要がありますか？

S Y1社は昭和60年に設立された会社で，株券発行会社です。したがって，会社法131条1項で株券の占有者は，当該株券に係る株式についての権利を適法に有するものと推定されていますから，もし，Xが株券を占有しているのでしたら，その事実のみの主張で足りることになります。そこで，株券の所在を確認する必要があります。また，Xは，株券を占有していない場合には，株式の取得原因事実を主張する必要がありますが，本件では，Y2が本件売買契約当時株式を所有していたことには争いがありませんから，Xは，本件売買契約締結の事実を主張することになります。同法128条1項で，株券発行会社の株式の譲渡は株券を交付しなければ効力を生じないとされていますので，Y2からXに株券の交付があったかどうかが問題になります。

J 本件ではこれらの点はどのようになっているのですか？

S Y1社は，設立時に株券を発行し，株券はその後ずっと社長室にある金庫に保管されていることは，当事者間に争いがありません。

J 当事者双方とも株券の交付について特に問題にしていませんが，Xとしては，本件売買契約時にY2からXに占有改定により株券が交付され，以後株券を占有している，ということでしょう。Yらとしては，Y2は株券をXに交付したことはなく，したがって，Xが株券を占有していることもない，ということになるのでしょう。結局，本件売買契約があれば本件売買契約に基づく占有移転もある，ということになりますね。ところで，Y1社が株式譲渡制限会社であることは，どういう位置づけになるのですか？

S 株主権確認の関係では，定款に譲渡制限が定められていることがY1社の抗弁となり，譲渡承認決議がされたことが再抗弁となると思います。譲渡承認決議がなくても売買契約の当事者間では，株式の譲渡は有効で

205

あると解されていますから，譲渡制限が定められていることはY2にとっては抗弁とはなりません。新株発行無効の関係では，先ほどのように，譲渡制限会社であるから株主総会決議を欠いたことが無効原因になると考えると，請求原因で株式譲渡制限があることを主張しなければなりませんから，売買契約による株式の取得にとっての抗弁事実が請求原因で明らかになってしまいます。そこでこの効果を潰すために本件売買契約について譲渡承認決議があったことも請求原因として主張する必要があることになります。

- Ⓙ 原則はそのとおりですね。もっとも，本件では，本件売買契約当時の株主はY2ひとりですから，他の株主の利益を保護する必要がなく，譲渡承認決議がなくてもY1社に対する関係でも株式の譲渡は有効と解することになります（最判平成5・3・30民集47巻4号3439頁）。

- Ⓢ そうでした。ロースクールで会社法を勉強したときに，その判例も学んだはずですが……。

- Ⓙ そう嘆く必要はありません。修習生になってからそうたびたび会社法が問題になる事件を扱ったわけではないでしょう。大切なことは，会社法の定める基本的な原則を理解していることと，実際に事件を担当するときに改めて問題となる点について判例等を調べることです。それから，会社法では，譲渡制限会社とそうでない会社とでは異なる規定になっている場合も少なくありませんから，条文はしっかり確認する必要がありますね。Sさんは，基本的な理解はありますから，大丈夫です。ところで，Y1社との関係では，もうひとつ考える必要がありますね。

- Ⓢ 会社法130条1項により，会社との関係では，株主名簿に記載されることが株式譲渡の対抗要件となりますので，Y1社は，対抗要件の抗弁を主張することができますが，本件では，主張がありません。

- Ⓙ Y1社では，Aに対する新株発行後にしか株主名簿を作成していませんから，Y1社としても株主名簿の記載を持ち出すことはできないのでしょう。そうそう，上場会社の場合には，株券や株主名簿がどのようになっているのかについて理解しておくとよいですね。

- Ⓢ はい，調べておきます。ところで，Jさん。答弁書では，本件売買契約に対する認否が「否認する」となっていますが，どうして，その後Yらはこの事実を認めることになったのですか？

- Ⓙ よいところに気が付きましたね。この事件は，双方の代理人とも準備がよく，争点整理での議論も活発に行うことができたのですが，弁論準備手続期日における議論の中で，本件売買契約書は真正に成立していると

206　演習問題8　株主の地位確認請求事件，新株発行無効請求事件

いう点と，Ｙらの主張はもっぱらＹ₁社の株式が他人の手に渡ることを防ぐための仮装であるということにある点から，攻撃防御のメインテーマは仮装かどうかであって，本件売買契約の締結自体は認めるということでよいのではないかという議論をして，そのようになったのです。

S　そうでしたか。争点整理っておもしろそうですね。

J　私も争点整理での訴訟代理人との議論は楽しいと思います。さて，このように考えると，結局，請求原因事実には争いがないということになりますが，Ｙらは抗弁としてどのような事実を主張すべきですか。

S　Ｙらは，民法94条1項の通謀虚偽表示を主張するわけですから，ある合意をする際に当事者の内心的効果意思が欠落していたことと，通謀，すなわち相手方との合意が必要だと思いますから，結局，ＸとＹ₂が本件売買契約締結の際，いずれも本件売買契約を締結する意思がないのに，その意思があるように仮装することを合意した，ということを主張すべきだと思います。

J　そうなるでしょうね。いよいよ，本題に入って，その仮装合意の証拠としてはどのようなものがありますか？

S　まず，Ｙ₂の陳述書には，Ｙらの先ほどの主張のとおりのいきさつで，Ｙ₁社の株式200株について，Ｘの名義を借用してＸに移転することを考え，Ｘもこれに同意した旨の記載があります。しかし，これは**陳述書ですから，実質的証拠力という点では弱いと言わざるを得ません。**

J　そうですね。**仮装であることをはっきり書いた書面があれば強い証拠となりますが，通常，仮装の合意は，他に発覚しないように秘密裏に行うでしょうから，わざわざそのような書面を作成しないことが通常でしょ**うし，現にこの事件でもありませんね。間接事実としては，どのような事実に着目しますか？

S　Ｙらの主張する**仮装合意をした理由が合理的かどうか**，という点があると思います。つまり，ＸとＹ₂に仮装合意をする動機があるか，ということです。この点は，Ｙ₂の陳述書のほか，Ｂ社の民事再生手続の監督委員作成の報告書にも，平成28年ころから，資金繰りが思わしくなく，平成29年にはメインバンクであったＣ銀行から債務の期限どおりの返済を求められ，Ｃ銀行からこのままでは破産手続開始の申立てをするなどと言われていたことや，その後交渉を経てＢ社が民事再生手続開始を申し立てるに至ったこと，Ｙ₂はＢ社の債務について多額の連帯保証債務を負っていたことなどが記載されていますから，これらの事実が認められるということになると思います。

207

J　つまり，Y2とXが，B社やY2が破産するようなことがあったとしても，Y1社の株式が第三者の手に渡ることを防ぐために，本件売買契約を仮装するというのは十分にあり得るということですね。逆に，Xは，本件売買契約に至った理由についてどのように主張しているのでしょうか？

S　Xは，Y2から，Xが結婚後30年近くY2に尽くしてくれたことに対する感謝の気持ちとしてY1社の株式を譲渡したいと言われたと主張し，Xの陳述書にも同様の記載があります。しかし，感謝と言いながら贈与ではなくなぜ売買なのか，Xの陳述書の中にY1の株式の時価総額は資本金1000万円よりはるかに高い旨の記載があるのに，売買代金がなぜ1000万円と決まったのか，まったく説明がありません。

J　実際にY1社の株式を売買したのであれば，いつごろから，どのような理由で売買の話が出たとか，売買代金をどのようにして決めたのかなど，もう少し具体的な説明があってもよさそうですね。この点は，明後日の尋問で確認してみましょう。他の点はどうですか？

S　**お金の動き**です。つまり，本件売買契約の代金1000万円を実際にXがY2に払ったのか，ということです。

J　なるほど。仮装であれば，実際にはXはお金を支払っていないはず，ということですね。お金の動きを示す証拠はありますか？

S　Xが本件売買契約締結の日の2日後である平成29年12月13日にX名義の定期預金を解約して現金で1000万円を受け取った際に作成された文書と，同じ日に，XがY2の預金口座に1000万円を振り込んだ際に作成された文書（次頁）が提出されています。これによると，XがY2に対して実際に1000万円を支払ったことが認められそうです。

J　Yらは，この点についてどのような反論をしていますか？

S　Yらは，その前日に，Y1社の専務取締役であり，Y2の片腕と言われているDがY2の依頼を受けて自宅にいるXに1000万円を届けたと主張し，X作成だとして領収証（212頁）を書証として提出しています。もっとも，Xは，自分の字ではないと主張して，成立の真正を争っています。

J　領収証の筆跡は，定期預金の解約や送金した際のXの署名に似ているようにも思えますけれど，そもそもDが1000万円届けたのかどうかは，明後日の尋問で聞いてみないと分かりませんね。

S　しかし，Dから1000万円受け取ったのなら，Xはわざわざ翌日自分の定期預金を解約する必要はないように思いますが。

J　そうでしょうか？　Sさんも指摘するとおり，Xが実際に代金を支払ったかどうか，という点は重要なポイントですから，1000万円をXが用

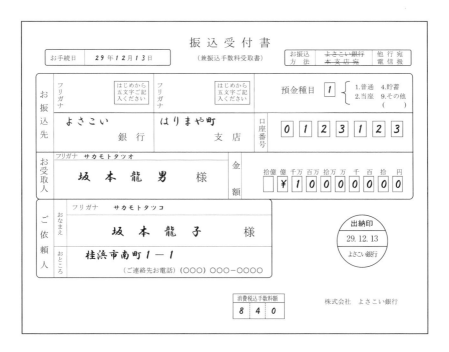

S そう言われれば、そうですね。この点も明後日是非聞いてください。
J 他に何かありますか？
S 大きな点は以上だと思います。
J ところで、そもそも本件売買契約に何か疑問はありませんか？
S う～ん。何か腑に落ちないところがあるのですが、うまく説明できません。
J こういうことではないでしょうか？ 現在は、別居中ですが、XもY2も、陳述書で平成29年12月11日の本件売買契約当時の夫婦仲は普通であったと述べています。つまり、夫であるY2はB社およびY1社の経営に全力を尽くし、妻であるXは結婚当初の一時期Y1社の仕事を手伝ったことがあるとのことですが、大部分は、家庭を守るという形で貢献してきた、という夫婦であったという点では双方の主張は一致しています。**そのような通常の夫婦間で、本件売買契約のような取引が行われるものでしょうか？ 夫の経営する会社の株式を何ら会社経営に携わっていない妻が自己資金を用意して買う、というのはいかにも不自然ではな**

いか，ということです。

S 私が漠然と感じていたのもそういう点です。仮装でなく，真に本件売買契約を締結するには，何らかの特別な事情があるはずだと思うのです。

J そういう意味で，先ほど述べた，Xからの説明が抽象的であることが気になっています。主尋問や反対尋問でこの点の尋問が不十分であったら，私からも聞いてみたいと思っています。明後日は，X側はX本人，Y側はDとY2本人を尋問する予定ですから，その後でまた話をしましょう。

【翌々日午後】

　翌々日の午後，予定のとおり，証人D，X本人，Y2本人の尋問を行いました。

【尋問後】

S Jさん，お疲れ様でした。ロースクール時代に傍聴したときと違って，記録を事前に検討して，Jさんとお話ししてからでしたので，尋問がよく理解できました。

J 修習の成果が上がっているようですね。さて，一昨日の疑問点は解決しましたか？

S Xの尋問によっても，結局，どうしてY2から株式を買うことになったのか，はっきりしませんでした。主尋問では，10年くらい前から，Y2はXに対して何度も，よく尽くしてくれたからY1社はXにあげると言っていたと答えていましたが，「あげる」がどうして売買契約になるのか分かりませんし，また，反対尋問の売買の話がいつ具体的になったのか，という質問については，本件売買契約の少し前，というだけで，なぜその時期に具体化したのか説明はありませんでした。また，Jさんの，代金額や支払方法をどのようにして決めたのか，という質問には，代金額はY2が決めたし，Y2から預金口座に振り込むよう言われたからそのようにしたという趣旨を述べるのみでした。

J **現実に売買するのであれば，Xとしてはもっと代金額などに関心があるはずだと思います。**Y2が代金額を提案し，Xが同意するにしても，どうしてその金額になるのか，何か話があるのが普通ではないかと思います。しかも，Xは，Y1社が市内の繁華街に所有しているビルは土地も含めると2億円を超える価値があり，抵当権等は設定されていないと言うのですから，Y1社の全株式が1000万円というのは，極めて安く，本来の代金額としては普通考えられないと思います。では，Yらのストー

210　演習問題8　株主の地位確認請求事件，新株発行無効請求事件

リーはどうですか？

S　まず，Dは，誠実そうで信用できるように思いました。あ，そのような印象だけで決めてはいけないのでした。まず，1000万円を預かった経緯が具体的でした。つまり，ちょうどY2の簡易保険が満期になり，1000万円の保険金がもらえたので，まずそれを受け取る手続のために，DがY2の委任状を持って郵便局に行ったということでした。その際の書類が書証に出ていないのが不自然だと思っていたのですが，Dの話では，紛失してしまい，現在担当機関に照会中ということでしたので，いずれ提出されれば裏付けがあることになります。それから，Xに1000万円渡して，きちんと領収証（次頁）を書いてもらったというのも，DはY2の有能な部下という感じです。

J　Xは，領収証の作成は否認していましたが，この点はどうですか？

S　定期預金の解約書のXの署名と領収証の署名が似ているのではないか，と思っていたのですが，先ほど，書記官室で今日の尋問の際の宣誓書（次頁）の署名を見てきましたら，そっくりでした。

J　着眼点がよいですね。筆跡が問題になるときに，宣誓書の署名と照合するというのはよく行うことです。Xは，定期預金を解約したのは，自ら出費したことを装うためであるとは答えませんでしたが，以上からすると，1000万円は，Y2が用意したものと推認してもよさそうですね。さて，Y2の尋問はどうでしたか。

S　一昨日お話しした，仮装する動機があったか，という点ですが，Y2にとって，Y1社には特別な思いがあったということが分かりました。つまり，B社がどんどん発展して，株式も上場されたのと異なり，Y1社は，Y2が全株式を有し，雰囲気と味で評判のよいレストランを経営するために，いわばこじんまりとした会社として運営されてきたもので，Y2は，このレストランが他人の手に渡ることは避けたいという気持ちが強いことが伝わってきました。Y2が経営するレストランはこの市ではとても有名ですが，私は，この事件を知るまで，あのB社と同じ経営者だとはまったく知りませんでしたし，知って少し驚きました。

J　つまり，B社の連帯保証人としての責任追及を受けることがほぼ確実になったことから，このままではY1社の株式をも売らざるを得なくなる，すなわちレストラン自体を手放さざるを得なくなることを恐れて，Y1社をY2自身および家族のものとして確保しようとした，ということですね。何か質問はありますか？

S　Xの訴訟代理人は，本件売買契約書が作成されていること自体が，真に

211

```
┌─────────────────────────────────────────────────────────┐
│                                          No.             │
│   領 収 証   坂 本 龍 男 様        _____              │
│  ═══════════════════════════════════════════════════      │
│          ￥ 1 0 , 0 0 0 , 0 0 0 -                          │
│  ═══════════════════════════════════════════════════      │
│                                                           │
│  但し                                                      │
│  平成29年12月12日   上記正に領収いたしました                  │
│                                                           │
│  内訳 _____                                          │
│  税抜金額 _____                                       │
│  消費税                                                    │
│  額 等        坂 本 龍 子   印                              │
│  (   %)                                                   │
└─────────────────────────────────────────────────────────┘
```

```
┌──────────────────────────────────────┐
│               宣   誓                  │
│                                        │
│      良心に従って真実を述べ,            │
│                                        │
│      何事も隠さず,                      │
│                                        │
│      偽りを述べないことを                │
│                                        │
│      誓います。                         │
│                                        │
│          氏 名   坂 本 龍 子            │
└──────────────────────────────────────┘
```

　売買契約が締結されたことを意味する旨の発言をしていましたが, **仮装の合意は，虚偽の外形を作ることを目的とするわけですから，むしろ，売買契約書を作成するのは自然ではないか**，と思うのですが。

J 私もそう思います。虚偽の外形を作るために，売買契約書を作成し，また，譲渡を承認するとの取締役会議事録を作成したのでしょう。では，本件の結論はどうなりますか？

S 仮装の合意の抗弁が認められますので，請求棄却ということになります。……あっ，株主の地位の確認は，棄却ですが，Xは株主でないと新

株発行無効の訴えの原告適格がありませんから，後者は訴え却下となります。

J　よく気がつきました。本件の弁論の終結は，次回にDの証言に出ていた保険金受領関係の書類を調べてからになりますが，民裁修習の期間も短いことですし，判決の起案をしてみてください。

S　はい，頑張ります。

Column

株券の電子化

　平成21年1月以降金融商品取引所に上場されている株式については，社債，株式等の振替に関する法律（以下「振替法」と言います）の適用があり，株券を発行せず，株式に関する権利の帰属は，振替機関・口座管理機関が作成する振替口座簿の記載・記録により定まることになります（振替法128条1項）から，例えば，株式の譲渡は，振替の申請により，譲受人がその口座における保有欄に当該譲渡に係る数の増加の記載または記録を受けなければその効力を生じない（振替法140条）ということになります。株式の発行会社が，株主として会社に対し権利を行使すべき者を確定する目的で基準日等を定めた場合には振替機関は，会社に対し，振替口座簿に記載されたその日の株主の氏名等を速やかに通知しなければなりません（振替法151条1項・7項）。これを**総株主通知**と言います。

　会社は，通知された事項を株主名簿に記載・記録しなければならず，この場合には，基準日に株主名簿の名義書換がされたものとみなされます（振替法152条1項）。株主が集団的権利行使以外の形で行使される株主の権利（議決権を除く共益権，自益権のうちの株式買取請求権等）を行使しようとする場合には，振替機関に対し，自己が有する振替株式の種類・数等を会社に通知するように申し出なければなりません。株主は，振替機関から会社に対しその通知（**個別株主通知**）がされた後政令で定める期間（4週間です）が経過するまでの間に権利を行使しなければならないとされ（振替法154条2項），**これは会社に対する対抗要件であると解されています**。直近の総株主通知により株主名簿に記載されている株主も，この手続を経なければ対抗要件を備えたとは言えませんので，たとえば，株主総会決議取消しの訴えを提起したり，これを本案とする仮処分命令の申立てを行う際などには，注意が必要です。江頭・前掲191頁以下などを参考にしてください。

213

Column	民事再生手続における監督委員

　民事再生手続開始の申立てがあった場合に，裁判所は**必要があると認めるときは，監督委員を選任する**ことができます（民再54条1項）。実際には，多くの事件で申立ての直後に監督委員が選任されています（松下淳一『民事再生法入門〔第2版〕』〔有斐閣，2014年〕41頁）。監督委員は，再生債務者が財産管理処分権・業務遂行権を有すること（同38条1項）を前提として，その行使を監督することを職務とし，**主として，裁判所が定めた行為を再生債務者がする際に同意権を行使することによってその職務を行います**（同54条2項）。また，監督委員は，再生債務者の業務および財産の管理状況その他裁判所の命ずる事項を裁判所に報告しなければなりません（同125条3項）。具体的には，開始決定の前に，再生手続開始の原因となる事実（同21条1項）や再生手続開始の条件（同25条）の存否の判断およびこれらの判断に基づく手続開始の相当・不相当について報告し，再生計画案の決議の前に，再生計画案についての不認可事由（同174条2項のうち3号を除く各号）の存否について報告するのが，主な業務です（松下・前掲43頁）。

演習問題 詐害行為取消請求事件
────慰謝料額が過大か

　Bは，Yを殴って怪我をさせたことから，慰謝料として300万円を支払うことを合意しました。しかし，Bに対する債権者であるXは，この額が過大なものであると主張しています。
　慰謝料の額について判断する際に検討すべき点は何か，考えてみましょう。

【Xの言い分】
　私は，約1年前，Aに対し，400万円を貸し付け，Bが連帯保証人になっていたのですが，その後，Aが破産してしまいましたので，Bを被告として，保証債務の履行を求める訴えを提起しました。Bは口頭弁論期日に欠席しましたので，直ちに，請求を認容する判決が言い渡されました。Bは，建物を所有しており，これに500万円程度の価値はありそうです。そこで，私は，Bの所有建物に対する競売の申立てをしました。ところが，その後，Bは，3年前にYを殴って怪我をさせたことから，Yに対し，300万円の慰謝料支払義務があると言い出しました。そして，最近，そのような内容の公正証書を作成しています。
　BがYを殴って怪我をさせたことは，事実のようですが，そんなに大した怪我だったとは思えません。それなのに，300万円もの慰謝料を支払うというのは，どう考えてもおかしいと思います。どうしたらよいでしょうか。

【Yの言い分】
　3年ほど前，私は，つまらないことから友人のBと喧嘩になり，Bに顔を殴られました。そのため，歯が抜けてしまい，また，しばらくの間は，顎が痛く，まともな食事ができない状態になりました。さらに，信頼していた友人から殴られてショックを受けたことと，また，Bが非常に体格のよい男ですので，恐怖を感じたことから，精神的に追いつめられ，その結果，夜もろくに眠れず，うつ状態になりました。
　このようなことから，Bに対し，慰謝料を請求していたところ，最近，Bが

私に慰謝料300万円を支払うことで合意しましたので，そのことを公正証書に
してもらいました。

　私がBから殴られて怪我をしたことは紛れもない事実なのですから，言いが
かりをつけるのはやめてもらいたいと思います。

1　Xは，「どうしたらよいでしょうか」と言っていますが，Xが心配してい
るのは，言うまでもなく，配当額が減少することです。Xは，Bに対する
請求認容判決を得て，B所有建物について競売の申立てをしていますが，売
却代金の額は，Xの債権額とYの債権額との合計を下回ることが予想されま
すから，Yが配当要求をしてくると，Xに対する配当の額が減ってしまいま
す。Xは，Yの主張する債権の額が過大なのではないかと考えているので
す。

　作成された公正証書は，次のようなものです（次頁）。

2　仮に，Xが考えているとおり，Yの主張する債権の額が過大だとする
と，Xは，どのような手段をとることができるでしょうか。

　Bに他の財産があれば，そこから債権を回収することも可能でしょうが，
おそらくBには，競売の対象とされた建物の他に，これといった財産はない
のでしょう。とすると，Xは，詐害行為取消権（民424条〜）を行使するこ
とが考えられます。

　ところで，詐害行為取消権は，債務者が債権者を害することを知ってした
行為（平成29年の民法（債権法）改正前の条文では「法律行為」とされていまし
たが，判例は，厳密な意味では法律行為に当たらない弁済なども詐害行為取消権
の対象となるものとしており，このことを明確にするため，「行為」と改められて
います）の取消しを請求する権利ですが，BとYがした合意は，果たしてX
を害する行為なのでしょうか。BがYを殴って怪我をさせた事実があること
は，Xも認めているわけですから，BがYに対して慰謝料を支払う義務があ
ることも，おそらく間違いないと思われます。とすると，慰謝料を支払うと
の合意は，既に発生している損害賠償債務を履行するという合意にすぎず，
一般財産を減少させるものではない（すなわち，Xを害する行為とは言えない）
ということにならないでしょうか。

　ここで参照すべきなのは，**最判平成12・3・9民集54巻3号1013頁**です。
このケースは，甲と乙が，いずれも丙に対する債務名義に基づき，丙の丁に
対する債権を差し押さえ，丁が供託をした（民執156条2項）ことから，供託

216　演習問題9　詐害行為取消請求事件

平成×年第××××号

示談契約公正証書

　本公証人は，後記当事者の嘱託により，次の法律行為に関する陳述の趣旨を録取して，この証書を作成する。

第1条　被害者Y（以下「甲」という。）と加害者B（以下「乙」という。）は，平成×年×月×日，乙が甲を殴打し，傷害を負わせた事件（以下「本事件」という。）について，以下の条項に従い，示談をする。

第2条　乙は，甲に対し，本事件による慰謝料として，金300万円の支払義務があることを認め，これを平成×年×月×日限り支払うこととする。

第3条　甲は，本事件に関し，本契約に定める以外，金銭その他の一切の請求をしないことを確約する。

第4条　乙は，本契約による金銭債務を履行しないときは，直ちに強制執行に服する旨を陳述した。

以　上

本旨外要件

　　住　所　〇〇市〇〇町×丁目×番×号

　　職　業　会社員

　　被害者　Y　印

　　　　　　昭和×年×月×日生

上記の者は，運転免許証を提出させてその人違いでないことを証明させた。

　　住　所　〇〇市〇〇町×丁目×番×号

　　職　業　会社員

　　加害者　B　印

　　　　　　昭和×年×月×日生

上記の者は，印鑑登録証明書を提出させてその人違いでないことを証明させた。

　　（以下，省略）

金を債権者に案分して配当する旨の配当表が作成された（同166条1項1号）ところ，甲は，配当表の変更を求める配当異議の訴えを提起したというものです。問題は，乙の丙に対する債権の内容でした。乙と丙は，夫婦でしたが，離婚しました。そして，丙は，乙に対し，生活費補助（財産分与の性質を有するものと判断されました）および離婚慰謝料として，それぞれ一定の金銭の支払をすることを合意したのです。甲は，これが詐害行為として取り消されるべきこと等を主張しました。これについて，この判例は，次のように判示しました。まず，財産分与については，民法768条3項の規定の趣旨に反して不相当に過大であり，財産分与に仮託してされた財産処分であると認

Column　　　強制執行の方法等

　強制執行は，「債務名義」により行うこととされています（民執22条）。債務名義とは，同条1号から7号までに掲げられたものを言います。Ｘは，Ｂに対する請求認容の判決を得たのですから，その判決が確定していれば，同条1号の「確定判決」に当たりますし，また，その判決には，おそらく仮執行の宣言が付されているでしょうから，確定していなくても，同条2号の「仮執行の宣言を付した判決」に当たりますので，Ｘは，これによって強制執行の申立てをしたわけです。

　金銭の支払を目的とする債権について，不動産に対する強制執行を行う場合，その方法には，強制競売と強制管理の2種類があります（民執43条1項）。Ｘは，強制競売を選択しました。強制競売によって不動産が売却されると，配当等が実施されます（同法84条1項の場合には配当が行われ，同条2項の場合には弁済金の交付が行われます。そして，配当と弁済金の交付とを併せて「配当等」と呼びます〔同条3項〕）。配当等を受けるべき債権者の範囲は，同法87条に規定されています。Ｘは，強制競売の申立てをした債権者ですから，「差押債権者」（同条1項1号）として，「配当等を受けるべき債権者」に当たります。他方，Ｙも，一定額の金銭の支払についての公正証書を有しており，これには「債務者が直ちに強制執行に服する旨の陳述」が記載されています（公正証書の第4条）から，この公正証書は，同法22条5号の「執行証書」として，「債務名義」に当たります。そこで，Ｙは，これに執行文の付与を受けて，配当要求の終期（同法49条・52条）までに配当要求をすれば（同法51条1項・25条），同法87条1項2号により，「配当等を受けるべき債権者」になることができます。そして，そうなると，ＸとＹとは，平等の立場で配当等を受けることになるわけです。

めるに足りるような特段の事情がない限り，詐害行為とはならない（最判昭和58・12・19民集37巻10号1532頁）が，そのような特段の事情があるときは，不相当に過大な部分について，その限度において詐害行為として取り消されるべきであるとしました。次に，慰謝料については，**離婚に伴う慰謝料を支払う旨の合意は，配偶者の一方が，その有責行為およびこれによって離婚のやむなきに至ったことを理由として発生した損害賠償債務の存在を確認し，賠償額を確定してその支払を約する行為であって，新たに創設的に債務を負担するものとは言えないから，詐害行為とはならないが，当該配偶者が負担すべき損害賠償債務の額を超えた金額の慰謝料を支払う旨の合意がされたときは，その合意のうち上記損害賠償債務の額を超えた部分については，慰謝料支払の名を借りた金銭の贈与契約ないし対価を欠いた新たな債務負担行為というべきであるから，詐害行為取消権行使の対象となり得る**としました。

　離婚慰謝料に関する上記判断は，離婚に伴う場合に限らず，一般に慰謝料の支払が問題になる場合についても異なることはないと考えられます（最判解民事編平成12年度(上)260頁〔高部眞規子〕）。

　とすると，ここで検討する必要があるのは，**ＢとＹとが合意した300万円という額が，ＢがＹに対して負担すべき損害賠償債務の額を超えた金額になっているかどうか**です。損害額は，言うまでもなく，暴行の態様，傷害の程度等，さまざまな事情をしん酌して定めることになりますが，Ｘは，「ＢがＹを殴って怪我をさせたことは，事実のようですが，そんなに大した怪我だったとは思えません」と言っていますから，Ｘが最も問題にしたいのは，傷害の内容・程度だと思われます。

3　まず，Ｙは，殴られて歯が抜けてしまったと言っていますので，この点を検討しましょう。

　Ｙが，本人尋問で，次のように供述しているとします。

（Ｙ代理人の質問と答え）

殴られて，どうなりましたか。

　　　　▶鼻血がたくさん出て，血だらけになりました。それから，口の中が切れて，歯がぐらぐらになりました。

鼻血は，すぐに止まりましたか。

　　　　▶なかなか止まりませんでした。

歯がぐらぐらになったということですが，歯医者には行きましたか。

219

　　　　　▶はい。それで，診断書をもらいました。
（乙第○号証を示して）診断書というのは，これですね。「殴打による歯牙脱臼」
と記載されていますが。
　　　　　▶そうです。そう言われました。

（X代理人の質問と答え）
（乙第○号証を示して）△△歯科クリニックに行って，この診断書を作成しても
らったのですね。
　　　　　▶はい。
△△歯科クリニックは，普段から行っている歯医者ですか。
　　　　　▶いいえ。初めてです。普段は，○○歯科医院に通っているのです
　　　　　　が，このときは，○○歯科医院が休みでしたので。
歯が実際に抜けたのは，殴られてからどれくらい経ってからですか。
　　　　　▶3か月くらい経ったときです。
普段は○○歯科医院に通っていたということですが，○○歯科医院では，どん
なことをしてもらっていたのですか。
　　　　　▶虫歯の治療です。
（甲第○号証を示して）これは，○○歯科医院のカルテですが，これによると，
あなたは，以前から歯周病なんですね。
　　　　　▶ええ，歯茎が弱っていると言われていました。

　　そうすると，Yは，Bに殴られた後，歯がぐらぐらの状態であった事実，
歯科医師から「殴打による歯牙脱臼」との診断を受けた事実，その後，歯が
抜けた事実が認められるでしょうから，これは，殴られたために歯が抜けた
と認める方向に働く間接事実になります。しかし，他方，Yは，もともと歯
周病で，歯茎が弱っていた事実，歯が抜けたのは，殴られた後，約3か月も
経過した後であった事実も認められそうですから，歯が抜けたのは，もとも
と歯周病であったことが原因である可能性がかなりありそうに思われます。
また，△△歯科クリニックで作成された診断書に「殴打による」歯牙脱臼と
記載されていることについては，△△歯科クリニックは，その日にYを初め
て診療したわけですから，Yが「殴られた」と言えば，それが歯牙脱臼の原
因であると診断書に記載することも，十分にあり得ると思われます。このよ
うに考えると，殴られたためにYの歯が抜けたとは認められない可能性が高
いという結論になりそうです。

220　演習問題9　詐害行為取消請求事件

4　次に，Ｙは，殴られた後，しばらくの間は，顎が痛く，まともな食事ができない状態になったと言っていますので，この点を検討しましょう。

　　Ｙが，本人尋問で，次のように供述しているとします。

（Ｙ代理人の質問と答え）

殴られて，鼻血も出たし，口の中も切れて，歯がぐらぐらになったということでしたが，他に，何か症状はありませんでしたか。

　　　　▶顎が痛くて，何も食べられませんでした。

何もですか。

　　　　▶お粥とか，そういったものだけですね，食べられたのは。固い物は
　　　　　駄目でした。

噛もうとすると，痛むということですね。

　　　　▶そうです。

医者に診てもらいましたか。

　　　　▶はい。薬をもらって飲みましたが，しばらくは，まともな食事ができ
　　　　　ませんでした。

（Ｘ代理人の質問と答え）

顎が痛かったということですが，顎のどの辺りですか。

　　　　▶顎の骨の付け根ですね。

何もしなくても痛いのですか。

　　　　▶いや，食べるときです，痛いのは。

そうですか。

　　　　▶もともと，顎の関節が弱いんです。薬をもらって，ときどき飲んで
　　　　　いたのですが，少し楽になっていたのに，殴られて，また痛みが出
　　　　　るようになりました。

痛くなり始めたのは，いつごろですか。

　　　　▶大学生になったころからです。だから，もう20年以上になります
　　　　　ね。で，しばらく痛みが止まっていたんですよ。

殴られるどれくらい前から。

　　　　▶ちょっと前。1，2週間くらい前からかな。

薬は，ずっと飲んでいたのですか。

　　　　▶だから，痛みが出るときに飲みました。

飲まないこともあった。

　　　　▶そうですね。

Yは，Bに殴られた後，顎が痛くて，しばらくは固い物が食べられなかった事実が認められるでしょう。しかし，他方，Yは，もともと顎の関節が弱く，20年以上も前から，痛みのため，ときどき薬を服用しており，殴られる1，2週間前にも痛みがあった事実が認められそうですから，殴られたために顎に痛みが出るようになったと認めることには困難が伴うという結論になりそうです。

5　Yは，信頼していた友人から殴られてショックを受けたことと，Bが非常に体格のよい男なので，恐怖を感じたことから，精神的に追いつめられ，その結果，夜もろくに眠れず，うつ状態になったとも言っていますので，この点を検討しましょう。
　Yが，本人尋問で，次のように供述しているとします。

（Y代理人の質問と答え）
そもそも，どうしてBに殴られたのですか。
　　　　　▶いや，本当につまらないことです。彼が好きなプロ野球のチームが
　　　　　　ずっと負け続けていたものですから，そのことで，ちょっと馬鹿に
　　　　　　したようなことを言ったんです。そしたら，突然，怒り出して。
それで，殴られた。
　　　　　▶はい。
Bに殴られて，どう思いましたか。
　　　　　▶ショックでした。Bのことは信頼していましたから。
Bの体格は，どうですか。
　　　　　▶高校，大学と，ずっとラグビーをしていましたから。背も私より
　　　　　　20cmくらい高いし，ぶっとばされそうになりました。怖かったで
　　　　　　す。
怖かった。
　　　　　▶はい。しばらく，夜もすぐに目が覚めて，その反動で，昼間もずっ
　　　　　　と眠くて，でも眠れなくて。
病院に行ったりしましたか。
　　　　　▶3か月くらいしたときに精神科に行ったら，うつ状態だと言われま
　　　　　　した。

（X代理人の質問と答え）
殴られたとき，あなたはBに何も言いませんでしたか。

　　　　　▶言いましたよ。何するんだよ，謝れよって。Bも，少し言い返して
　　　　　　きましたけど，さすがに，しばらくすると，周りにいた友達からた
　　　　　　しなめられて，シュンとなっていました。
　　そのとき，友達もいたんですか。
　　　　　▶そうですね。友達4人で集まって，酒を飲みながら話していまし
　　　　　　た。
　　あなたは，やり返したりはしなかったのですか。
　　　　　▶やり返そうとしたけど，友達に止められました。
　　精神科に行ったということでしたが，それはそのときが初めてですか。
　　　　　▶殴られる2年ほど前に，夜，眠れなくて行ったことがあります。
　　そのとき，どういう診察を受けましたか。
　　　　　▶不安を和らげる薬をもらいました。
　　それ以来，その薬を飲んでいるのですか。
　　　　　▶ずっとじゃありません。ときどきですね。

　　そうすると，Bは体格がよい事実，Yは，殴られた後，夜，あまり眠れ
ず，昼間も眠い状態であった事実，殴られてから約3か月後に精神科でうつ
状態だと言われた事実が認められるでしょう。このような事実は，Yの言い
分を裏付ける間接事実になりそうです。しかし，他方，Yは，殴られた直
後，やり返そうとし，何するんだよ，謝れよと言った事実が認められそうで
す。殴られて恐怖を感じたのであれば，このような行動には，なかなか出な
いのではないでしょうか。また，Yは，殴られる2年ほど前にも，夜，眠れ
なくて精神科に行き，それ以来，ときどき不安を和らげる薬を服用している
事実が認められそうです。そうすると，夜もろくに眠れず，うつ状態である
ことが殴られた結果であると認めることは，難しいように思われます。

　6　BがYを殴った事実，そのためにYが鼻血を出し，口の中を切った事実
は認められるでしょうから，慰謝料の支払義務があったことは否定できませ
ん。しかし，上述のとおり，Yの歯が抜けたこと，顎の痛みが出たことおよ
び夜も眠れず，うつ状態であることとBがYを殴ったこととの間の因果関係
を認めることは難しそうです。さらに，YがBの友人であること，BがYを
殴ったのが3年も前なのに，慰謝料300万円を支払うとの合意がされたのが
最近であること，そして，それが競売申立ての後であることを考えると，こ
の合意は，Xに対する配当額を減少させることを目的としてされた可能性が
高そうです。そのことも併せて考慮すると，Yの主張する債権の額は，過大

であると判断される可能性が高いでしょう。

　なお，慰謝料の額が具体的にどの程度になるかについては，事案によって
かなりばらつきがあります。千葉県弁護士会編『慰謝料算定の実務〔第 2
版〕』（ぎょうせい，2013 年）や升田純『判例にみる慰謝料算定の実務』（民事
法研究会，2018 年）には，どのようなケースでどの程度の慰謝料が認められ
たか，具体例が多数紹介されていますので，興味のある方は，参考にされる
とよいでしょう。

<table>
<tr><td>演習問題
10</td><td>保険金請求事件
──盗難事故の偶発性に関する事実認定</td></tr>
</table>

　Xが，保険会社Yに対し，自動車保険契約に基づき，盗難事故の保険金の支払を求めたのに対し，Yが，盗難事故は，Xの故意に基づいて引き起こされたものであるとして，保険金の支払を拒絶している，いわゆるモラルリスク事案と呼ばれる事件類型であり，盗難事故がXの意思に基づいて惹起されたものであるか否かに関する事実認定が争点となっている事案です。

　この場合に，XまたはYの訴訟代理人弁護士が立証すべき事実はどのようなものでしょうか。

【Xの言い分】

　私は，若いころから車が好きで，今までにも何台かの自動車を買い換えてきました。6か月前にも学生時代からの知人で中古自動車販売業を経営している友人Aから，新車同様の国産高級乗用車M（本件自動車）を仕入れたから一度見に来ないかと連絡があり，すぐに見に行きました。国産乗用車Mといえば新車では私の収入では即金ではとても買えない価格帯です。Aが仕入れた本件自動車には，事故歴はなく，走行距離も少ない上，傷も目立つものはほとんどない状態であったのですが，年式が多少古いことから120万円という価格がついていました。私は，前から乗りたかったMですので，すぐに本件自動車の購入を決め，ローンを組んで支払うことにしました。また，購入時には，純正のタイヤとホイールが付いていたのですが，私の車好きをよく知っているAから，走りが違うといって別の最新式のタイヤとホイールを勧められたので，これも一緒に購入しました。本件自動車については，Aの整備工場でタイヤとホイールを交換してもらい，ローンの承認が下りてすぐに納車を受けました。また，Yとの間で自動車総合保険に加入しましたが，タイヤとホイールを付け替えたことなどから，保険金額は150万円としました。

　私は，本件自動車を非常に気に入って乗り回していたのですが，平成30年11月5日夜，仕事から帰って自宅近くに借りている駐車場に本件自動車を置き，翌朝，また出勤のために駐車場に行ったところ，盗まれてしまっていたのです。私は，すぐに警察に盗難届を出し，保険会社にも連絡しました。その約1週間後の11月13日に，本件自動車が別の駐車場に放置されているのを友人

225

が見付けてくれて取りに行きましたが，カーナビやオーディオ，私が自分で付けた木製高級ハンドルなどはすべて取り外して盗まれた上，車内には消火器の消化剤がまき散らされていて全損の状態でした。私は，Yに対し，速やかに保険金150万円を支払うよう求めます。

【Yの言い分】

当社は自動車保険を扱っていますが，Xが主張する盗難事故は，実際には起きておらず，Xが関与して本件自動車の場所を移動した上，部品等を取り外した後，第三者が借りている別の駐車場に放置したものです。本件自動車を，エンジンキーなしに当初駐車した駐車場から動かすことはできませんし，当初の駐車場からレッカー車で移動させることも駐車場のフェンスの位置から無理な状況です。また，Xは，本件自動車の盗難後，発見される直前に，Yの担当者に対して，保険金はいつ支払われるのか尋ねたので，これに対し担当者が本件自動車が発見されない場合にはすぐに支払うことはできないと返答したところ，その2日後に本件自動車が発見されていますし，Xが友人から本件自動車を見付けたとの連絡を受けた前後の具体的な行動は，Xに聞いてもよく覚えていないということではっきりしません。さらに，本件自動車が発見されたとき，本件自動車にはXが購入した時に装着されていたMの純正タイヤとホイールが再度装着されていました。なお，Xは，以前にも自動車盗難被害に遭って別の保険会社から保険金の支払を受けたことがあります。したがって，今回の盗難事故がXの故意に基づくことは間違いがなく，当社としては，このようなモラルリスク事案で保険金の支払をすることはとうていできません。

I　問題の所在

自動車保険，火災保険，傷害保険等に基づき保険契約者が保険会社（保険者）に対して保険金の支払を求める保険金請求事件では，被告である保険会社から，当該保険事故が，契約者またはその関係者の故意等によって惹起されたものであるとして，保険金の支払を拒むとの主張がされ，この点が争点となる事案が過半数を占めています。

このような，**契約者の故意により惹起された疑いのある保険事故の事案**（以下「モラルリスク事案」と言います）について，保険金請求の主張立証責任をどのように解するかについては，保険の種類および保険事故の内容に応じて議論がされてきました。

226　演習問題10　保険金請求事件

そして，上記の主張立証責任をどのように解するかとともに，モラルリスク事案が訴訟になった場合の事実認定については，特に，当該事故が，偶然起きたものか，被保険者等の意思に基づいて生じたものかという点について決定的な直接証拠がない場合がほとんどであるため，事案の審理において，裁判所はさまざまな観点からの間接事実を積み重ねて事実認定をしなければならないものが大半であるのが実情です。

Ⅱ 商法および車両保険約款の定め

保険法17条は，**保険者（保険会社）の免責事由**として「保険者は，保険契約者又は被保険者の故意又は重大な過失によって生じた損害をてん補する責任を負わない」としていますから，この規定によれば，保険会社は，抗弁として当該保険事故が保険契約者もしくは被保険者の故意等に基づいて発生したものであることを主張立証すれば免責されることになりますが，上記規定は任意規定とされていますので，当事者間で合意した保険契約条項が優先します。

そして，車両保険約款においては，通常「衝突，接触，墜落，転覆，物の飛来，物の落下，火災，爆発，盗難，台風，洪水，高潮その他偶然な事故によって被保険自動車に生じた損害に対して，被保険自動車の所有者に保険金を支払う」とされ，また，「保険契約者，被保険者または保険を受け取るべき者の故意によって生じた損害に対しては，保険金を支払わない」とされています。

上記の約款により，請求原因となる「偶然な事故」によることとの内容を，事故が被保険者等の意思に基づかないことであると解し，他方で，事故が被保険者等の故意によることが免責事由とされていることから，事故が被保険者等の意思に基づくことが抗弁になると解すると，主張立証責任の分配として矛盾してしまいます。

そこで，保険約款の支払条項に「偶然な事故」に対し保険金を支払うとされ，一方で，被保険者等の故意が免責事由となっている場合に，保険金請求者が請求原因として，当該事故が被保険者等の意思に基づかないことをも主張立証すべきか，保険者（保険会社）が抗弁として被保険者等の意思に基づいて保険事故が招致されたことを主張立証すべきかが問題となりますが，この点については，後記のとおり車両保険に関して平成19年に2件の最高裁判例が示されているところです。

| Column | 各種保険契約に関する最高裁判例の概観（その1） |

保険事故の「**偶発性**」（保険事故が被保険者等の意思に基づかないこと。なお，これに対し，平成22年4月に施行された保険法においては，「**偶然性**」とは保険契約締結時における保険事故発生の未確定を言うとされ〔ちなみに事故発生が確定していれば保険者は必ず保険金を支払わなければならないので，保険料として保険金額に近い支払を求めることになりますから，保険契約が成り立ちません〕，「**偶発性**」とは異なる概念として使用されています）の立証責任に関する一連の最高裁判例の先駆けというべきものとして，次の2件の判例があります。

①**最判平成13・4・20民集55巻3号682頁**は，生命保険契約に付加された災害割増特約における災害死亡保険金の支払事由を不慮の事故による死亡とする約款に基づき，保険者に対して災害割増死亡保険金の支払を請求する者は，発生した事故が偶発的な事故であることについて主張，立証すべき責任を負うとしたものです。

②**最判平成13・4・20集民202号161頁**は，普通傷害保険契約における死亡保険金の支払事由を急激かつ偶然な外来の事故による死亡とする約款に基づき，保険者に対して死亡保険金の支払を請求する者は，発生した事故が偶然な事故であることについて主張，立証すべき責任を負う，としたものです。

以上の2判例は，同じ5階建て建物屋上からの転落事故について「偶発性」の存在の立証責任が保険金請求者側にある，としたもので，学説からの強い批判がされています。

これに対し，最高裁は，以下のとおり，他の保険契約については，「偶発性」の不存在の立証責任が保険者側にあるとの判断をしています。

③**最判平成18・6・1民集60巻5号1887頁**は，「衝突，接触……その他偶然な事故」を保険事故とする**自家用自動車総合保険契約**の約款に基づき，車両の水没が保険事故に該当するとして，保険者に対して車両保険金の支払を請求する者は，事故の発生が被保険者等の意思に基づかないものであることについて主張，立証すべき責任を負わない，としました。

④**最判平成18・6・6集民220号391頁**は，「衝突，接触……その他偶然な事故」を保険事故とする自動車保険契約の約款に基づき，車両に傷が付けられたことが保険事故に該当するとして，車両保険金の支払を請求する者は，事故の発生が被保険者等の意思に基づかないものであることについて主張，立証すべき責任を負わない，としました。

以上の2判例は，車両の「水没」と「損傷」に基づく車両保険金の請求事案で，「偶発性」の不存在の立証責任が保険者側にあるとしたものです。

⑤**最判平成18・9・14集民221号185頁**は，「偶然な事故」を保険事故とする

228　演習問題10　保険金請求事件

テナント総合保険普通保険約款に基づき，火災による什器備品等の消失および休業が保険事故に該当するとして保険金の支払を請求する者は，事故の発生が保険契約者等の意思に基づかないものであることについて主張，立証すべき責任を負わない，としました。

この判例は，火災保険についても，「偶発性」の不存在の立証責任が保険者にあるとして，車両保険に関する③，④の判例を踏襲したものと言われています。

Ⅲ　平成19年の2件の判例

車両保険約款に基づく自動車盗難事故の保険金請求については後記のとおり，最高裁の平成19年4月17日判決および同年4月23日判決が出され，前者の判決では，故意によって損害が生じたことの立証責任は保険会社が負うが，保険金請求者の側で，盗難発生の外形的事実を立証することが必要であるとされ，後者の判決では，上記の外形的事実とは，具体的には，「被保険者の占有に係る被保険自動車が保険金請求者の主張する所在場所に置かれていたこと」および「被保険者以外の者がその場所から被保険自動車を持ち去ったこと」という事実であり，被保険者が，これらの事実を合理的な疑いを超える程度にまで立証しなければならないとされています。

Column 　各種保険契約に関する最高裁判例の概観 （その2）
⑥**最判平成19・4・17民集61巻3号1026頁**は，「衝突，接触……その他偶然な事故」および「被保険自動車の盗難」を保険事故として規定している家庭用総合保険約款に基づき，上記盗難に当たる保険事故が発生したとして保険者に対して車両保険金の支払を請求する者は，「被保険者以外の者が被保険者の占有に係る被保険自動車をその所在場所から持ち去ったこと」という外形的な事実を主張，立証すれば足り，被保険自動車の持去りが被保険者等の意思に基づかないものであることを主張，立証すべき責任を負わない，としました。
⑦**最判平成19・4・23集民224号171頁**は，「衝突，接触……その他偶然な事故」および「被保険自動車の盗難」を保険事故として規定している一般自動車総合保険約款に基づき，上記盗難に当たる保険事故が発生したとして保険者に対して車両保険金の支払を請求する者は，「被保険者以外の者が被保険者の占有に係る被保険自動車をその所在場所から持ち去ったこと」という外形的な事実を主張，立証すべき責任を負うが，被保険自動車の持去りが被保険者の意思

に基づかないものであることを主張，立証すべき責任を負わない，としました。

　以上の2判例は，前記の③，④と同じく，車両保険に関する事案ですが，「盗難」事案であることに特色があります。「水没」や「損傷」事案では，被保険者等の故意によるかどうかをひとまず措いて，保険事故（自動車の水没や損傷）が外形上発生したかどうかを議論することが可能ですが，これに対し，「盗難」事案では，被保険者等の故意によるかどうかを離れて，保険事故が外形上発生したと言えるかどうか疑問があるところです（自動車が移動すること自体は，異常でも何でもないのですから，自動車の移動が被保険者等の意思に基づくかどうかを離れて，その移動が外形上「盗難」という保険事故に当たるかどうかを判断するのは不可能です）。

　そこで，下級審裁判例でも，「水没」や「損傷」とは異なり，「盗難」事案に限っては，「偶発性」の立証責任が保険金請求者側にあるとせざるを得ないとしつつ，事実上の推定等の方法で立証責任を緩和しようとするものが少なくなかったのですが，これに対し，上記2判例は，保険金請求者において，「盗難」の外形的事実として，「自動車の第三者による持去り」（これを更に分解すれば，「被保険者がある場所に自動車を保管して占有していたこと」と「その場所から被保険者以外の者が自動車を持ち去ったこと」とに分かれる）を主張，立証する責任があるとしつつ，「その第三者による持ち去りが被保険者の意思に基づくこと」（「偶発性」の不存在）の立証責任は，保険者側にあるとして，この問題に決着を付けたものです。

　平成21年に制定され，同22年4月から施行された保険法は，損害保険，生命保険，傷害保険を通じて，故意の事故招致を保険者の免責事由としており，偶発性の立証責任は，保険者側にあるとしたものと解されています（保険17条・51条・80条）。従前の最高裁判例は，いずれも約款の解釈をしたものであり，保険法の規定は，最高裁判例を変更したものではないものの，傷害保険についても偶発性の不存在の立証責任が保険者側にあるとする保険法の下において，前記最高裁判例の概観（その1）の①，②の最高裁判例が維持されるかどうかは，学者の間でも見方が分かれているところです。

Ⅳ　XまたはYが立証すべき事項

　前記の平成19年の2つの最高裁判決によれば，Xは，請求原因で，本件自動車の所有，保険契約締結と損害を主張立証するほか，①本件自動車がXの主張する駐車場に置かれていたこと，および②X以外の者がその場所から本

230　演習問題10　保険金請求事件

件自動車を持ち去ったことを主張立証する必要があることになります。

上記①の請求原因事実を基礎付けるための証拠として考えられるのは，駐車場契約書，第三者の証言，Ｘの行動についてのＸの供述・陳述書等です。②の事実については，これを直接立証するものとしては，当該駐車場に防犯ビデオが設置されていれば，盗難時の映像の電磁記録を提出することが考えられますが，ビデオ映像が存在しない場合には，②を推認させる間接事実として，Ｘが直ちに盗難届を出したこと（証拠は盗難届），純正のエンジンキーがなくとも自走できる自動車であったこと（エンジンキーの種類に関する報告書等）または第三者がエンジンキーを利用できる状態であったこと（エンジンキーの保管状況や紛失の事実に関する供述・陳述書），レッカー車による移動の可能性（路面の擦過痕の写真・報告書，第三者の目撃証言等），盗難前後のＸの行動からして盗難に関与する可能性がなかったこと（Ｘの供述・陳述書等）が考えられます。

他方，これに対し，前記平成19年の2つの最高裁判決により，Ｙは抗弁として，盗難がＸの故意によることを主張立証すべきことになりますが，これを基礎付ける間接事実としては，上記請求原因事実②の間接事実と重複するものもありますが，以下の各事実が考えられます（大阪民事実務研究会編著『保険金請求訴訟の研究』判タ1161号〔2004年〕108頁参照）。

(1)事故の状況
ⅰ　エンジンキーの保管状況，紛失または盗難の有無
ⅱ　エンジンキーを使わずに自走できる可能性があったか（エンジンキーの種類）
ⅲ　盗難防止装置，警報装置の装着がされていたか
ⅳ　レッカー車または牽引車による移動の可能性があるか（駐車現場の状況，路面の擦過痕）

上記の各事実が事故が故意に基づくか否かの間接事実になるのは，自動車をエンジンキーなしに動かすのが，非常に困難であるため（自動車内部の配線を切断して，エンジンが始動するように接続し直すなど），エンジンキーの紛失や盗難がなく，また，盗難防止装置が付いているような場合であるのに，エンジンキーを使わずに自動車が移動しているということは，実際には，エンジンキーを所持している被保険者が移動に協力したことを基礎付ける間接事実に当たるものとして，盗難であることの推認を妨げるからです。

レッカー車による移動の可能性についても，自走ができないのであれば，レッカー車等による移動がされたということになるのに，駐車していた場所の状況などにより客観的にレッカー移動ができないとか，レッカー移動した

痕跡がないということであれば，結局，キーを所持している被保険者が協力した可能性が高いということになります。

なお，「イモビライザー」は，純正キーでなければエンジンを始動させることができないようにする盗難防止装置ですが，これを装着していた自動車の盗難事案についても盗難されたとの判断がされた事案があります。

(2)発見状況等

ⅰ　発見時の車両の状況（部品盗取の有無，損傷の程度）

ⅱ　発見状況

発見時に部品が盗まれていたことだけでは，被保険者の意思に基づくことについてプラスの方向に働く間接事実とは言えないところですが（盗難事故が自作自演の場合も，保険料の支払を受けるのとは別に，部品については自分で取り外して売却してしまうとか，発見できない場所に保存しておいて保険料と二重に利得しようとすることが考えられますが，真実盗難被害に遭った場合でも，犯人は，車自体は乗り回した後に乗り捨てるとしても，金目の部品は取り外して取得または売却するだろうと言えるからです），通常の窃盗犯人であれば，部品の盗取のための取外しは，犯行が発見されないよう短時間で急いで行うため乱暴に行われ，車体にも傷がつくことが多いのに対し，実際の取り外し方が，ゆっくり丁寧に行われたと認められる状態であったり，車体にも損傷が生じていないことなどは，被保険者の意思に基づくことにプラスの方向に働く間接事実となります。

発見状況についても，通常，窃盗被害に遭った場合に，被害品が発見される状況として経験則上自然であるかどうかを検討すべきことになります。

(3)Xの事故前後の行動

ⅰ　購入後すぐの事故か

ⅱ　事故前に必要な修理を行っていたか

ⅲ　被害届を直ちに提出したか

被保険者としては，当該自動車に乗るために購入したわけですから，上記の事実のうち，購入後すぐの盗難被害は，同人の意思に基づくことについてマイナスの方向に働く間接事実です。他方，事故前に必要な修理を放置したり，被害届を直ちに提出しなかったことは，事故が被保険者の意思に基づくことについてプラスの方向に働きます。

(4)Xの動機等

ⅰ　Xの経済状況

ⅱ　保険金の支払によって受ける利益

ⅲ　車両喪失によってXが受ける不利益

ⅳ　同種保険事故の経験があるか

　上記の事実はいずれも被保険者が自らの意思に基づいて事故を発生させる可能性があるか否かについての間接事実となります。

⑸保険契約締結に関する事情

　ⅰ　代理店の属性

　ⅱ　保険契約締結と事故との時間的間隔

　ⅲ　保険契約の内容（保険金額が目的物価格を超過しているか）

　上記の事実は，代理店そのものが相当程度の規模の会社であるような場合は，被保険者の意思に基づく事故に協力することは考えにくいと言えますが，特別な個人的な付合いがある場合などは，被保険者に協力して事故を装う可能性がないとは言えません。また，契約後すぐの事故である場合および保険金額が目的物価格を超過していることは，いずれも被保険者の意思に基づく事故であることについてプラスの方向に働く間接事実です。

Ⅴ　総合判断

　前記ⅣのとおりのXおよびYが主張立証すべき事実関係に照らせば，本件において注目すべき事実関係としては，①本件自動車が盗難後発見された際，本件自動車に取り付けられたカーナビ，オーディオ等が持ち去られており，本件自動車の車内一面に消火剤がまかれて全損の状態となっていたこと，②本件自動車のキーが紛失・盗難に遭ったことはなく，Xが2本のキーを所持していたこと，③本件自動車の発見時にはXが装着した新しいタイヤおよびホイールは取り外され，代わりに本件自動車の購入時に装着されていたMの純正タイヤおよびホイールと同種の純正タイヤおよびホイールが装着されていたこと，④本件自動車の発見が，Yの担当者がXに自動車が発見されないと保険金の支払が遅れると話した日のわずか2日後であったこと，⑤本来であれば，盗難被害に遭った本件自動車が見付かったという印象的な出来事があった時点であるのに，Xはその前後の具体的な行動をよく覚えていないとしていること，さらに，⑥Xは，以前にも自動車盗難被害に遭って別の保険会社から保険金の支払を受けた事実があること等が挙げられます。

　また，裁判所としては，上記の事実関係に加えて，本件自動車に盗難防止装置や警報装置が装着されていたか，Xの当時の収入と自動車ローンの支出等経済状況はどのようなものであったか，Xが本件自動車を何に使用していたか，本件自動車の盗難後，代替車両は購入したのかなどについて主張立証を求めることも考えられるところです。

　上記のとおり，本件の事実関係を総合すれば，本件自動車の盗難があった

とは認められないと考えられます。特に，純正ホイールおよびタイヤが装着されていたという点については，もともと本件車両に装着されていた純正ホイールおよびタイヤと盗難後に装着されていた純正ホイールおよびタイヤが同一のものであることは製造番号等の控えがない限り立証はできていませんが，同一のタイヤでない場合にこのような事態となることは，たまたま本件車両を盗んだ犯人が，高級車Mの純正ホイールおよびタイヤを持っていて，部品を盗んだ後にわざわざ純正のタイヤおよびホイールに付け替えて放置したということになり，不自然，不合理と言わざるを得ません。設例と同様に盗難後に純正ホイールとタイヤに付け替えられていた事案については，盗難を否定した裁判例が紹介されているところです（大阪地判平成15・1・16判例集未登載。大阪民事実務研究会編著・前掲108頁）。

| 演習問題 | 損害賠償請求事件 |
| 11 | ──過失相殺率の認定判断(争点整理と事実認定) |

1　交通事故を原因とする損害賠償請求事件（以下では「交通事件」といいます）は実務で多く見られる類型の事件で，多くの論点が存在しますが，まずは以下のような基本的な考え方を理解しておきましょう。

(1)　訴訟物

　交通事件の基本型は，被害者の所有・運転する車両と加害者の運転する車両とが衝突した事故について，被害者が，加害者に対し，損害の賠償を求めるものです。

　この場合の訴訟物は，不法行為（民709条）に基づく損害賠償請求権と運行供用者責任（自賠3条）に基づく損害賠償請求権とが考えられます。運行供用者責任は，加害者側に無過失の立証責任を負わせているなど不法行為に比べて被害者保護に厚い部分もありますが，人身損害（人の生命または身体の侵害に係る損害）しか対象にならず，物的損害（被害車両の修理費用等）については対象にならないなど，不法行為よりも要件が厳しい部分もありますので，注意が必要です。

　また，上記のような基本型のほか，従業員が業務中に起こした交通事故について使用者責任（民715条）を追及する場合や，被害者が保険会社に対して直接請求をする場合（自動車損害賠償保障法16条または任意保険約款に基づく請求），あるいは逆に，加害者が被害者に対して債務不存在確認請求訴訟を提起する場合などもあります。

　いずれの場合であっても，訴訟における争点は，責任に関する争点と損害に関する争点とに大きく分けることができます。

(2)　責任に関する争点

　責任に関する争点は，加害者の過失，被害者(側)の過失および過失相殺率に分けられます。

　加害者の過失については，不法行為に基づく損害賠償請求権を訴訟物とする場合には「加害者に過失があること」について被害者が立証責任を負担し，運行供用者責任に基づく損害賠償請求権を訴訟物とする場合には「加害者に過失がなかったこと」について加害者が立証責任を負担するという違いがありますが，いずれの場合も責任が発生するか否かのレベルで問題となり

235

ます。

　これに対し，被害者(側)の過失は，責任が発生することを前提として，過失相殺をするか否かおよびその程度のレベルで問題となります。

　過失相殺をする場合には，加害者・被害者(側)双方の過失を対比して過失割合から過失相殺率を定めることになります。その際には，事件の公平・迅速な解決を図る観点から，いわゆる「緑の本」(後掲(7)の参考文献⑦)等に掲載されている過失相殺率の認定基準を参照するとよいと思います。「緑の本」では，事故態様ごとに，基本の過失割合と，その修正要素・修正値を掲載しており，これらを組み合わせることで，特定の事故についての過失相殺率を算出することができるようになっています。

　もっとも，実際に生じる事故は千差万別ですから，「緑の本」に掲げられた事故態様に無理に当てはめたり，掲げられている基本の過失割合や修正値を絶対的なものと扱ったりするのは適切ではありません。

　当事者が主張立証した事実についても，その有する意味をよく検討することが必要です。基本の過失割合を決めるに当たって既に考慮されている事情なのであれば改めて修正要素として扱うべきではありませんが，基準に掲げられている修正要素に当たる事情や，修正要素としては掲げられていないけれども基本の過失割合を修正すべき意味を持つ事情であれば，適切な過失割合の修正を検討することになります。

　これらの責任に関する争点は，その多くが具体的な事故態様についての争いとして具体化することになります。

(3)　損害に関する争点

　損害は，人身損害と物的損害に分けることができます。また，人身損害は財産的損害と非財産的損害（精神的損害。慰謝料）に，更に財産的損害は積極損害（被害者が実際に支出等をするもの。治療費，通院交通費等）と消極損害（事故がなければ被害者が得ることができた利益。休業損害，死亡や後遺障害による逸失利益等）に，それぞれ分けることができます。そして，積極損害，消

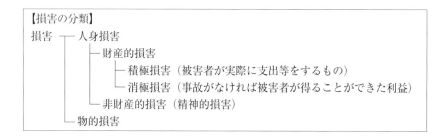

極損害，非財産的損害，物的損害に分けて，個別的項目を１つずつ計上し，
合計損害額を算定します。

　交通事件では，被害者の生命，身体または財産権の侵害の有無が問題とな
ることはあまりなく，事故と被害者が主張している損害との間に相当因果関
係が認められるか否かが多く問題となります。

　そして，損害に関する争点は，各損害項目に応じてさまざまですが，人身
損害についていえば，傷害・後遺障害の有無・程度，休業損害・逸失利益の
算定の適否（基礎収入，労働能力喪失率，労働能力喪失期間等），傷害（入通院）
慰謝料・後遺障害慰謝料の額などが争われることが多いといえます。また，
症状固定までは治療費，休業損害，傷害慰謝料が問題となる一方，症状固定
後は将来付添費（介護費），後遺障害による逸失利益，後遺障害慰謝料が問
題となるといったように，症状固定の前後で請求できる損害項目が変わって
きますので，症状固定時期も争いとなることが多いです。

(4)　証拠の収集

　交通事件において事故態様は，事故当事者と事故状況を特定し，責任原因
を判断する上で必要なだけでなく，損害（慰謝料）の算定や減額事由（過失
相殺や素因減額）の認定においても重要です。そして，事故態様を把握する
ためには，車の損傷状況を示す写真のほか，刑事事件の記録を入手すること
が有益です。刑事事件の記録については，刑事事件が不起訴になったのか，
起訴されて係属中なのか，判決が確定したのかによって入手できる資料・情
報の範囲や必要な手続などが異なりますので，詳しくは，本書120頁以下の
コラムや，いわゆる「赤い本」（後掲(7)の参考文献⑧）の上巻付録「刑事記録
等の取り寄せ方法について」などを参照してください。また，近時は映像を
記録することができるドライブレコーダーを設置している自動車が増え，性
能も向上していることから，その記録が証拠として提出されることも増えて
います。

　人身事故事件では，受傷内容や治療経過，症状固定日，後遺症などを明ら
かにするため，医療記録が証拠として必要になります。医療記録について
は，訴訟提起前に一定の証拠収集がされることもありますが，訴訟係属後，
早期の段階で文書送付嘱託の申立てがされることも多くあります。また，損
害額に直接関係する証拠として，治療費についての診療報酬明細書，交通費
などの領収書，休業損害や逸失利益の算定に必要な確定申告書や源泉徴収票
などの収入証明書類，死亡事案であれば葬儀費用の領収書なども必要になり
ます。

(5)　事実認定

　交通事件（特に人身事故事件）は，刑事事件記録，医療記録を中心に，比較的書証が充実している類型の事件といえるでしょう。なお，交通事件の書証は，示談の有効性などが争点になっている場合を除けば処分証書が存在することはまれで，ほとんどが報告文書ということになります。

　物損事故事件では，実況見分調書が作成されないなど客観的な証拠が少なく，当事者等の供述による認定の必要性が高いことも多いですが，そのような場合には，写真から認定できる車の損傷状況などの「動かし難い事実」との整合性を中心に供述の信用性を判断し，事実認定を行っていくことになります。

(6)　最近の特徴

　交通事故の発生件数は，平成の前半においてはほぼ一貫して増加傾向にありましたが，平成16年にピークとなって以降は減少が続いています。他方，東京地方裁判所に提起される交通事件の件数は，平成12年度以降，ほぼ一貫して増加傾向が続いており，平成29年度には過去最高の水準になっています（谷口園恵「東京地方裁判所民事第27部（交通部）における事件の概況（平成29年度）」曹時70巻7号〔2018年〕75頁以下参照）。その原因としては，①社会経済情勢の変化により，損害保険会社の保険金支払の査定が厳しくなる一方，当事者の権利意識が高まっていること，②高次脳機能障害により高額の将来介護費を請求する事案など，示談では容易に解決することができない問題を含む事案が増加していること，③自動車保険における弁護士費用保険の普及により，訴訟の提起が容易になったこと，などが挙げられています。

　また，従来は訴訟が提起される交通事件の多くは人身事故事件であり，訴額が比較的多額なため地方裁判所が扱っていました。しかし，上記③の要因により，損害額が少額な物損事故事件も訴訟が提起されるようになり，簡易裁判所が扱う事件数も増加傾向にありました。さらに，上記(5)で述べたとおり，物損事故事件には客観的な証拠が少ないといった特徴もあります。そのような状況を踏まえ，平成27年度司法研究として，簡易裁判所における交通損害賠償請求事件（物損事故事件）の審理・判決の在り方が研究され，その成果が報告書として刊行されています（後掲(7)の参考文献⑤）。

(7)　参考文献

　これから交通事件について勉強する人のために，基本的な文献を紹介します。なお，いわゆる「赤い本」（⑧）については，毎年，上下巻で出版されており，上巻の基準は変わることもありますので，該当年度のものを使用するようにしましょう。また，下巻に収録されている東京地裁民事第27部

（交通専門部）の裁判官による講演録は，毎年新たなテーマが取り上げられており，まだ固まっていない最先端の議論を垣間見ることができます。

①佐久間邦夫＝八木一洋編『リーガルプログレッシブシリーズ5 交通損害関係訴訟〔補訂版〕』（青林書院，2013年）

②『例題解説 交通損害賠償法』（法曹会，2006年）

③塩崎勤＝小賀野晶一＝島田一彦編『交通事故訴訟』（民事法研究会，2008年）

④「東京地裁民事第27部における民事交通事件訴訟の実務について」（いわゆる「緑の本」〔⑦〕の巻頭に掲載）

⑤司法研修所編『簡易裁判所における交通損害賠償訴訟事件の審理・判決に関する研究』（司法研究報告書67輯1号〔2016年〕）

⑥森冨義明＝村主隆行編著『交通関係訴訟の実務』（商事法務，2016年）

⑦東京地裁民事交通訴訟研究会編『民事交通訴訟における過失相殺率の認定基準〔全訂5版〕』（〔別冊判タ38号，2014年〕。いわゆる「緑の本」）

⑧日弁連交通事故相談センター東京支部編『民事交通事故訴訟 損害賠償額算定基準』（いわゆる「赤い本」）

2 それでは実際に，ある日の裁判官室の会話を聞いてみましょう。

> J：右陪席（中堅）裁判官
> H：左陪席（若手）裁判官
> S：民事裁判修習中の修習生
> T：　同

J　Sさん，いまは何の記録を読んでいるのですか。

S　先日Jさんに交通事件の基本的な考え方を教えていただいたので，来週，弁論準備手続期日がある交通事件の記録を読んでいました。交差点で自動車同士が出合い頭に衝突した事件です。まだ始まったばかりの事件なので理解しやすいかと思って読み始めたのですが，過失相殺が主張されていますし，損害項目も多く，少し頭が混乱しています。

T　その事件については，自分も先週検討しました。一応自分なりに考えてみましたので，もしよければ議論してもらえませんか。

J　Sさんもある程度検討が進んでいるのであれば，やりましょうか。

S　大丈夫です。お願いします。

J　では，Sさん，事案の概要を説明してください。

S　はい。原告が，自己の所有する自動車を運転して交差点に直進進入したところ，右方から直進走行してきた被告の運転する自動車に衝突されたと主張して，被告に対し，不法行為に基づく損害賠償を求めている事案です。

J　訴訟物は，不法行為に基づく損害賠償請求権だけだったでしょうか。

T　人身損害の部分については，運行供用者責任に基づく損害賠償請求権も選択的に訴訟物とされています。

J　そうですね。両訴訟物で主張立証責任がどのように違うかといった点は，先日少し説明しましたね。各自で復習しておいてください。さて，Tさん，責任に関する争点としては，どのような点が問題となっていましたか。

T　被告に過失があったことは争われていませんが，被告は，原告にも過失があったとして過失相殺を主張しています。具体的には，本件交差点は，左右の見通しがきかない交差点であり，信号機がなく交通整理が行われておらず，どちらの道路も優先道路とされていない上，原告の走行道路の幅員よりも被告の走行道路の幅員の方が明らかに広いので，原告には徐行すべき義務（道交42条1号・36条3項）があったところ，原告は徐行も減速もせずに本件交差点に進入したので過失があるという主張です。そして，「緑の本」などと呼ばれる『民事交通訴訟における過失相殺率の認定基準〔全訂5版〕』（1(7)の参考文献⑦）の【103】を参照して，図のⒶに当たる被告車両は減速したのに，図のⒷに当たる原告車両は減速しなかったので，被告と原告の過失割合は20：80が基本であるところ，原告車両Ⓑには速度超過という著しい過失があるので被告と原告の過失割合は10：90になり，90％の過失相殺をすべきと主張しています。

J　被告が引用している，いわゆる「緑の本」は，東京地裁で交通事件を専門的に扱っている裁判官たちが実務の経験を踏まえ，過失相殺の考え方やその認定基準をまとめたもので，裁判実務においてよく参照されています。今回の当事者もこの本の基準を引用しつつ，主張を展開していますね。では，この点について，原告は何と主張していますか。Sさん，どうでしょう。

S　えーと。原告は，本件交差点が，左右の見通しがきかず，交通整理が行われていない交差点であること，どちらの道路も優先道路とされていなかったため，原告に徐行義務（道交42条1号）があったこと，原告が徐行していなかったことは認めています。ただし，道路の幅員は同程度で

ウ　一方が明らかに広い道路である場合[1)2)]

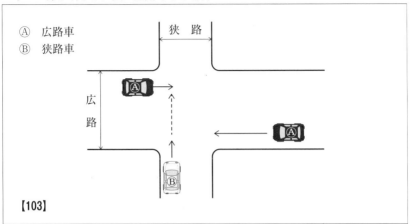

Ⓐ　広路車
Ⓑ　狭路車

【103】

速　度　等[3)]	ⒶⒷ同程度の速度	Ⓐ減速せず Ⓑ減速	Ⓐ減速 Ⓑ減速せず
基　　本	Ⓐ30：Ⓑ70	Ⓐ40：Ⓑ60	Ⓐ20：Ⓑ80
修正要素[7)]　Ⓑの明らかな先入[4)]	＋10	＋10	＋10
Ⓐの著しい過失[5)]	＋10	＋10	＋10
Ⓐの重過失[5)]	＋20	＋20	＋20
見とおしがきく交差点[6)]	－10	－10	－10
Ⓑの著しい過失[5)]	－10	－10	－10
Ⓑの重過失[5)]	－20	－20	－20

1)　明らかに広い道路（広路）とは，交差する道路の一方の幅員が他方よりも明らかに広い道路をいい（法36条2項，3項），明らかに広いとは，車両の運転者が交差点の入口においてその判断により道路の幅員が客観的にかなり広いと一見して見分けられるものをいう（「序章はじめに」3(19)を参照。）。
2)　狭路側に一時停止の規制がある場合は，狭路車Ⓑの広路車Ⓐに対する劣後性が明らかであるから，本基準ではなく【104】によるのが相当である。
　　また，広路が幹線道路で狭路が路地に類する場合など，広路の優先性が特に顕著である場合には，優先道路の基準（【105】）によるのが相当なこともあろう。
3)　速度というのは，交差点に進入する時の速度である。減速の意味・内容については，本章序文(2)カを参照。
　　最二小決昭63・4・28刑集42巻4号793頁，判タ665号149頁が，車両等は，見とおしがきかない交差点に入ろうとする場合には，広路を進行しているときであっても徐行義務は免除されないと判示したことから，過失相殺率の判断に当たっては双方の減速の有無を考慮するのが相当であり，本基準の設定も車両の速度差に応じて分類している。
4)　明らかな先入の意味・内容については，本章序文(2)クを参照。
　　本基準の態様の事故では，狭路車Ⓑは，通常，低速であり，かつ，交差点が長いため，厳密な先入関係を問題とすれば，ほとんど常に狭路車Ⓑが先入となろう

241

が，これを全て修正要素とする趣旨ではない。広路車Ⓐの通常の速度（制限速度内）を基準として，広路車Ⓐが，狭路車Ⓑの交差点進入時に直ちに制動又は方向転換の措置をとれば容易に衝突を回避することができる関係にある場合を「明らかな先入」として修正要素とするのが相当である。

　　なお，狭路車Ⓑが既に交差点内に入って停止しているところに広路車Ⓐが衝突した場合のように，およそ出合い頭事故と呼ぶにふさわしくないほどに先入の程度が著しい場合は，本基準の対象外である。

5）　著しい過失・重過失の意味・内容については，本章序文（2）タを参照。
6）　【101】の注4）を参照。
7）　大型車修正については，本章序文（2）ウを参照。

　東京地裁民事交通訴訟研究会編『民事交通訴訟における過失相殺率の認定基準〔全訂5版〕』（別冊判タ38号）218頁をもとに作成。

　　　あったとして，道路交通法36条3項の徐行義務は負っていなかったし，先ほどの「緑の本」の【101】を参照すべきであると主張しています。その上で，図のⒶに当たる被告車両は減速せず，図のⒷに当たる原告車両は減速したので，被告と原告の過失割合は60：40が基本であるところ，被告車両Ⓐには速度超過という著しい過失があるので被告と原告の過失割合は70：30になり，過失相殺は30％にとどまると主張しています。

Ｊ　そうですね。原告に道路交通法42条1号の徐行義務違反があること自体は争いがありませんので，過失相殺ができること自体も争いはありませんが，その率（割合）をめぐって，大きく2つの点で争いがあります。1つ目は，被告が指摘する【103】を参照すべき事案か，原告が指摘する【101】を参照すべき事案かという点です。2つ目は，原告車両と被告車両それぞれの速度関係の点で，これによって基本の過失割合が異なりますし，一定の速度超過があれば著しい過失・重過失として過失割合の修正要素にもなり得ます。最終的な過失相殺率を決めるためには，これらを順に検討する必要があります。責任に関する争点の全体像は理解できましたか。

ＳＴ　はい。大丈夫です。

Ｊ　それでは，まず1つ目の点について検討しましょう。念のため最初から順を追って説明すると，本件は，「四輪車同士の事故」（同書第3章）であり，「交差点における直進車同士の出合い頭事故」（同書第3章2）のうち「信号機により交通整理の行われていない交差点における事故」（同書第3章2⑵）に当たります。そして，この類型の事故は，①同幅員の交差点の場合【101】，②一方通行規制の違反がある場合【102】，③一方が明らかに広い道路である場合【103】，④一方に一時停止規制がある

242　演習問題11　損害賠償請求事件

ア　同幅員の交差点の場合

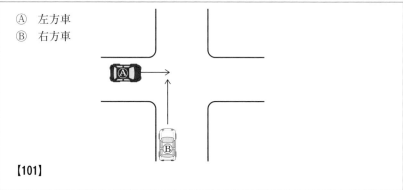

Ⓐ　左方車
Ⓑ　右方車

【101】

速度等[1]	ⒶⒷ同程度の速度	Ⓐ減速せず Ⓑ減速	Ⓐ減速 Ⓑ減速せず
基本[2]	Ⓐ40：Ⓑ60	Ⓐ60：Ⓑ40	Ⓐ20：Ⓑ80
修正要素[5][6] Ⓐの著しい過失[3]	＋10	＋10	＋10
Ⓐの重過失[3]	＋20	＋20	＋20
見とおしがきく交差点[4]	－10	－10	－10
夜間	－5	－5	－5
Ⓑの著しい過失[3]	－10	－10	－10
Ⓑの重過失[3]	－20	－20	－20

1)　速度というのは，交差点に進入する時の速度である。減速の意味・内容については，本章序文(2)カを参照。
　なお，出会い頭事故においては，左方車Ⓐと右方車Ⓑがともに減速しない場合と左方車Ⓐと右方車Ⓑがともに減速した場合は，いずれの場合にも，左方優先以外に双方の過失の程度に有意な差はないから，本基準の「ⒶⒷ同程度の速度」による。ただし，双方が十分な減速をして法定の徐行を履践し，交差点進入前に相手車を認識し得たときには，見とおしがきく交差点であるときと同様に，左方車Ⓐについて10％の減算修正をすべきであろう。
2)　一方に一時停止の規制がある場合は，本基準ではなく【104】による。
3)　著しい過失・重過失の意味・内容については，本章序文(2)タを参照。
　左方車Ⓐが幅員の余裕があるにもかかわらず道路右側部分を通行していたことが事故の原因となっているような場合の左方車Ⓐや，一方の車両の先入が明らかな場合（ただし，本基準の態様の事故では常にいずれかの先入が問題となり得るから，その判断は慎重にする必要があろう。本章序文(2)クを参照。）の他方の車両には，著しい過失があるとしてよい。
4)　見とおしがきく交差点の意味・内容については，本章序文(2)イを参照。
　基本の過失相殺率は，見とおしがきかない交差点で事故が発生したことを想定しているため，見とおしがきく交差点であることを修正要素とした。
5)　大型車修正については，本章序文(2)ウを参照。
6)　その他の修正要素の意味・内容については，本章序文(2)を参照。

東京地裁民事交通訴訟研究会編『民事交通訴訟における過失相殺率の認定基準〔全訂5版〕』（別冊判タ38号）215頁をもとに作成。

場合【104】，⑤一方が優先道路である場合【105】の５つに分けて基準が設けられています。なぜこのように分けて基準が設けられているのでしょうか。

Ⓣ それぞれの場合によって，基本の過失割合が異なるからです。

Ⓙ もう少し掘り下げてみましょう。基本の過失割合が異なる理由やその背景にある考え方はどういうものでしょうか。

Ⓢ 運転手に求められる注意義務の内容や程度が違うからじゃないでしょうか。信号がない交差点に入る場面という点では同じであっても，優先道路を走行しているときと，優先道路でもない同幅員の道路を走行しているときでは，求められる注意義務の内容や程度が違うと思います。また，もし一時停止規制があったとすれば，一時停止をして左右の安全を確認しなければなりませんから，事故が起こってしまったのであれば，一時停止規制がある側の過失割合が高くなると思います。

Ⓙ そうですね。各道路に対する規制の違いや道路の幅員等によって，各車両の運転手が負う注意義務の内容や程度が異なることになります。それに応じて事故に至る注意義務違反の内容や程度も，基本の過失割合も異なってきます。基準はこういうことを踏まえて設けられていますので，**それぞれの基準が前提としている事案や注意義務についての考え方をよく理解することが大事です。単に事故態様の図が似ているからといった理由で基準に当てはめて議論することは不適切です。基準の場合分けそれ自体を絶対的なもののように扱い，類型的に当てはめてもいけません。**たとえば，優先道路であるといっても，単に中央線が引かれているだけで幅員が交差道路と同程度の場合には，⑤一方が優先道路である場合の基準ではなく，④一方に一時停止の規制がある場合の基準に準じて考えてよい事案もあるでしょう。また，道路標識等が設けられていないため厳密には優先道路に当たらないとしても，幹線道路と路地が交差している場合のように，広い幹線道路の優先性が特に顕著なのであれば，③一方が明らかに広い道路である場合の基準ではなく，⑤一方が優先道路である場合の基準に準じて考えてよい事案もあるでしょう。

Ⓣ いずれにしてもよく考える必要がありますね。単に図を見比べてどれに近いかを考えるところでした。

Ⓙ では，話を戻しましょう。本件の場合，交差する道路のいずれかに一方通行規制や一時停止規制があるとか，優先道路であるといった主張はなく，証拠上もそういった事情はうかがわれません。当事者も，①同幅員の交差点の場合（【101】）なのか，③一方が明らかに広い道路である場

合（【103】）なのかという争い方をしています。「緑の本」では，「同幅員の交差点」や「明らかに広い道路」の関係の関係について，どのように説明していますか。

S 【103】の注①によれば，「明らかに広い道路（広路）とは，交差する道路の一方の幅員が他方よりも明らかに広い道路をいい（〔道路交通〕法36条2項，3項），明らかに広いとは，車両の運転者が交差点の入口においてその判断により道路の幅員が客観的にかなり広いと一見して見分けられるものをいう」とされています。他方，【101】についての説明（同書213頁，第3章2(2)ア）によれば，「ここにいう同幅員の交差点とは，交差する道路の一方が優先道路及び明らかに広い道路（広路）以外の道路である交差点……をいう」とされています。したがって，「一方が明らかに広い道路」に当たるかどうかを判断することになると思います。

J 一方が明らかに広いかどうかによって，運転手の注意義務にはどのような違いが出てくるのでしょうか。

T 被告は，原告の走行道路の幅員よりも被告の走行道路の幅員の方が明らかに広いので，原告には徐行すべき義務（道交36条3項）があったと主張しています。

J 同幅員であれば，原告は徐行義務（道交42条1号）を負っているのみですが，被告の走行道路が明らかに広い道路に当たるとすれば，原告は，徐行義務（同42条1号・36条3項）に加え，被告車両の進行妨害をしてはならない義務（同36条2項）も負っていたことになります。したがって，原告の過失割合が多く，被告の過失割合が少なくなる方向になります。そのことが【101】と【103】の違いとして現れてくるということになります。では，具体的に検討してみましょう。まず，被告の主張によれば，各道路の幅員は，それぞれ何mということでしょうか。

S えーと。被告の走行道路が8.2mで，原告の走行道路が6.5mなので，被告の走行道路の方が明らかに広いと主張しています。

J では，各道路の幅員は，被告の主張するとおりに認定することができるでしょうか。

S 警察が事故直後に作成した実況見分調書が証拠として提出されていますので……，（実況見分調書の現場見取図と見比べながら）えーと……被告の主張は，現場見取図の記載と一致していますので，認定できると思います。

J 先ほど，一方の道路の幅員が他方よりも明らかに広いかどうかによって道路交通法36条2項・3項の適用があるかどうかが変わり，そのこと

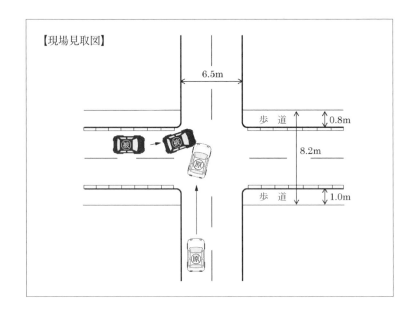

が【101】と【103】の違いに現れていると説明しましたが，同条2項・3項にいう「道路の幅員」は，歩道等（歩道または路側帯）と車道の区別のある道路においては「車道の幅員」と読み替えることになっています（同法17条4項，最判昭和47・1・21刑集26巻1号36頁参照）。このことを踏まえて検討してみると，どうですか。

S （実況見分調書の現場見取図を見ながら）えーと。被告の走行道路は全体の幅員が8.2mでしたが，車道と歩道が縁石で区別されており，車道の幅員は6.4mでした。原告の走行道路は，車道と歩道等の区別がありませんので，道路全体の幅員6.5mをそのまま使うことになります。そうすると，被告の走行道路の幅員の方がわずかに狭いことになりますね。

J そういうことですね。被告の主張していた幅員を前提としても，8.2mと6.5mの違いでしたから，車両の運転者が交差点の入口で一見して，被告の走行道路の方が広いということを見分けられるかというとかなり疑問があったのですが，条文や証拠と照らし合わせると，そもそも被告の走行道路の方が広いとは認定できず，ほぼ同幅員であると認定することになりそうです。

T 気付かなかったです。

J そうすると，本件では【101】を参照して検討するのがよさそうです。【103】でも【101】でも，基本の過失割合を決める要素や修正要素はほ

ぼ同じではあるのですが，どちらを参照すべき事案であるかについては早く共通認識を形成しておいた方がよいと思いますので，次回の期日で，現時点における裁判所の暫定的な心証を双方代理人に伝えた上で，被告代理人と少し議論してみましょう。もし特に大きな反論や反対証拠の指摘がなければ，今後は同幅員の場合であることを前提に主張してもらえるかもしれません。

Ⓢ もしそうなると，先ほど責任については大きく2つの点で争いがあるということでしたが，争点整理の結果，1つ目の点は争点ではなくなるということになるのでしょうか。

Ⓙ 被告の走行道路の方が明らかに広いという主張を明示的に撤回して争点から外すとまで言ってもらえるかどうかは分かりませんが，被告が，今後この点に大きな反論や反対証拠の指摘をしないのであれば，今後の主張立証は，責任に関する2つ目の争点と損害に関する争点に力点が置かれることになるでしょう。このように**当事者の主張が対立している争点の中にも軽重がありますので，争点を整理して，メインとなる争点に注力してもらうことが大事です。**

Ⓣ **争点の軽重についての認識を両当事者と裁判所で共有しておくということですね。**

Ⓙ そういうことです。争点整理と事実認定が密接に関係していることも理解できたと思います。では次に，【101】を前提に検討を進めてみますと，被告車両Ⓐと原告車両Ⓑそれぞれの速度によって基本の過失割合が異なりますし，一定の速度超過があれば著しい過失・重過失として過失割合の修正要素にもなり得ることが分かります。この点については，先ほど確認したとおり，原告も被告も，自分は減速した，相手は減速していない，むしろ相手には速度超過という著しい過失があると主張していますが，速度や事故態様に関するこれらの主張を裏付ける証拠としては，どのようなものが提出されていますか。

Ⓣ 実況見分調書からは，ブレーキ痕の長さや事故時の路面状況などが分かります。路面が乾いていたか濡れていたか，舗装はアスファルトかコンクリートかなどによって摩擦係数が異なるとされています。ブレーキ痕の長さや摩擦係数の値からブレーキをかけた速度を計算する式がありますので，それを用いて速度を推認することができます。

Ⓢ 実況見分調書や捜査報告書，調査会社作成の報告書などの中には事故車両の損傷状況が分かる写真がありました。車両の損傷状況からも事故態様がある程度は推認できると思います。ドライブレコーダーの映像があ

247

ればと思ったのですが，本件では提出されていないようです。

J　そうですね。事案によっては，警察の捜査段階で，運動量保存則，エネルギー保存則などから事故当時の速度を推測した捜査報告書が作成されていることがあり，証拠として提出されることもありますね。また，原告，被告それぞれの陳述書が提出されれば，事故態様についての直接証拠ということになりますから，いま挙げてもらったような証拠から認定できる「動かし難い事実」との整合性なども踏まえつつ，その信用性を検討することになりますね。速度を含めた事故態様の点については，被告からも主張は一応出ていますが，裏付けの証拠がまだ提出されていませんので，次回期日で被告代理人に立証予定を聞いてみることにしましょう。さて，損害論も含め，まだまだ話は尽きませんが，別件の期日の時間が近づいてきてしまいました。今日はこの程度にして，続きはまた今度検討することにしましょう。

S T　ありがとうございました。

H　部長や右陪席が修習生と話している時はいつも耳をそばだてているんだけど，本当に勉強になるなぁ。私が担当する合議事件でも，最近はレ号事件（簡裁の第1審判決に対する控訴事件。地裁の合議体で審理判決する）で物損事故の交通事件が増えているんだよ。物損事故事件には人身事故事件と違う難しさがあって大変だよ。

S　違う難しさ，ですか。

H　人身事故だと，事故現場の詳細な見取図や写真が含まれる実況見分調書が作成されているから，それを見れば事故現場の道路状況といったいちばん基礎となる事実関係を認定することができることが多いけど，物損事故だと，実況見分調書が作成されないことが多いんだよ。物損事故の場合に警察が作成する物件事故報告書や事故処理報告書という書類は，実況見分調書みたいに詳細なものではないけど，それが証拠として提出されていればまだいい方かな。それすらなくて，いちばん基礎となる事実関係の認定から悩む事件もあるよ。もちろん人身事故事件と違って後遺症や逸失利益，将来介護費といった損害に関する難しい争点は出てこないけど，だからといって人身事故事件に比べて簡単だということではないと思うな。

T　なるほど。それぞれの事件に特有の難しさがあるんですね。

| Column | 中間利息控除 |

被害者が将来の得べかりし利益（消極損害）について一時金による損害賠償を求める場合，中間利息を控除する必要があるとされています。

例えば，10年後に受け取るはずであった100万円について相当因果関係が認められるとした場合において，損害賠償金100万円の即時支払を命じてしまうと，それを受け取った被害者は，その100万円から向こう10年間に生ずる運用益（利息）を取得することができますので，実際に受けた損害よりも多くの賠償を受けることになってしまいます。そこで，将来の損害について一時金による損害賠償をする場合には，支払時から将来時点までの中間利息を控除する（現在価値に割り引く）ことになります。

中間利息控除の利率（割合）については，従前から，市場金利が法定利率よりも低金利で推移している状況では，法定利率で中間利息を控除してしまうと賠償額が不当に低額になってしまうなどとして，法定利率と異なる（法定利率より低い）利率によるべきといった考え方がありましたが，最高裁判例では，法的安定および統一的処理の必要性，被害者相互間の公平の確保，損害額の予測可能性による紛争予防等の観点から，民事法定利率によるものとされていました。

平成29年の民法（債権法）改正に際しては，中間利息控除に関する規定を設けるか，設けるとして法定利率と異なる利率とするか，基準時をいつにするかなどの検討が行われました。その結果，法定利率について変動制が導入されたことなども踏まえ，中間利息控除をするときは，損害賠償の請求権が生じた時点における法定利率によってするものとされました（民417条の2。なお，同条は債務不履行による損害賠償に関する条文ですが，同法722条において不法行為による損害賠償について準用されています）。これにより，少なくとも改正法の施行当初は，法定利率が年5％から年3％に引き下げられることに伴い，中間利息の控除額が少なくなり，一時金の損害賠償額が増えることが見込まれます。

また，中間利息の控除方法については，複式ライプニッツ方式（複利法）と複式ホフマン方式（単利法）があり，最高裁判例では，いずれの方法によっても不合理とはいえないとされていますが，近時の実務は，原則として複式ライプニッツ方式で運用されているとされています（井上繁規=中路義彦=北澤章功「交通事故による逸失利益の算定方式についての共同提言」判タ1014号〔2000年〕62頁参照）。

改正後の民法でも中間利息の控除方法について定めた条文は設けられていませんので，直ちに従来の実務に影響があるわけではありませんが，現在の実務の運用も，将来にわたって固定的なものではなく，法令の改正や社会経済情勢

等の変化などの影響を受けて再検討が必要になることもありますので，不断の
検討と勉強が欠かせないといえます。

Column　　　　　　　　　　　**弁護士費用保険**

　交通事故にあった場合，弁護士に相談したり，訴訟手続を依頼したりするこ
とがあると思いますが，その費用は原則として自己負担となります。弁護士費
用についても，交通事故によって生じた損害であるとして，加害者に損害賠償
請求をすることができますが，必ずしも弁護士に支払った全額が因果関係ある
損害として認められるわけではありません。

　そのような背景もあってか，最近では，弁護士費用の塡補を目的とする特約
が付いた自動車保険（任意保険）に加入する方が増えているようです。これを
一般に弁護士費用保険（弁護士費用特約）と呼んでいます。

　さらに，日本弁護士連合会では，日本弁護士連合会リーガル・アクセス・セ
ンター（日弁連LAC）と協定を締結している保険会社の保険加入者に対し，各
弁護士会を通じて弁護士の紹介を行う仕組みを設けています。紹介を受けずに
知り合いの弁護士に依頼することも可能ですが，弁護士との委任契約で定めた
報酬が高額な場合には，保険で全額がカバーされないおそれがあります。

　最近では，自動車保険のほか，火災保険や損害賠償責任保険などさまざまな
保険に弁護士費用保険が広がっているようです。

250　演習問題11　損害賠償請求事件

演習問題

12

遺言無効確認請求事件
——被相続人の遺言能力の有無

　Xが，兄であるYに対し，亡き父Aが平成29年4月2日にした公正証書遺言について，遺言作成時にAには遺言能力がなかったと主張して，遺言の無効確認を求める事案です。なお，Aの配偶者（XおよびYの母）は平成25年に死亡しており，Aの相続人はXおよびYの2名です。

　公正証書遺言について遺言能力の有無が争点となる場合に，XまたはYが主張立証すべき事実はどのようなものでしょうか。

（Xの話）

　私は，昭和54年に地元である埼玉県内の高校を卒業した後，関西の大学に進学しました。大学卒業後は関西に本社がある会社に就職し，大阪市内に住んで働いています。

　平成29年8月30日に父が亡くなり，相続が開始した後，父が平成29年4月2日に作成した公正証書遺言が存在することが判明しました。その内容は，主要な財産をすべてYに取得させるというものでした。しかし，父は母が死亡した平成25年頃から認知症を患い，平成28年11月30日には要介護認定において要介護4の認定を受けていました。要介護4とは，一般的に，排泄・入浴・衣類の着脱など日常生活の全般において全面的な介助が必要な状態であるとされていますので，この頃には父の判断能力はかなり低下していたと思います。また，平成29年の正月に実家で会った時には，自力で歩くことはできたものの，会話は全くかみ合わず，私の妻や子の名前を思い出すこともできませんでしたし，30分前に話したことも覚えていないような状態でした。ですから，遺言を作成した平成29年4月2日当時，父に遺言を作成する能力はなく，兄が父を利用して自分に都合のよい内容の遺言を作らせたのだと思います。したがって，この遺言は無効です。

（Yの話）

　私は，昭和51年に埼玉県内の高校を卒業した後，静岡県内の会社に就職して働いていました。しかし，平成25年に母が死亡した後，父に認知症の症状

251

が出始めました。このまま父に一人暮らしをさせておくのが心配でしたし，私は独身で定年退職が近い年齢でもあったことから，静岡県内の自宅を引き払い，仕事を辞めて埼玉県内で父と同居することにしたのです。そのような経緯で，平成26年1月以降，私は父と同居し，身の回りの世話をしてきました。

父は平成26年1月初旬に初期の認知症と診断され，日によって物忘れがひどかったり，会話がかみ合わなかったりすることもありましたが，調子が良い日は普通に会話ができましたし，自分の財産について正確に把握していました。父は，仕事を辞めて父の面倒を見ていた私に対し，遺産の大半を譲りたいと常々言っていました。平成29年に入り，父の症状が徐々に悪化してきたことから，同年4月，父と話し合い，元気なうちに公証役場できちんとした遺言を作成しておくことにしたのです。

公証人の乙山さんに相談したところ，父の遺言能力が後に問題となるかもしれないから，あらかじめ診断書を取っておくようにとアドバイスされました。そこで，平成29年3月，乙山さんから紹介された精神科医に診断書を作成してもらいました。この診断書は乙山さんに提出してあります。

遺言書作成の当日，父の体調はすこぶる良く，乙山さんからの質問に対してきちんと受け答えすることができていましたし，遺言の内容もよく理解していました。このことは証人として立ち会った私の従弟である丙村さんも確認しています。

父は，平成28年11月30日に介護保険制度における要介護4の認定を受けています。これは，要介護認定の等級が上がれば，介護保険を使って金銭的負担を軽減することができるため，かかりつけの内科医に対し，実際よりも父の認知能力や生活能力を低く申告したためです。したがって，この頃のカルテに父の認知機能が低下しているなどと記載されているとしても，これは実態を反映したものではありません。

依頼した弁護士の話によると，公証人は，遺言能力について後日争いになったときのために，公正証書遺言を作成した際の状況をメモに残し，公正証書遺言とともに保管しておくことがあるそうです。乙山さんがこのようなメモを作成しているかどうか，また，作成していたとして書証としての提出に応じてもらえるかどうかは確認していないので分かりません。もっとも，陳述書の作成については，公証人は中立的立場を維持する必要があるとの理由から断られてしまいました。公正証書作成時の状況について，依頼した弁護士から聴取させてもらいたいと考えていますが，これについても応じてもらえるかは分かりません。

B：Xの訴訟代理人弁護士
S：Bの事務所で弁護修習中の修習生

B 　S君，本件で公正証書遺言の効力を争う場合，どういう事実を主張立証すればいいだろうか。**遺言無効確認請求事件は，過去の法律行為である遺言が効力を有しないことの確認を求める消極的確認訴訟だから，原告は請求原因として確認の利益を基礎付ける事実，すなわち，遺言の効力について当事者間に争いがあることを主張立証する必要がある**。具体的には，**①被告が，無効確認の対象となる遺言が存在していると主張していること，②遺言者が，死亡時，当該遺言の目的である財産を所有していたこと，③遺言者が死亡したこと，④原告が遺言者の子であることを主張立証すること**になるね。

S 　そうすると，被告側が抗弁として①遺言者が遺言をしたことと，②遺言が法定の方式に従ってされたことを主張立証しなければならなくなるのですね。

B 　そのとおり。もっとも，請求原因のみを訴状に記載したのでは，裁判所も被告も，原告が主張しようとする遺言の無効原因が何なのかが分からず，争点が明らかにならない。だから，**原告の方で，自分が主張しようとする遺言の無効原因を明らかにする必要がある**ね。ところで，本件では，Xが主張できそうな遺言の無効原因として何がありそうかな。

S 　遺言書の作成当時，Aは会話することも難しい状況だったとすれば，口授の要件を欠くことを主張するとか……。

B 　方式違反の主張は，抗弁の②の事実の否認に当たるね。公正証書遺言は公証人が作成するものだから，口授の要件を欠くといった方式違背を主張しても，それが認められるのは相当難しいんじゃないかな。

S 　確かにそうですね……。あれ，待てよ，ひょっとするとYはまったくの別人をAと偽って公証役場に連れて行き，遺言を捏造しているかも……。

B 　その主張は，抗弁の①の事実を否認し，遺言書の成立の真正を争うものだね。まぁ，捏造の可能性がないとは言えないが，公証人は本人確認をした上で遺言を作成するはずだから，遺言が捏造されたという主張も相当難しいと思うよ。

S 　なるほど……。では，直球勝負で，Aに遺言能力がなかったということを主張立証するのはどうでしょう。

B 　そうだね。遺言無能力は再抗弁であり，原告であるXに主張立証責任が

ある。Xとしては，父Aに遺言能力がなかったことを推認させる間接事実を主張立証すべきことになるね。

S 具体的には，本件ではどういった事実をどんな資料で立証すればいいでしょうか。

B **遺言能力の有無は，次のような諸事情を総合的に考慮して判断されることから，これらの諸事情に関する事実を遺言無能力を推認させる間接事実として主張立証すべきことになるね。**
　　①遺言時における遺言者の精神上の障害の有無，内容，程度
　　②遺言の内容の難易や合理性
　　③遺言作成の動機，理由，経緯
　　④遺言作成時の具体的な状況
　　たとえば，①遺言時における遺言者の精神上の障害の有無，内容，程度については，**Aとの会話の状況，呼びかけた際の反応やその際のAの行動などにより，Aの認知症の程度が重かったことを立証することになる**。そのための資料としては，遺言時またはその前後の時期における遺言者の診断書や認知機能検査の結果，頭部画像の所見，医師の意見書のほか，入院診療録，要介護認定のための調査結果，介護スタッフが記載した介護日誌なども有益だと考えられるよ。

S 認知機能検査というのはどういうものですか。

B 認知症のスクリーニングのための検査だよ。実務上は長谷川式認知症スケール（HDS-R）が用いられることが多いね。これは，3つの単語の即時記銘や遅延再生，計算，数字の逆唱など9つの項目からなる30点満点の認知機能検査で，一般的には得点が20点以下の場合に認知症が疑われると言われているよ。

S 次に，②遺言の内容の難易や合理性について，**遺言の内容が単純であれば遺言による法的効果の理解が容易なので，それほど高度な能力は要求されませんが，遺言の内容が複雑であれば法的効果の理解が困難ですので，高度な能力が要求されそうです**。立証においては遺言書そのものが資料となりますね。

B そのとおり。遺言者が当該遺言を理解し作成することができたかを，遺言書の内容に照らして判断することになる。じゃあ，③遺言作成の動機，理由，経緯はどうだろう。

S Xとしては，**遺言者にそのような内容の遺言を作成する動機がないことを主張する**ことが考えられます。証拠としては，X，Yやその他の親族など関係者の供述が中心になるでしょうか。

B　そうだね。**生前の遺言者の生活状況や相続人との人間関係，交際状況，遺言に至る経緯については，遺言者の日記やメモなども有益な資料になることがあるよ。遺言作成の動機については，遺言作成の時期に近接した事情の方がより重視される。ただし，遺言無能力の判断において最も重要なのは遺言者の心身の状態であり，動機がないというだけでは遺言無能力とは認められないだろうな。**

S　なるほど。④遺言作成時の具体的な状況について，**遺言作成時の遺言者の行動や会話の状況も遺言能力の有無を判断する上で重要なポイントになりそうです。**証拠としては，遺言書作成の状況を録音・録画した記録媒体が重要な資料になりますし，そのようなものがない場合には，公証人や公正証書の作成に立ち会った証人の供述によって立証することになりますね。

B　もっとも，公証人である乙山さんの証人尋問を請求する必要性があるかどうかは，よく見極める必要があるぞ。

S　どうしてですか？　乙山さんはＹ側に有利な証言をする可能性が高い，いわゆる敵対証人ですよね。Ｘ側として尋問をしておかなくてもいいんですか？

B　公証人が職務上作成した公正証書遺言について，その効力を否定する方向に働く事実に関する証言を当該公証人から引き出すのは，そもそも難しいことなんだ。公証人は元裁判官や元検察官である場合が多いから，遺言書の効力を否定する方向に働く事実を引き出そうとする尋問の意図を見抜かれてしまうことが多いってわけさ。

S　なるほど……。闇雲に証人尋問を請求するのではなく，まずは公証人や証人に陳述書を作成してもらい，その内容を見た上で証人尋問の要否を判断した方がいいですね。

B　そうだね。もっとも，乙山さんは陳述書の作成に協力的ではないようだから，被告側に異議がない場合には，裁判所に書面尋問（民訴205条）を採用してもらうという方法も考えられるね。ただ，乙山さんの回答内容が十分ではなく，追加の書面尋問や証人尋問を求めることになれば，かえって手間暇がかかってしまう。その可能性が相応にあるのであれば，最初から乙山さんの証人尋問を請求した方がいいだろう。

　　今回のような遺言無効確認請求事件における主張・立証については，土井文美「遺言能力（遺言能力の理論的検討及びその判断・審理方法）」判タ1423号（2016年）15頁や，東京地方裁判所民事部プラクティス委員会第二小委員会「遺言無効確認請求事件を巡る諸問題」判タ1380号

（2012年）4頁などが参考になるので，読んでみるといいよ。

　ちなみに，俺は過去に公正証書遺言の無効判決を取ったことが2回あるんだけど，どちらの事件でも公証人の証人尋問は申請しなかったよ。もっとも，知り合いの公証人の中には，尋問に呼ばれないまま公正証書遺言を無効にされるのだけは勘弁してほしいって言う人もいたね。アハハハハ……。

S　（また得意の自慢話が始まっちゃったよ……。）

Column	遺言書の存否

　1　相続人にとって，被相続人の遺言書が存在するか否かは，必ずしも明らかではありません。相続人は，どのようにして遺言書の存否を確認すればよいでしょうか。

　2　公正証書遺言について，公証人は，昭和64年1月1日以後，遺言者の氏名，生年月日，遺言公正証書の作成年月日等（遺言の内容は含みません）を公証人連合会に報告し，連合会では，これらの情報をデータベース化して，全国の公証人が利用できるようにしています。

　遺言者が死亡した後，法定相続人，受遺者，遺言執行者などの利害関係人は，公証役場に対し，「遺言検索システム」による検索を依頼して，被相続人の遺言の有無と遺言公正証書を保存している公証役場を照会することができます。この検索システムは全国の公証役場で作成された公正証書遺言のデータを管理するものですので，遺言がどの公証役場で作成されたものであっても，最寄りの公証役場に必要書類を持参して依頼すれば検索を行うことができます。

　これに対し，昭和63年以前に作成された公正証書遺言は検索システムでは管理されていないため，その存否を確認するには，遺言者の住居所に近い公証役場など，公正証書遺言が保管されていると思われる公証役場に個別に問い合わせを行う必要があります。遺言の有効性が争点となっている事案においては，遺言の内容や署名などの筆跡が事実認定を行う上で重要となります。法定相続人，受遺者，遺言執行者などの利害関係人は，公正証書遺言の原本を保管している公証役場において，遺言公正証書の原本を閲覧したり，裁判所に証拠として提出するための謄本の交付を請求したりすることができます。

　3　自筆証書遺言については，令和2年7月，「法務局における遺言書の保管等に関する法律」が施行され，遺言者が法務局において自筆証書遺言の保管を申請することができる制度が設けられました。

　この保管制度を利用した場合には，遺言書の改ざんや隠ぺいを防ぐことができるだけでなく，遺言書の検認の手続（民1004条）を受ける必要性がなくなり

ます。遺言者が死亡した後は，遺言者の法定相続人，受遺者，遺言執行者など
の利害関係人は，遺言書保管官に対し，遺言書保管所に保管されている遺言書
について，遺言書情報証明書の交付や，遺言書の閲覧を請求することができま
す。

Column	認知症の程度を立証するための資料

1 認知機能検査

　認知症の認知機能検査にはさまざまな方法がありますが，実務上，長谷川式
認知症スケールまたはミニ・メンタルステート試験（MMSE）が行われること
が多いです。

　長谷川式認知症スケールは，精神科医の長谷川和夫氏が開発した簡易知能検
査で，認知症の診断に使われる認知機能の検査方法のひとつです。見当識，記
憶など9項目からなり，30点満点で20点以下は認知症の疑いがあるとされて
います（254頁参照）。

　ミニ・メンタルステート試験は，1975年にアメリカのフォルスタイン夫妻
によって作成されたもので，認知機能の検査方法として世界中で最も広く活用
されています。11問からなり，30点満点で21点以下で認知症の疑い，22～26
点で軽度認知症の疑いがあるとされています。

2 要介護認定の調査結果

　要介護認定とは，平成12年4月に始まった介護保険制度において，認知症等
で常時介護を必要とする状態（要介護状態）にあるかどうか，またその程度を
判定することをいいます。判定は国が定める認定基準に基づいて行われ，要支
援1，2，要介護1～5の7段階で認定されます。要介護5が最も介護を要する状
態とされています。

　要介護認定は，被保険者からの申請を受けて，保険者である市区町村の介護
認定審査会が行います。まず，一次判定として市町村の認定調査員による心身
状況の認定調査と主治医の意見書に基づくコンピュータ判定を行い，二次判定
として保健・医療・福祉の学識経験者により構成される介護認定審査会が審査
判定を行います。

長谷川式認知症スケール（HDS-R）における質問事項と得点

1	お歳はいくつですか。（2年の誤差は正解）		0 1
2	今年は何年の何月何日ですか。何曜日ですか。 （年月日，曜日が正解でそれぞれ1点ずつ）	年	0 1
		月	0 1
		日	0 1
		曜日	0 1
3	私たちが今いるところは，どこですか。 （自発的に回答できれば2点，5秒おいて「家ですか？ 病院 ですか？ 施設ですか？」と質問し，正しい選択をすれば1点）		0 1 2
4	これから言う3つの言葉を言ってみてください。またあとで 聞きますのでよく覚えておいてください。（以下の系列のいず れか1つで，採用した系列に○をつけておく） 　1：a)桜　b)猫　c)電車 　2：a)梅　b)犬　c)自動車		0 1 0 1 0 1
5	100から7を順番に引いてください。 （「100−7は？ それからまた7を引くと？」と質 問する。最初の答えが不正解の場合は打ち切る。）	100−7＝93 93−7＝86	0 1 0 1
6	私がこれから言う数字を逆から言ってください。 （6・8・2，3・5・2・9）	2・8・6 9・2・5・3	0 1 0 1
7	先ほど覚えてもらった言葉をもう一度言ってください。　a： （自発的に回答があれば各2点。もし回答がない場合は　b： 以下のヒントを与えて正解であれば1点）　　　　　　c： 　a)植物　b)動物　c)乗り物		0 1 2 0 1 2 0 1 2
8	これから5つの品物を見せます。それを隠しますので，何が あったか言ってください。 （時計，鍵，タバコ，ペン，硬貨など，必ず相互に無関係なもの）		0 1 2 3 4 5
9	知っている野菜の名前をできるだけ多く言って ください。（答えた野菜の名前を右の欄に記入す る。途中で詰まり，約10秒間待つも答えが出な い場合には，そこで打ち切る。） 　0〜5＝0点，6＝1点，7＝2点，8＝3点， 　9＝4点，10＝5点		0 1 2 3 4 5
		得点合計	

演習問題 13 持分移転登記手続請求事件
―― 遺産分割協議書は真正に成立したか

1 事件の内容

とある裁判官室で，翌週の証人尋問に備えて修習生と裁判官が議論を始めるようです。

議論の前に，証人尋問が行われる事件の内容を見ておきましょう。今回の事件は，相続人間で遺産分割協議の有効性が争われている事案です。原告のX_1とX_2（両者を合わせて「Xら」と呼ぶことにします）は，被相続人Aの長女と次女で，被告のYは長男です。Yが遺産分割協議に基づいてAの財産であった甲土地の持分のうち10分の5部分について持分移転登記をしたところ，Xらは，遺産分割協議が同じ相続人であった母親Bの意思に基づかないもので無効であるとして，各法定相続分に相応する共有持分権に基づき，真正な登記名義の回復を原因とする持分移転登記手続を求めています。家族関係図は，次のとおりです。

本件では，次のような遺産分割協議書が作成されており，これをどう見るかがポイントとなりそうです。

遺産分割協議書

被相続人　A（昭和20年10月10日生）
死亡日　　平成27年1月7日
本籍地　　○○県△△市××123-45

平成27年12月2日，被相続人Aの死亡によって開始した遺産相続につい

て，Aの相続人全員で協議した結果，下記のとおりに遺産を分配し，取得することを合意したことを確認する。

記

1　甲土地のAの持分10分の9のうち，10分の4はBが相続し，10分の5はYが相続する

2　乙建物のAの持分10分の1はYが相続する

3　丙土地のAの持分10分の3はCが相続する

4　預金1200万円はBが相続する。

以上の内容で，相続人全員による遺産分割協議が成立したため，本協議書を2通作成し，署名押印の上，Yが保管する。

平成27年12月5日

　　住所…　　　相続人　B　㊞
　　住所…　　　相続人　Y　㊞
　　住所…　　　相続人　X₁　㊞
　　住所…　　　相続人　C　㊞
　　住所…　　　相続人　X₂　㊞

X₁とYの言い分も見ておきましょう。

（X₁の言い分）

　最初に遺産分割について話合いを始めたとき，母が，父Aが最も大切にしていた財産であり，母の生活の本拠でもあった甲土地の父の持分を形見として自分の名義にしてほしいと言い出しました。甲土地にはYが二世帯住宅となる乙建物を建てて父や母と住んでいましたので，甲土地もいずれはYが取得することになるのかと漠然と思っており，やや意外でしたが，皆，母の希望を聞いてあげてもいいのではないかという雰囲気でした。

　ところが，その後Yが，母と同居する家に帰った際に，やはり甲土地はYが相続した方がいいと言うようになったそうなのです。私は，そのことを母からの電話で知ったのですが，母はとても不満そうでしたし，Yから，Yの言うとおりにしないと今後は同居しないとも言われ，大変ショックを受けていました。

　その後，Yからも，遺産分割協議をしたいので集まってほしいという電話を受け，CとX₂は仕事の都合で来られなかったのですが，母を含めて3人で集まりました。ちなみに，本件の遺産分割について，私は父の生前に，結婚資金

260　演習問題13　持分移転登記手続請求事件

や子供の教育資金として弟妹たちよりも多く援助してもらっていたこともあり，基本的に母と長男であるＹに決めてもらったらいいと思っていました。

　母とＹ，私は，甲土地にある居宅で集まった後，しばらく世間話をしていましたが，一緒に連れて行った私の子が公園に行きたいと言ってきたので，話合いはＹに任せて外に出ました。居宅に戻ると，Ｙと母の押印のある遺産分割協議書ができていて，Ｙから判子を押すように言われたので，母も納得して押したのかと思い，私も押印しました。後でＣとＸ₂も押印したようです。

　後日，母が，Ｙに騙されたと言って悩んでいたので，夫の知り合いである弁護士に相談をして，調停を申し立てることにしました。Ｘ₂も，母からよく電話で相談を受けていたらしく，母のことをかわいそうに思って協力してくれました。結局調停ではまとまらず，訴訟に移行し，今に至ります。母は，遺産分割協議書の作成はＹに勝手にされた，自分は知らない，当日，Ｙの妻と共に夕飯の準備をしていた時間があったので，その時に作成されたと思うと話していました。これから，まとまった陳述書等を作成しようと思っていたのですが，その前に母が脳梗塞を発症して急死してしまったので悔やんでいます。

（Ｙの言い分）

　甲土地は，もともと父であるＡが生前に購入していたもので，私もそこで生まれ育ちました。家庭を持ったことをきっかけに一度は家を出ましたが，きょうだいが皆仕事や家庭を持って家を出た後，母が父と２人だけで住むのは心細いという話をしており，私が長男だということもあって，家族で両親と共に実家の甲土地に住むことにしました。その際，二世帯住宅として使うために，主に私の資金で建替えを行うことにし，乙建物を建てたのです。そのような経緯でしたので，甲土地についても，いずれは私のものになるかと思っていましたし，おそらくきょうだいも同じ思いだったのではないかと思います。ところが，ある日突然，父が甲土地の10分の1を母に贈与すると言って登記をしてしまいました。父がなぜそうしたのかは今でもよく分かりません。

　父が亡くなって，葬儀等ひと段落ついたところで，遺産分割の話が出ました。そうすると，意外なことに，甲土地の父の持分について母が全部ほしいと言ったのです。最初は特に反対しなかったのですが，考えてみると，今の利用状況や相続税の処理等，様々な面から見て，全部母が相続するというのは合理的でないと思うようになりました。

　それで，単身赴任先から帰った際に母にその話をしましたが，最初はいろいろと言っていたものの，最後は分かってくれました。そこで，きょうだいたち

を呼んで遺産分割協議書を作成することにしたのです。

　遺産分割の内容は，母の希望も聞いて，甲土地の父の持分10分の9のうち，10分の4を母のものに，残り10分の5を私のものにするとしています。このような合理的な内容で円満に話合いができたと思っていたのに，後日母から単身赴任先に手紙が届き，私に騙されたなどと書いてあって，一体何を言っているのかと不思議に思っていたところ，調停が申し立てられて大変驚きました。

2　ある日の裁判官室

J：裁判官
S：民事裁判修習中の修習生
T：　同

S Jさん，来週証人尋問がある持分移転登記手続請求事件について，事実認定と尋問のポイントについてメモを起案しました。

T 私も作成しました。

J いよいよお二人にとって初めての尋問傍聴ですね。尋問前に裁判所としてどのような準備をする必要があるのか，一緒に考えましょう。

S はい。本件でXらは，遺産分割協議の無効に関して，遺産分割協議書は，Yが，Aの妻であり，XらとYの母であるBの実印を勝手に使い，その意思によらずに作成したものであると主張しています。Aの遺産としては，甲土地の持分10分の9，乙建物の持分10分の1の他に，丙土地の持分10分の3や預金がありました。遺産の内容は次のとおりです。

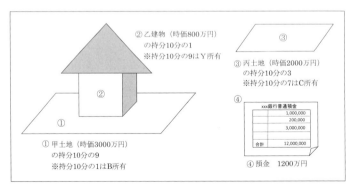

J 今度の尋問では，X1とYの本人尋問が予定されていますね。

$\boxed{S}$ はい。原告であるＸらは，本件遺産分割協議書のうちＢ作成部分は，Ｙにおいての実印を冒用したものであると主張して，文書の成立の真正を争っています。Ｘ₁は文書が作成された瞬間は現場にいなかったようですし，決め手になるような事実の認識はないような気がします。亡くなったＢの話を直接聞けないのが残念です。

$\boxed{J}$ 相続をめぐる事案は，肝心の当事者が亡くなっていることも多く，事実認定が難しいことがよくあるね。こういうときこそ，まずは争点や，主張と証拠の構造を確認し，何を柱にしたら客観的で説得的な事実認定ができるのか考えましょう。

$\boxed{S}$ 事実認定と主張分析は「車の両輪」ってことですね。

$\boxed{J}$ そう，そのとおり。では，争点と証拠構造についてどのように分析したかな。

3 争点および証拠構造

$\boxed{S}$ はい。本件の争点は，遺産分割協議がＢの意思に基づいて成立したかどうかです。

$\boxed{J}$ そうだね，遺産分割協議の有効性が問題となっていますね。ところで，本件では，相続人のうちＣが当事者とはなっていないのだけれど，問題はないのかな。

$\boxed{S}$ あれっ，たしか遺産分割協議無効確認の訴えを固有必要的共同訴訟だと判断した裁判例があったような気がします……。そうすると，本件も固有必要的共同訴訟……？

$\boxed{J}$ Ｓさん，大阪高裁平成5年3月26日判決（判タ817号212頁）を把握しているとはよく勉強していますね。私も訴状審査の際に気になって調べたのですが，無効確認訴訟とは異なり，本件のように，遺産分割協議の有効性を前提問題とするにすぎない訴訟類型まで固有必要的共同訴訟になるとは考えられていないようです。

$\boxed{S}$ なるほど，既判力の及ぶ範囲が異なりますね。では次に，この争点について判断するための証拠構造ですが，本件では，Ｂを含む相続人間でなされた遺産分割協議という法律行為が記載されている遺産分割協議書の原本があり，これが協議成立事実との関係で直接証拠となる処分証書に当たります。処分証書がある場合，形式的証拠力が認められれば，特段の事情がない限り実質的証拠力も認められ，要証事実を認定できますので，本件における事実認定のポイントは，遺産分割協議書の形式的証拠力，すなわち遺産分割協議書が真正に成立しているかどうかという点

263

にあると考えました。

J　そうですね。主張立証レベルでの争点整理と証拠法との関係は，混乱しやすいところなのですが，しっかり整理できていますね。ところで，処分証書については，これを「意思表示その他の法律行為が文書によってされた場合のその文書」であるとする考え方もあるね。

S　えっ，ええっと……。そうだった気もします。

T　たしかに，『事例で考える民事事実認定』にはそう書いてありました。文献にも「よってした説」などと紹介されています。**このような整理に立つと，遺産分割協議書がBの意思に基づいて作成されたと言えない限り，意思表示その他の法律行為が文書によってされたかどうかが分からず，処分証書に該当するかが判断できないことになるようにも思います。それに対して，法律行為が記載されてさえいれば処分証書に当たるとする見解は，実際には偽造であったとしても，まずは処分証書であると認めた上で，その形式的な証拠力について判断していくことになりそうですが**，どちらがよいのでしょうか。

J　なかなかいい分析だね。一概にどちらの考え方がいいとも言えないけれど，**いずれの整理に立ったとしても，当該文書の形式的証拠力，すなわち，当該文書が名義人の意思に基づいて作成されたのかを事実認定のポイントとし，結論を導く点については変わりがない**ように思うよ。ひとまず，Sさんの整理に乗って検討を進めましょうか。

S　はい，それでは気を取り直して……。本件遺産分割協議書の成立の真正に関しては，Bの実印が押されている事実には争いがありません。このような場合，反証がない限り，その印影は本人の意思に基づいて顕出されたと推定されるとするのが判例の考え方で，この推定の結果，さらに民訴法228条4項に基づきその文書成立の真正が推定されます。

J　いわゆる二段の推定ですね。判例法理，つまり一段目の推定でいうところの「反証がない限り」という点について，本件事案でどう評価するかが問題となりそうだけれど，反証との関係で問題となりそうな事実は何かな。

S　本件は，YがBの実印を勝手に使用したかどうかが問題となっている，いわゆる冒用型の事案です。冒用をうかがわせるような事実，たとえば普段からYやその家族がBの実印を預かることがあったか，保管場所を知っていたか，保管状況がどうであったか等がポイントになると思います。

J　**盗用型，冒用型……などと類型化することは，頭の整理のためには有用**

264　演習問題13　持分移転登記手続請求事件

【時系列表】

平成10年	8月25日	YとAが資金を出し合って甲土地上に乙建物を建てる
平成24年	3月5日	AからBに，甲土地の持分10分の1贈与
平成27年	1月7日	A死亡
	3月1日頃	遺産分割協議開始
	9月　末頃	BがYについての不満をX₁に述べる
	11月10日頃	YがB，X₁，C，X₂に集まるよう声をかける
	12月2日	Y，B，X₁が居宅に集まって協議
	12月5日	遺産分割協議書作成
平成28年	2月22日	BがX₁，X₂に100万円ずつ振り込む
	4月10日	Yが甲土地の持分10分の5について持分移転登記
	10月30日	BからYに対し，手紙の送付
平成29年	2月1日	BからYに対し，調停申立て
	7月12日	調停手続が不調により終了
	9月15日	本件訴訟提起
平成30年	6月6日	B死亡

だけれど，その言葉に引っ張られて検討の範囲が狭くなってもいけないね。

もしも証拠調べの結果，冒用を直接裏付けるような事実までは認められないとしたらどうなるのかな。

Ⓢ　Xらの反証が失敗し，二段の推定により遺産分割協議書の成立の真正が認められ，Xらは敗訴します。

Ⓙ　まぁまぁそう決めつけずに。Tさんはどう考えますか。

Ⓣ　そうですね。Xらは，現にBの実印が押された遺産分割協議書が存在してしまっている事実を説明するための1つの可能性としてYによる冒用の事実を主張していますが，その直接の証拠があるわけでもなさそうです。**Xらとしては，Bが遺産分割に応じるはずがないという事情を1つのストーリーとして立証することが必要であり，それを基礎付けるような事実の有無が問題となる**かと思います。

Ⓢ　なるほど，ストーリーか。その視点も大事だって勉強したなぁ。

265

T この点を考える上で，時系列表があった方がいいと思い，まとめてみました。記載したのは，概ね争いがない事実であり，検討の基礎にできるかと思います。

J 時系列表を作成して検討の際に参照するというのはいい考えですね。たしかに，Bが遺産分割に応じるはずがないという事情が認定できれば，遺産分割協議書が作成されているのは，きっと冒用されたからであろうということも言えそうです。具体的にはどのような事情が問題となりそうですか。

T 1つのストーリーを考える以上，遺産分割協議書作成前の経過や作成時の状況，それから，作成後の経過との関係でどう説明できるのかということが重要になるように思います。たとえば，平成27年3月頃に遺産分割協議を開始したとき，Bが甲土地の持分を相続することについてどのような話合いがされていたのか，また，Bが遺産分割協議に応じる動機との関係で，YやBが甲土地の持分にこだわるとしたらその理由は何なのか，YとBの日頃の関係は良好だったのか，YがBに甲土地の持分についての分割案を提案したときのBの態度，平成27年12月2日の遺産分割協議当日の話合いの経過，文書が作成されときの場所や状況，Xらがどういうつもりで作成に応じたのか，XらはBが応じたことについてどのように考えていたのか，そのあたりの事情が関係しそうです。

S 事後の経過としては，BがYに送った手紙の内容，BがXらに本件の遺産分割協議についての不満を話し始めた状況等が問題となりそうです。

J 今，関係しそうな事情を広く挙げてもらったけれど，**実際に認定する中には，Bの意思に基づかずに押印がされたという事情を裏付ける方向に使える事実も，逆の方向にも使える事実もあるだろうから，経験則を駆使しながら，「こういう事実があると通常こう言えそうだ」というものを積み重ねて，原告と被告のどちらの主張がより説得的であるかを考える必要があるね。**今までの議論を踏まえて，尋問のポイントとなりそうな点を整理してみよう。

S はい，では私から。まず，Bの意思に基づかずに押印されたことについて反証しなければならないXらとしては，Yに実印を冒用された事実について立証する必要があります。Bの実印をYやその家族が預かることがあったことについては争いがなさそうですが，預託の経緯や趣旨，実際の利用状況等のほか，当日YがBの実印を勝手に使うことが可能だったかどうかがYの本人尋問のポイントになると思います。……と，昨日まではこのように考えていたのですが，先ほどの話を踏まえると，もう

266　演習問題13　持分移転登記手続請求事件

少し広く，Ｂが本件遺産分割協議書の内容に沿った分割案に納得するわけがないと言えるような事実が立証できるかどうかに着目した方が良さそうです。これに関する事実としては，Ｂが甲土地の持分にこだわっていた状況，Ｙが甲土地の持分を相続したいと言ったときのＢの反応，本件遺産分割協議の当日におけるＢとＹとの会話，その後ＢがＹに騙されたとＸらに話していた状況をどれくらいＹやＸ₁の供述から引き出せるかがポイントとなりそうです。

Ｊ　そうですね。冒用の事実そのものが認められなかった場合でも，Ｘらにもチャンスが出てきましたね。

Ｔ　それと，本件では，遺産分割協議書作成後に，ＸらがＢからそれぞれ100万円ずつ預金を分けてもらっている事実が認められますが，なぜそのようなことがされたのかが気になっています。

Ｓ　たしかＹは，その事実に関して，Ｂが本件で成立した遺産分割協議を前提にして，何ももらえないＸらに対し，代償として贈与したと主張していたと思いますが，Ｘらはどういう認識だったのかよく分かりません。

Ｊ　そうだね。その点は私も気になっていました。場合によっては補充尋問で聞いてみてもいいかな。2人とも，よく記録を読んでいますね。

Ｓ　昨日必死で……。Ｔさんは随分前から準備していたようです。それにしても，尋問の準備って大変ですね。

Ｊ　**尋問の直前に準備をするというよりは，争点整理手続そのものが尋問および判決を意識したものとなっているかが大切なんだ。要件事実を意識しながら，その訴訟で重要な事実は何で，争いのある事実はそれぞれどのような意味があるのか，争いがある事実を認定できそうな証拠として何があり，人証は争いがある事実のうち，どの部分をどの程度立証できるものなのか，それらを考えながら争点整理をすれば，あとは整理した結果に基づき当事者双方がうまく質問をしてくれれば，おのずと判決の形も見えてくる**というわけだよ。とはいえ，頭ではそれを目指してはいても，そんなに美しく整理するのは実際にはとても難しいのだけれどね。

4　証人尋問の2日後

Ｓ　先日の証人尋問で，Ｙは，Ｂが居宅で自ら本件遺産分割協議書に実印を押したのを見たとは述べていましたが，ＹがＢに何と言って説明し，そのときＢがどのような反応だったのかなど，具体的な状況については記憶が曖昧であるとして何も述べられませんでした。ＢがＹの態度に不満を持っていたことは認められそうですし，そうすると，Ｙの記憶に残る

ようなやりとりもないままにBが自ら押印したというのはあまりにも不自然であるように思います。

T たしかに，Yが具体的なことを何も述べられない点は私も不自然だと思いましたが，協議から数年がたってしまっていますし，仕方がない点もあるように思います。

J そうですね。尋問で何もかもすっきり，というわけにはいかないのが民事訴訟の現実です。やるべきことは一応尽くしたと言えそうですが，あとはどう判断するかですね。

S 気になっていた冒用の事実ですが，Yも，Yやその妻が普段Bの実印や印鑑登録証明書を預かっていろいろな手続を代わりにやってあげることがあった，Bに実印を返すこともあれば，しばらく預かったままにすることもあったなどと認めていましたし，YがこっそりBの実印を押してしまうということも十分可能で，やはりYによる冒用の可能性は高いと考えました。先ほど述べたように，Yが，Bと何を話したのか，どこでどうやって実印を押したのかなど，重要なことについて何ら具体的なことを述べられないことからすれば，YがBの実印を冒用して自ら押し，遺産分割協議書を偽造した可能性が相当程度あるように思います。

J Tさんはどう見ましたか。

T Yの尋問の印象はあまり良くなかったので，最初はSさんと同じような心証だったのですが，冷静になって全体のストーリーを見たときに，Yの言い分の方が通っているように思いました。まず，事前の交渉経過ですが，最初に遺産分割について行われた話合いによると，Yは甲土地について何らの権利も持てないことになりますが，建物の持分のほとんどを持っているYがそれに納得するとは考えにくく，Yが一定割合を取得したいと言うのはむしろ自然であると思います。本件の相続人らの間では，Bの死亡後に本家土地の所有権をYが取得することについて異論はなかったようですし，XらがYの提案に乗ってもおかしくありません。それから，Yは，Xらに対し，遺産分割協議のために，平成27年12月にBが住む居宅に集まるように，あらかじめ連絡はしていますので，そのような経緯でやってきたXらをB自身が出迎えてXらやYと雑談していたという争いがない事実からすると，Bは，遺産分割協議を行う予定があることについて理解していたと考えるのが自然であるように思います。Yから甲土地を相続したいという話があったことは争いがない事実ですので，当然Yからその旨の提案があることはBも覚悟していたのではないかと思います。その事実経過からすれば，Bが甲土地の全部の取

得は諦めて，その場でYの提案に応じたという可能性は十分にあったのではないでしょうか。

Ｊ　お二人は，文書の作成状況についてはどう見ましたか。

Ｓ　実際の作成状況については，Yから具体的な話がなくてよく分かりませんでした。

Ｔ　その点はそのとおりなのですが，遺産分割協議の当日，基本的にYとBは居宅に一緒にいたようですし，YがBのまったく見ていないところで遺産分割協議書を勝手に作成したというのもやや不自然です。また，作成された遺産分割協議書によると，甲土地のAの持分を全てYのものにするのではなく，Bと分け合うという内容になっていますが，Bは他に預金も全額相続しているわけですし，相続分に照らしても合理的で，BがYの提案に納得した可能性は十分考えられます。実印を冒用して勝手に作るまでのことをするのであれば，わざわざ分け合う形にしなくてもいいように思います。

Ｊ　たしかにそう言えそうだね。Tさんは，冒用の事実についてはどう考えましたか。

Ｔ　可能性はありそうですが，どちらとも言えず，決め手にはならないと思いました。

Ｊ　なるほど。では2人は，遺産分割協議書作成後の経過は考慮しましたか。

Ｓ　はい，Bが遺産分割協議書作成後に抗議の手紙を送ったことは，やはりBが自ら押印したものではないことを裏付けているように思います。

Ｊ　その手紙には何と書いてあったのだったかな。

Ｓ　えぇと，「今回のことはあなたに騙されたと思っています。もう一度話合いの機会を持っていただけなければ，私は夜も眠れません」と記載されています。よく見ると，あまり具体的なことは書いていないですね。

Ｊ　そうですね。それに，Bが手紙を送ったのは，遺産分割協議書作成から数か月もたってからだよね。文面を見ても，今Sさんが言ってくれたように，遺産分割協議を知らなかったとか，協議書をYに勝手に作成されたなどという話は記載されていないようだ。

Ｔ　そうなのです。気になっていた事実，Bが遺産分割協議書作成後に，Xらに対して100万円ずつ振り込んだという点ですが，Xらは遺産分割によっては何らの遺産も取得しないことになった相続人ですので，Yが主張するとおり，Bによるこれらの現金の振込みは，これに対する代替措置であったと考えられ，むしろBが有効な遺産分割協議の成立を認識し

269

ていた事実を裏付けていると思います。Ｘらは，尋問で遺産分割とは関係なく贈与されたものであると述べていましたが，時期からしても不自然です。このように，**全体としてＹが主張する事実の方が，争いがない事実とも整合することが多い**ように思いました。Ｘらが特段の事情についての反証に成功しなければならないという立場にあることを考えても，反証が成功しているとまでは考えにくいです。

Ⓢ うーん，たしかにそういう見方もできるかもしれません。しかし，Ｂがなぜ嫌がっていたＹの提案に応じたのかを合理的に理解できるような事情が何もない点は気になります。

Ⓙ そこは家族間の合意の難しいところかもしれないね。**通常の取引だと，その合意に経済合理性があるか否かということが１つのポイントになるのだけれど，家族間でされる合意は，経済合理性だけで判断せず，さまざまな感情が相まって意思決定がされることが多いんだ。外から見たら合理性がないような合意がされることもあるから，通常の経験則が働かせられないこともままあるよ。**

Ⓢ なるほど，たしかに私の場合，妹に頼まれるとつい引き受けてしまっていろいろと損をしてしまうのですが，そういうことですかね。

Ⓙ そうそう。私も娘に対して弱いからなぁ。

Ⓢ Ｊさんにもそういうところがあるのですね。この事案では，Ｂが同意したことを積極的にうかがわせるような事実がなかったことに加え，Ｙの証言が信用できないと感じたことや，ＹがＢから実印を預かることがあって，勝手に使うということも簡単にできそうだという印象を受けたことになんとなく引っ張られてしまっていたような気がします。でも，こうして見てみると，**民事訴訟法228条4項の推定を問題としていながら，結局はＢが遺産分割協議に応じたかという主要事実の間接事実を検討している**のと変わらないような気がするのですが……。

Ⓙ いいところに気が付いたね。**事案によっては文書作成時の状況の認定のみで文書の成立の真正に関する判断ができるようなものもあるけれど，多くの事例では，文書の成立の真正に関する判断要素として，事前の経緯や事後の経過等が丁寧に検討されています。反証する側としても，盗用や冒用の事実というのは，直接的な証拠が残っていないことの方が多く，「その可能性は否定できない」くらいの心証にとどまってしまうことも多いので，その一点に頼るのは危険なのではないかな。**結局は事案によって，意味のある事実がそれぞれ異なるということですね。

5　二段の推定の枠組みを利用しない場合

Ｊ　それから，文書の成立の真正が問題となるときは必ず二段の推定に触れなければならないと誤解している人も多いのだけれど……。

Ｓ　えっ，違うのですか。

Ｊ　昨年取り扱った事件でこういう事案があったんだ。父親である原告の所有不動産を長男である被告に贈与するという内容の贈与契約の成否が争点となっていて，贈与契約書に原告の実印が押されていた。原告は，被告から嘘の説明をされて実印を渡していたのでそれを使って勝手に押されたと主張していたのだけれど，証拠として提出されたビデオテープに，原告が被告に所有不動産を贈与する意思を明確に示したと認められる発言が映っていたし，登記申請に必要な書類を２人で取りに行った事実も認められたんだ。どう事実認定をしますか。

Ｓ　ビデオテープという動かぬ証拠に贈与すると言っていたことがばっちり撮られていて，しかも登記申請に必要な書類まで一緒に取りに行ってしまっていたら，もう贈与契約書が勝手に作成されたなんて言い逃れはできないと思います。

Ｊ　なんだか感覚的なようにも聞こえますが，そう思いますよね。Ｓさんは，今の結論を導くのに，二段の推定は使いましたか。この事案でも，贈与契約書があったのですが。

Ｓ　うーん，贈与契約書作成前後の原告の言動から，贈与契約書が原告の意思に基づいて作成されたと認定しているだけで，特に二段の推定を使ったわけではありません。

Ｊ　そうだね。**押印のある文書の成立の真正が争われるときは，どうもマニュアルのように二段の推定の枠組みを問題としなければならないと思っている人がいるようにも見受けられるけれど，事案によっては，この推定の枠組みに特に触れることなく認定した方が端的で分かりやすいということもあるんだ。この点については，「事実認定司法研究」においても，巻末資料の「Ａ裁判官」からの指摘として取り上げられているよ。それに，そもそも二段の推定を問題にする必要がない場合だってあるので，気を付けなければいけないね（本書66頁参照）。**

Ｓ　要件事実をマニュアルのように覚えず，考えることが大事だと司法研修所の教官に言われましたが，事実認定も同じなのですね。

Ｊ　法律家の仕事全般に言えることではないかな。とにかく事実と法律に向き合って，自分の頭で考える，これに尽きますね。

Column	作成者の判断能力と文書成立の真正

　契約に基づく履行請求等の事案で，本人の押印がある契約書等の文書に関し，本人は高齢で判断能力がなかった，または一定程度低下していたという主張がされる例は少なくありません。このような事情は，どのような法的意味があるのでしょうか。

　もしも，（請求原因事実に当たる契約締結等の）法律行為はしたものの，その当時意思能力がなかったことにより無効である（民3条の2）という主張であれば，抗弁という位置付けになるでしょう。

　では，判断能力の低下を理由に直接証拠に当たる文書が真正に成立していないと争うことはできるでしょうか。まず，このような判断能力の低下を，印鑑の冒用や盗用等の事実を推認させる事情の1つとして主張立証することが考えられます。

　また，判断能力がなかったので，たとえ本人の押印があっても本人の「意思」に基づき顕出されていない，すなわち一段目の推定が及ばないと争うことも考えられます。もっとも，意思表示の成立が認められるために，内心の効果意思や表示意思を要するものではないという民法の伝統的な立場を前提とすると，外形的な表示行為から推測されるような効果意思があれば足りると考えることになります。すなわち，外形的な表示行為ができる程度の判断能力を持って文書を作成すれば，その文書は契約成立を立証することが可能なもの，つまり形式的証拠力があるものということができそうです。他方，表示行為ができる程度の判断能力も持っていなかった，つまり押印している事実の理解もできていなかったということであれば，一段目の推定が及ばないという余地はあるかもしれません。

　これに対し，文書の意味内容を理解していなかったので，意思に基づいて顕出されていても，文書作成の真正は認められない，すなわち二段目の推定が及ばないと争うことも考えられますが，上記のとおり，このような事情は契約成立自体を否定するとは通常考えられていないので，推定を覆す事情には当たらないということになりそうです（全体として田中豊『事実認定の考え方と実務』〔民事法研究会，2008年〕68頁以降参照）。

　裁判例を見ても，このような主張を法的にどのように位置付けるかはさまざまです。もちろん判断能力の程度による部分もありますが，実体法と証拠法が交錯する分野の1つとして，当事者が主張する事情が法的にどのような意味を持つのかを考えながら主張立証を行う必要があるでしょう。

| Column | 破棄判決等の実情 |

　本演習問題の事案は，「最高裁民事破棄判決等の実情（上）――平成23年度」
判時2161号（2012年）21頁に掲載されていた判決（最判平成23・11・24〔平成
21年（受）第1538号〕）をモデルとしたものです。最高裁民事破棄判決等の実情
は，最高裁において破棄された判決が取りまとめられたものですが，経験則違
反を理由とするもの等の中には事実認定に関して参考になるものも多く，公刊
物に未登載であるものも多いので勉強の素材としても有用です。判決を漫然と
読むと，当たり前のように事実が認定されているように見えてしまうことがあ
りますが，高裁と最高裁とで判断が分かれた例からは，何に着目して事実認定
を行うべきであるのかが，浮かび上がってくることがあります。

<table>
<tr><td>

演習問題

14

</td><td>

退職金請求事件
──退職金規程の変更に関する労働者の同意の認定

</td></tr>
</table>

　Ｘが，Ｙ社に勤めていた際，退職金規程の変更について同意を求められて応じたものの，実際に退職金の支払を受けた後，Ｘが行った同意は無効であり，変更前の規程に基づく退職金が支払われるべきであると主張して，変更前の規程に基づき計算した退職金額と実際に支払われた退職金額の差額の支払を求める訴訟を提起しています。

　この場合にＸまたはＹの訴訟代理人はどのような事実を立証したらよいでしょうか。

（Ｘの言い分）

　私は，Ｙ社の従業員として30年にわたり働いてきて，このたび定年退職した者です。退職前の10年間は，工場長として，Ｙ社の主力製品の製造に携わっていました。8年前のある日，Ｙ社の社長から，経営難に陥ったため退職金規程を変更したい旨の説明を受けました。そのときの説明では，退職金規程を変更しなければ，給料の支払すら困難となり倒産せざるを得ない可能性が高いこと，退職金規程を変更しても，相応の金額は支給されるし，経営が上向けば上乗せして支給する予定であるということでした。

　私としては，私も妻も老後の生活資金として退職金を当てにしていたので不安はありましたが，当時管理職であり会社の方針に反対しにくい立場にありましたし，相応の金額は支給されるという社長の言葉を信じようと思い，同意書に署名をしました。

　しかし，退職してみると，支払われた金額はわずかに80万円であり，考えていたよりも大幅に低いものでした。たしかに，同意書に自ら署名はしてしまったのですが，ずっと現場一筋だったこともあり，恥ずかしながら会社の退職金制度自体あまり理解していませんでした。その上，説明された変更方法は複雑で，具体的にいくら支払われるのか理解できるようなものではなかったですし，定年まで勤め続ければそのうちに状況は良くなると思っていたのです。なんとかならないでしょうか。

（Yの言い分）

　Y社は，私の父が50年ほど前に創業し，ここ20年は私が社長をしています。9年ほど前に，大口の取引先が倒産し，それまで融資をしてもらっていた銀行から，支出を切り詰めない限り今後の融資は継続できないと言われ，経営難に陥ってしまいました。その際，何とか社員の給料は守りたいと思い，設備投資と役員報酬を大幅にカットするとともに，退職金を減額することにしたのです。

　日頃お世話になっている社会保険労務士に相談したところ，社員全員から同意をとった上で退職金規程を変更する必要があるとの説明を受けましたので，社員1人1人に同意書を書いてもらい，退職金規程の変更を行いました。

　社員に対する説明は，本社において2回ほど説明会を行いましたし，Xがいる工場にも私自身が担当者と共に赴いて説明を行いました。その際には，現在の退職金規程と変更後の退職金規程を示し，どのように変更するのかをきちんと説明したはずです。説明時の質疑応答において，業績が上向けばまた変更する可能性はあるという話はしましたが，現在まで，なんとか倒産は免れているものの，退職金を増額できるほど業績が上向いてはいません。

　変更前後の退職金規程はお渡しした資料のとおりです。ご覧のとおり，それほど複雑な変更ではありません。

　変更後に退職した社員はXの他に数人いますが，誰も文句を言っておらず，きちんと納得してもらっていたと思います。Xには当社のためによく働いてもらい感謝しているのですが，本件に関しては，実は理解していなかったと今更言われても困りますし，困惑しているというのが正直な気持ちです。

（Yが示した資料）

○就業規則

　第○条（退職金）

　　従業員の退職金に関する事項については，退職金規程に定めるものとする。

○退職金規程

【変更前】

　第○条（支給額）

　　従業員が退職する場合は，退職時における基本給及び役職手当の月額に勤続年数及び退職理由に応じて定める別表の支給基準率を乗じ，特別功労金及

び調整額を合算して算出した退職金から，厚生年金基金から支給される金額
を控除して支給する。

（支給基準率）

　　勤続年数×調整率

【変更後】

　第○条（支給額）

　　従業員が退職する場合は，退職時における基本給に2分の1を乗じた月額
　に勤続年数及び退職理由に応じて定める別表の支給基準率を乗じて算出した
　金額から，厚生年金基金から支給される金額及び企業年金還付額を控除して
　支給する。

（支給基準率）

　　勤続年数に0.7を乗じた数（ただし上限を20とする。）×調整率

Ⅰ　問題の所在

　本問の事案では，労働契約関係にあったXとYとの間で，労働契約途中に
退職金の支払方法を変更したところ，その効力について争いが生じているよ
うです。労働契約を規律する法律としては，民法に雇用に関する規定（623
条から631条まで）があるほか，労働契約法があり，更には労働基準法の中
にも一部契約の効力に関する規定（労基13条等）があるという状況で，少々
複雑に見えるかもしれませんので，まずは寄り道をして，それらの関係から
整理していきましょう。

　民法の雇用に関する規定は，他の契約に関する規定と同様，対等な人格で
ある当事者を前提とし，雇用契約の締結と終了，債権債務等の基本的要素と
最小限のルールを定めています。もっとも，実際には，雇用契約を締結する
使用者と労働者との間には交渉力に差があるのが通常です。そこで，戦後，
労働者を保護するために，労働条件の最低基準等を定める労働基準法（昭和
22年制定）が定められ，さらに，労働契約の成立，変更，終了に至る一般的
なルールを定める労働契約法（平成19年制定）が定められました。これらの
労働契約をめぐる法を体系的に見ると，個別労働関係については，民法の特
別法である労働契約法が労働契約の基本的ルールを定め，更に労働基準法が
罰則と行政監督という効果の異なる規律を定めた上，これらを補う一般の契
約法理として民法が存在しているという関係にあると言えます。

　以上の整理から，基本的な労働契約のルールは労働契約法に定められてい

277

ることが分かりました。もっとも，本問の事案で問題となっている退職金の支払条件の変更そのものについては，労働契約法に具体的な規定はありません。関係しそうな規定として，労働契約法8条に，労働者と使用者が合意によって労働条件を変更できることが定められています。では，退職金の支払条件の変更は「労働契約の内容である労働条件」（同条）の変更に当たりそうでしょうか。ここで，「そもそも退職した後に支払われる退職金の支払は労働条件なのか……？」と退職金の法的性質について疑問が生じるかもしれません。退職金の定めが使用者と労働者との間で約束された労働条件なのか，それとも使用者が一方的に与え，労働者には請求権がない給付なのかが問題となりますが，就業規則や労働契約等において，支給することや支給基準が定められている場合は，使用者に支払義務がある賃金の後払の性格を有するものであると考えられています。本問でも，就業規則およびその一環である退職金規程に退職金の支給や支給基準に関する定めがありますので，その支給に関する取決めも労働条件として労働契約の一内容であると言えそうです。

　したがって，退職金の支払等の労働条件を変更するためには，労働者と使用者の合意が必要となります（労契8条）。さらに，退職金の支払が就業規則において定められている場合には，就業規則も変更する必要があります（同9条参照）。ちなみに，就業規則というのは多数の従業員を賃金や処遇において公平に取り扱うことなどを目的に，職場規律や労働条件に関する規則等を定めるもので，通常，その適用関係や規則の遵守義務，解雇の事由と手続，服務規律の内容，手当の種類と内容等について定めています。就業規則を変更するためには，対象となる労働者全員の同意を得るか（同8条），労働契約法10条の要件を満たす必要があります。

　●労働契約法の関連規定
　　第8条　労働者及び使用者は，その合意により，労働契約の内容である労働条件を変更することができる。
　　第9条　使用者は，労働者と合意することなく，就業規則を変更することにより，労働者の不利益に労働契約の内容である労働条件を変更することはできない。ただし，次条の場合は，この限りでない。
　　第10条　使用者が就業規則の変更により労働条件を変更する場合において，変更後の就業規則を労働者に周知させ，かつ，就業規則の変更が，労働者の受ける不利益の程度，労働条件の変更の必要性，変更後の就業規則の内容の相当性，労働組合等との交渉の状況その他の就業

規則の変更に係る事情に照らして合理的なものであるときは，労働契約の内容である労働条件は，当該変更後の就業規則に定めるところによるものとする。ただし，労働契約において，労働者及び使用者が就業規則の変更によっては変更されない労働条件として合意していた部分については，第12条に該当する場合を除き，この限りでない。

　本問の事案では，労働者の同意を得た上で，就業規則である退職金規程の変更をしたところ，後で労働者から同意は無効であると主張され争われている事案ですので，労働契約法8条に定める合意の有効性が問題となるというわけです。

　ところで，本問の事案では，労働条件の変更に関する労働者と使用者の合意が認められるか否かが争点となっていますが，合意を裏付ける資料として，Xが作成名義人となっている同意書が存在しています。そして，この同意書に，Xが自ら署名したことは争いがないようですし，実質的に見ても，Xは，退職金が減額になること自体は理解していたようですので，その意思に基づかずに作成されたなどとして，形式的証拠力を争うのは少々厳しいようにも思われます。そうすると，別異に解すべき特段の事情がない限り，作成者によって記載どおりの行為がされたと認められることになりそうです（最判昭和45・11・26集民101号565頁等参照）。また，Xが同意を強要されたとか，嘘の説明を受けたというような事情まではなさそうですので，民法の規律を用いて意思表示の効力を争うことも難しいような……と，通常の民事事件であれば，このような検討になりそうです。

　もっとも，Xの言い分を見ると，立場上会社の方針に反対するのが困難であったという話がされていますし，具体的にいくら支払われるのかをよく理解していなかったという事情もうかがわれます。先ほど見たように，労働者と使用者の関係は，対等な契約当事者間の関係とは少々違う配慮も必要かもしれません。これらの事情を合意の認定において考慮する必要はないでしょうか。

Ⅱ　労働者の同意に関する最高裁判例

　本問の事案のような労働事件の場合，労働者の同意（あるいは労働者と使用者の合意）の有無の判断に関して，少々注意が必要です。

　まずは，労働者の意思表示に関する判断の在り方について，1つの考え方を示したとされる以下の2つの最高裁判例について見てみましょう。

1 最判昭和48・1・19民集27巻1号27頁（シンガー・ソーイング・メシーン事件）

退職金債権を放棄する旨の意思表示の有効性が争われた事案において，退職金の支払については，労働基準法24条1項の賃金全額払の原則が適用されるとし，この全額払の原則の趣旨とするところなどに鑑みれば，労働者が退職金債権を放棄する意思表示の効力を肯定するには，それが労働者の「**自由な意思に基づくものであることが明確でなければならない**」ものと解すべきであると判断した。その上で，当該事案においては，退職金債権を放棄する意思表示が自由な意思に基づくものであると認めるに足りる合理的な理由が客観的に存していたとして，意思表示を有効と判断した。

2 最判平成2・11・26民集48巻8号1085頁（日新製鋼事件）

労働基準法24条1項本文の定める，いわゆる賃金全額払の原則の趣旨とするところは，使用者が一方的に賃金を控除することを禁止し，もって労働者に賃金の全額を確実に受領させ，労働者の経済生活を脅かすことのないようにしてその保護を図ろうとするものというべきであるから，使用者が労働者に対して有する債権をもって労働者の賃金債権と相殺することを禁止する趣旨をも包含するものであるとした上で，「**労働者がその自由な意思に基づき右相殺に同意した場合においては，右同意が労働者の自由な意思に基づいてされたものであると認めるに足りる合理的な理由が客観的に存在するときは，右同意を得てした相殺は右規定に違反するものとはいえない**」ものと解するのが相当と判断した。その上で，当該事案においては，相殺における同意は，自由な意思に基づきされたものであると認めるに足りる合理的な理由が客観的に存していたとして，相殺同意を有効と判断した。

これらの判決は，既発生の退職金債権や賃金債権に関する放棄や相殺の意思表示が強行法規である賃金全額払の原則に反するか否かが争われた事案に関するものですが，放棄や相殺の意思表示という行為そのものの有無のみではなく，「労働者の自由な意思に基づいてされたものであると認めるに足りる合理的な理由が客観的に存する」という事情の存在を問題としています。

そして，平成28年2月19日，就業規則に定めた退職金規程の合意による変更の有効性が争点となっていた事案に関し，最高裁は，上記2つの判決を引用しつつ，以下のように判断しました。

280　演習問題14　退職金請求事件

3 最判平成28・2・19民集70巻2号123頁（山梨県民信用組合事件）

「労働契約の内容である労働条件は，労働者と使用者との個別の合意によって変更することができるものであり，このことは，就業規則に定められている労働条件を労働者の不利益に変更する場合であっても，その合意に際して就業規則の変更が必要とされることを除き，異なるものではないと解される（労働契約法8条，9条本文参照）。もっとも，使用者が提示した労働条件の変更が賃金や退職金に関するものである場合には，当該変更を受け入れる旨の労働者の行為があるとしても，労働者が使用者に使用されてその指揮命令に服すべき立場に置かれており，自らの意思決定の基礎となる情報を収集する能力にも限界があることに照らせば，当該行為をもって直ちに労働者の同意があったものとみるのは相当でなく，当該変更に対する労働者の同意の有無についての判断は慎重にされるべきである。そうすると，**就業規則に定められた賃金や退職金に関する労働条件の変更に対する労働者の同意の有無については，当該変更を受け入れる旨の労働者の行為の有無だけでなく，当該変更により労働者にもたらされる不利益の内容及び程度，労働者により当該行為がされるに至った経緯及びその態様，当該行為に先立つ労働者への情報提供又は説明の内容等に照らして，当該行為が労働者の自由な意思に基づいてされたものと認めるに足りる合理的な理由が客観的に存在するか否かという観点からも，判断されるべきものと解するのが相当である。**」

Ⅲ　平成28年最高裁判決の背景

ここでは，平成28年の上記最高裁判決を取り上げて，事実認定について考えてみましょう。本判決は，就業規則に定められた賃金や退職金に関する労働条件変更に向けられた労働者の同意の有無の判断方法に関する考え方を示したものであると考えられますが，このような同意の有無についての判断は慎重にされるべきであるという方向性が示されています。この背景にはどのような考え方があるのでしょうか。

労働者は，労働契約の性質上当然に，使用者に使用されてその指揮命令に服すべき立場に置かれていると言えます。そのような関係上，自らの意思決定の基礎となる情報を収集する能力も限られており，そのため，賃金や退職金といった重要な労働条件を自らの不利益に変更する場合であっても，使用者から求められればその変更を受け入れる旨の行為をせざるを得なくなるような状況に置かれることも少なくないのが通常です。そのような労働契約関係の特殊な事情を背景に，同意書への署名押印をするなど当該変更を受け入れる旨の労働者の行為があるとしても，これをもって直ちに労働者の同意が

あったものと認めるのは相当でないという考え方が生まれているものと考えられます。

　また，先ほど取り上げたように，労働契約法は，10条において，就業規則を労働者にとって不利益に変更するための条件として，労働者の不利益の程度，労働条件変更の必要性，変更後の就業規則の内容の相当性，労働組合等との交渉の状況その他の就業規則の変更に係る事情に照らして，就業規則の変更が「合理的なもの」であることを要すると定めています。同条が労働者と使用者との合意によらずに就業規則を労働者にとって不利益に変更する場合に適用されることには争いがありませんが，合意がある場合においても，同条が定める合理性を要するか否かに関しては見解が分かれています。不要説は，労働者と使用者の合意さえあれば就業規則の不利益変更は可能であると考えるのに対し，必要説は，合意の有無にかかわらず，同条所定の要件を満たすことが必要であると考えます（さらに，合意の成立要件または効力発生要件として，同条と同じか，これに準じた変更の合理性を必要とすると考える見解もあります）。このうち，合理性の有無を問わず合意による労働条件変更が可能であるとする不要説の立場からは，合意の有無について慎重な判断を要する旨の指摘がされていました。本判決は，就業規則の変更の合理性について言及がなく，就業規則に定められた労働条件の不利益変更について合理性までは要しないとの見解を前提としているものと考えられますが，慎重な判断を求める点で上記指摘の考え方とも整合するものと言えます。

Ⅳ　要件事実（主張立証責任）との関係

　本判決が求める「労働者の自由な意思に基づいてされたものと認められる合理的な理由が客観的に存在すること」という事情（以下「自由な意思と認める合理的理由の存在」と言います）は，要件事実や主張立証責任との関係ではどのように考えたらいいのでしょうか。

　これについては，自由な意思と認める合理的理由の存在を，合意の成立要件や合意の認定とは別の法的ルール（効力発生要件）であるとする考え方と，合意の成否判断の考慮要素の1つであるとする考え方があります。前者の考え方は，自由な意思と認める合理的理由の存在が認められない限り合意の成立自体認められないか，効力を生じないとするものであり，上記事情は，合意による労働条件変更を主張する使用者側が主張すべき主要事実の1つとして位置付けることになりそうです。他方，後者の考え方によると，あくまで主要事実は合意の成立またはその構成要素としての労働者の同意となり，自由な意思と認める合理的理由の存在を基礎付けるような事実はそれぞれ同意

282　演習問題14　退職金請求事件

を認定するための間接事実の1つとなると言えるでしょう。

V 事実認定のプロセス（証拠法）との関係

　もっとも，上記のような契約成立が争われる一般的な事案の場合，最初に述べたように，本人が作成した契約書という処分証書の形式的証拠力が認められれば，別異に解すべき特段の事情がない限り，実質的証拠力も認められ，争いのある事実を認めることができるとするのが判例の考え方であり，事実認定の一般的なプロセスです。

　では，本判決とこの考え方との関係はどのように考えたらいいのでしょうか。本判決は，この点について何ら説示をしていませんので，どのような立場を採用しているのかは明らかではありません。1つには，このような考え方を前提としつつ，労働契約関係においては，労働者が使用者から求められた文書の作成を拒否することが通常困難であるといった特殊な事情を考慮すると，上記考え方の背景にある一般的な経験則が妥当しにくい，すなわち「特段の事情」が認められやすいと考えている可能性がありそうです（清水知恵子・曹時70巻1号327頁）。

VI XまたはYが主張・立証すべき事実

　本問の事案では，本判決の事案と同様，就業規則の変更を受け入れる労働者の同意の有無が問題となっており，本判決と同様，当該変更を受け入れる旨の労働者の行為の有無だけではなく，種々の事情を考慮し，当該行為が労働者の自由な意思に基づいてされたものと認めるに足りる合理的な理由が客観的に存在するか否かという観点から判断すべきということになります。そこで，有効な同意の存在を主張するYとしては，それが労働者の自由な意思に基づいてされたものと認めるに足りる種々の事情を，Xとしては，それを否定し，あるいは自由な意思に基づいてされたものではないとうかがわせる事情をそれぞれ主張・立証することが必要になります。

　本判決が例示している考慮要素を参考にすると，XやYの訴訟代理人は，次のような事情を自己の主張を基礎付ける方向で主張・立証することが考えられます。

　○変更により労働者にもたらされる「不利益の内容」
　　・減額の対象となる賃金の種類（退職金の減額が労働者の生活に与える影響等）
　○変更により労働者にもたらされる「不利益の程度」
　　・変更後の退職金の金額

・変更前の金額との差額

・変更が他の労働条件に与える影響の有無・程度

・代償措置の有無

○変更を受け入れる旨の労働者の行為がされるに至った経緯

・同意を求められた際の具体的状況（変更の必要性と経営破たんとの関連性についての説明内容，労働者が変更を拒絶する余地の有無等）

・労働者に意思決定までの熟慮期間が与えられたか

○変更を受け入れる旨の労働者の行為の態様

・同意が黙示に行われたか，口頭で行われたか，書面の作成を伴うものであったか

○当該行為に先立つ労働者への情報提供または説明の内容

・変更後の具体的な退職金の額や，支給条件ごとの計算方法が示された事実等

・変更後実際に退職金が支払われるまでの間における金額上昇の見込みに関する説明内容

　もっとも，**本判決が示した考慮要素は例示であると考えられますので，それ以外の事情も考慮することは可能であり，総合判断である以上，たとえば，不利益の程度が大きければ労働者への情報提供や説明も丁寧なものが求められるなど，事案によってどの事実に重点を置くべきかは異なるものと考えられます。**

　なお，就業規則に定められた賃金や退職金に関する労働条件の変更以外の場面における労働者の同意の有無の判断に際し，本判決の射程が及ぶか否かは本判決の判示のみからは明らかではなく，今後の議論に委ねられていると言えます。

VII　まとめ

　有効な同意がされた事実を認定するために通常必要となる生の事実は，行為者が，同意の対象となる法律行為を認識した上で，それを受け入れる態度を示したのかどうかといったところかと思います。もっとも，**本問の事案のように，そのような認識と受容という事実だけではなく，有効な同意があったと評価できるような周辺事情をも事実認定の対象とした上で，同意の有無について検討することが必要となることもあります。**

　この「同意」のように，民事訴訟における認定の対象となる事実は，科学的に証明できるものや外形的に明らかなものではなく，評価的な要素を含む概念であることが多いのが実際です。認定の対象となる「事実」の概念自体

284　演習問題14　退職金請求事件

をどう捉えるかを考えた上で，その主張立証上の位置付けを整理し，さらに，法や判例法理による証拠法を加味した上で認定していくことが必要になりますので，民事訴訟の事実認定プロセスは，一見単純そうに見える事案においても実は複雑であるということがよくあります。**実際の認定においては，問題となっている「事実」について，どのような判断枠組みで検討すべきであるのか，その土台を整理した上で枠組みに沿って意味のある事実を丁寧に拾っていく必要があると言えるでしょう。**

Column	労働事件における事実認定

労働事件の事実認定の在り方は，基本的には他の民事事件と同じであり，証拠上動かし難い事実を前提として，当事者のどちらの主張するところが自然な流れ，合理的な流れとして理解できるかなどを中心に検討することになります。もっとも，**労働事件においては，規範的な要件との関係で，評価を伴う事実の認定が問題となる場面が多くあり，いわゆる生の事実を認定した後で，その事実の評価をする必要が生じます。**たとえば，「労働時間」のような，社会においても一般的に使われており，一見すると外形的な事実から認定できそうな概念についても，評価を伴うということは少なくありません。

1つの例として，ある会社で，労働者が必ず就業開始時刻の20分前に会社に来て，着替えをした上，準備運動に参加し，その後就業開始時刻から仕事をしていたとします。この労働者が，会社に来てから就業開始時刻までの時間が「労働時間」に当たるのに，その分の賃金が未払であると主張して，残業代請求訴訟を提起した場合，「労働時間」の有無はどのように認定したらいいでしょうか。このような就業開始前の時間が「労働時間」に当たるか否かに関し，判例（最判平成12・3・9民集54巻3号801頁）は，労働基準法上の労働時間とは，労働者が使用者の指揮命令下に置かれたものと評価することができるか否かにより客観的に定まるものであるという判断を示しています。これによると，仕事をしていたか否かでなく，指揮命令下に置かれていたと評価できるかどうかを問題とし，その評価に資する客観的事実を主張・立証することが必要になります。

同様に，警備員である労働者が仮眠室で仮眠をとっていた時間が労働時間（手待時間）に当たるのか休憩時間であるのかが問題となった事案でも，最高裁（最判平成14・2・28判タ1089号72頁）は，「当該時間に労働者が労働から離れることを保障されていて初めて，労働者が使用者の指揮命令下に置かれていないものと評価することができる」と判断しています。この考え方によれば，「労働者が労働から離れることを保障」されていたか否かを「労働時間」該当

285

性の判断において検討することが必要になります。**このような事実の評価を的確に行うためには，当該業種の実情や当該使用者の内部の実情等をしっかりと把握することが重要**です（門口正人=江原健志=西村康一郎「〔裁判官に聴く訴訟実務のバイタルポイント⑭〕労働訴訟(2)」ジュリ1528号〔2019年〕66頁参照）。

　労働事件に限ったことではありませんが，このように事実認定の対象となる法的な概念が，一見外形的な事実そのもののように思われても，それ自体評価を伴う法的概念である場合は少なくありません。的確な事実認定を行うためにも，まずは法的概念を正しく理解することが必要であると言えるでしょう。

演習問題	損害賠償請求事件
15	——不法行為(インターネット上の名誉毀損)の成否

　Xは，Yがインターネット上の掲示板に「Xは暴力団関係者である」などと記載した記事を投稿し，Xの名誉を毀損したとして，Yに対し，不法行為に基づく損害賠償を求めています。これに対し，Yは，Xが暴力団関係者であることは真実であり，名誉毀損には当たらないと主張しています。

　この場合に，XまたはYの訴訟代理人弁護士が立証すべき事実はどのようなものでしょうか。

　なお，電磁的に記録された情報の証拠保全については，「10証拠保全の具体例——電磁的に記録された情報についての証拠保全」を参照してください。

（Xの言い分）

　私は，大学卒業後に甲県庁の職員となり，2年前から甲県議会の議員を務めています。当選直後から議員としての活動内容をソーシャル・ネットワーキング・サービス（SNS）を使って発信し，地元のラジオ番組やテレビ番組に出演したこともあり，最近では街中で声をかけられることが増え，地元での知名度が上がってきました。

　先日，インターネット上の掲示板に，私が暴力団関係者であるなどと記載した記事が投稿されているのに気が付きました。私は，この掲示板を運営するプロバイダなどから投稿者に関する情報の開示を受け，この記事を投稿したのがYであることを突き止めました。

　私は暴力団とは何の関係もなく，この記事は事実無根です。以前からインターネット上には私と指定暴力団A組との関係を疑う内容の投稿がされていましたが，これらはすべて根も葉もない噂です。県議という立場上，支援者を通じてさまざまなイベントへの出席を依頼されますので，直接の面識がない方の結婚式に招かれて挨拶をしたり，写真撮影に応じたりすることも多いです。そのため，そうとは知らずに暴力団関係者と同席してしまったことがあるかもしれません。もっとも，その程度のことでは私が暴力団と関係しているとは言えないでしょう。

　仮に，Yが何らかの理由で私が暴力団関係者であると信じていたとしても，今回の投稿をしたことに相当な理由があるとは言えません。

（Yの言い分）

　Xが暴力団関係者であるとの記事をインターネット上の掲示板に投稿したことは認めます。

　Xと指定暴力団A組との関係は，Xが県議選に立候補した2年前からインターネット上で噂になっていました。私は甲県民としてこの疑惑に興味を持ち，独自に調査をしたところ，XがA組と関係していることは間違いないと考えるに至りました。そして，Xの県議としての資質を世に問うために，今回の投稿を行ったのです。

　XがA組の関係者であると考える根拠として，まず，XがA組長の姪の結婚式で挨拶をしている様子を撮影した写真があります。また，XがA組の幹部らとともにゴルフに興じる様子を撮影した写真もあります。これらの写真は，インターネット上の掲示板でそのデータを入手しました。さらに，Xの妻名義の不動産が，A組のフロント企業と噂される「株式会社乙興業」に4年前から賃貸されているという事実も把握しています。妻名義の不動産は，Xが県議選に立候補した2年前まではXの名義でした。

　乙興業がA組のフロント企業であることはインターネット上の噂にすぎません。しかし，この会社の商業登記簿を見てみると，3年前に会社名，会社の目的，本店所在地および役員が一斉に変更されており，休眠状態の会社を乗っ取ったことがうかがわれます。また，登記簿に記載されている本店所在地に行ってみたところ，その場所には「丙山」という表札がかかった空き家があるだけで，乙興業の営業拠点があるとは考えられませんでした。さらに，乙興業の登記簿の役員欄にはA組の幹部の妻や恐喝容疑での逮捕歴がある事件屋として有名な人物の名前がありますから，乙興業がA組のフロント企業であるとのインターネット上の情報は信ぴょう性が高いと考えます。

　万が一，XがA組の関係者とは認められなかったとしても，これだけの根拠があるわけですから，私がXを暴力団関係者であると信じたこともやむを得ないと言えます。したがって，私が今回の記事を投稿したことは名誉毀損には当たらず，不法行為は成立しません。

履歴事項全部証明書

甲県○○市△△町3丁目10番15号
株式会社乙興業
会社法人等番号　○○○○ - 01 - △△△△△△

商号	株式会社乙興業	
	株式会社□□	平成○年△月10日変更
		平成○年△月15日登記
本店	甲県○○市△△町3丁目	
	甲県○○市△△町3丁目10番15号	平成○年△月10日変更
		平成○年△月15日登記
公告をする方法	官報に掲載して行う。	
会社設立の年月日	昭和○年△月1日	
目的	1.　建築工事業 2.　内装工事業 3.　建築用資材及び内装用資材の販売 4.　上記各号に附帯する一切の業務 　　　　平成○年△月10日変更　　平成○年△月15日登記	
発行可能株式数	3000株	
発行済株式の総数並びに種類及び数	発行済株式の総数 1700株	
資本金の額	金1700万円	
株式の譲渡制限に関する規定	当会社の株式を譲渡するには，取締役会の承認を受けなければならない。	
役員に関する事項	代表取締役　　　　○川　○男	平成○年△月1日就任
	取締役　　　　　　○川　○子	平成○年△月1日就任
	取締役　　　　　　△谷　△子	平成○年△月1日就任
取締役会設置会社に関する事項	取締役会設置会社	
登記記録に関する事項		

これは登記簿に記されている現に効力を有する事項の全部であることを証明した書面である。

（○○地方法務局管轄）

　　　　　　令和○年○月○日
　　　　　　○○地方法務局○○支局
　　　　　　登記官　　　　　　　　○○○○　　［印］

Ⅰ　ＸまたはＹが立証すべき事項

1　名誉毀損を理由とする不法行為の成立が認められるためには，原告は，請求原因として，被告が故意または過失により，公然と原告の社会的評価を低下させるような事実を摘示して，原告の社会的評価を低下させたことを主張・立証する必要があります。

　もっとも，インターネット上の掲示板等への投稿は匿名でされることが多く，当該記事からは投稿者が誰であるかが判明しない場合がほとんどです。そこで，名誉毀損の被害者は，損害賠償請求に先立ち，特定電気通信役務提供者の損害賠償責任の制限及び発信者情報の開示に関する法律（以下「プロバイダ責任制限法」という）4条1項に基づき，インターネットのプロバイダに対し，投稿記事の発信者に関する情報の開示を求め，投稿者を特定する必要があります（発信者情報開示請求の手順については後述のとおり）。

　本件において，ＹはＸが暴力団関係者であるという記事をインターネット上に投稿したことを認めており，暴力団関係者であるとの事実は一般的に人の社会的評価を低下させるものであると言えるので，Ｘが立証すべき事項については問題なく認められると考えられます。

2　これに対し，被告は，抗弁として，①摘示された事実が公共の利害に関するものであること（事実の公共性），②投稿がもっぱら公益を図る目的でされたこと（目的の公益性），③摘示された事実が真実であること（真実性）または④摘示された事実が真実であると信じたことについて相当の理由があること（相当性）を主張・立証して争うことになります（最判昭和41・6・23民集20巻5号1118頁参照）。

　Ｘは甲県の議会議員であり，ＹはＸの県議としての資質を世に問う目的で今回の投稿を行っているので，Ｙが立証すべき事項のうち，①事実の公共性および②目的の公益性については問題なく認められると考えられます。したがって，本件での主な争点は③真実性と④相当性ということになります。

Ⅱ　真実性について

1　Ｙは，真実性の根拠として，①ＸがＡ組長の姪の結婚式で挨拶をしたり，Ａ組の幹部らとゴルフに興じたりしている様子を撮影した写真のほか，②Ｘの妻名義の不動産がＡ組のフロント企業と噂される「株式会社乙興業」に賃貸されているという事実を挙げています。

2　Ｘが述べるとおり，県議という立場であれば，直接の面識がない人物の結婚式に招かれて挨拶をしたり，ゴルフ場で声をかけられて写真撮影に応じ

たりすることもあるでしょうし，その相手がたまたま暴力団関係者であった
としてもそれほど不自然とは言えません。したがって，これらの写真の存在
はXが暴力団関係者であることを強く推認させるものとは言えません。

　もっとも，仮にXが県議に就任した時期よりも前にこれらの写真が撮影さ
れていたとすればどうでしょうか。県庁の職員という立場で，直接の面識が
ない人物の結婚式に招かれたり，ゴルフ場で写真撮影を求められたりするこ
とは経験則上考え難いことから，Xが暴力団関係者と共に写っている写真の
存在は，Xが暴力団関係者であることを推認させるものと言えるでしょう。

　さらに，結婚式での挨拶に関し，仮にXがA組長の姪である新婦側の関係
者として挨拶をしていたとすれば，Xが暴力団関係者であることを推認させ
る事情の1つと言えます。結婚式の席次表が立証において有益ですが，Yが
これを入手して証拠とするのは難しいかもしれません。また，ゴルフ場での
写真に関し，Xはたまたまゴルフ場で声をかけられて写真撮影に応じたと述
べていますが，仮にXが暴力団関係者とラウンドを共にしたことを立証すれ
ば，より強くXが暴力団関係者であることが推認されると言えます。

3　では，乙興業がA組のフロント企業であると認められるでしょうか。

　乙興業の登記簿上，3年前に会社名，会社の目的，本店所在地および役員
が一斉に変更されていることはかなり不自然ですし，登記簿に記載されてい
る本店所在地は実体のないものと認められます。しかし，これらは乙興業の
会社としての信用を低下させる事情ではあるものの，乙興業とA組との関係
をうかがわせる事情とは言えません。また，乙興業の役員にA組幹部の妻が
就任していることは乙興業とA組との関係をうかがわせる事情ではあるもの
の，他の役員がA組の関係者であるといった事情は見当たらないことから，
このことのみで乙興業をA組のフロント企業と認めることは難しいように思
われます。

　そうすると，Xの妻名義の不動産が乙興業に賃貸されているとの事情も，
XがA組と関係していることを推認させるものとは言えないということにな
ります。

Ⅲ　相当性について

　相当性の判断に当たっては，Yが入手した資料の信頼度や，Yが行った裏
付け調査の内容・程度等の事情を考慮することになります。

　本件において，Yは，Xが暴力団関係者と一緒に撮影した写真のデータを
インターネット上の掲示板で入手していますが，誰がいつ撮影した写真であ
るかは不明であることから，その信用性は高くないと言えます。また，乙興

業がＡ組のフロント企業であるというのはインターネット上での噂にすぎず，乙興業の登記簿を確認した以外に，Ｙが何らかの裏付け調査を行ったという事情は見当たらないことから，ＹがＸを暴力団関係者であると信じたことについて相当の理由があると認めるのは難しいように思われます。

　なお，真実性は，不法行為の要件のうち違法性に関わる抗弁であり，口頭弁論終結時を基準に判断されるため，名誉毀損の行為時に存在しなかった証拠に基づいて判断することができます。これに対し，相当性は，故意・過失に関わる抗弁であり，行為時を基準に判断されるため，行為時に存在しなかった証拠に基づいて判断することはできません。

Column　　　　**インターネット上の権利侵害への対応**

　1　インターネット上で名誉権やプライバシー権の侵害を受けた場合に，どのような対応が考えられるでしょうか。

　まず，被害者としては，当該記事が掲載されているウェブページを管理する者（コンテンツプロバイダ）に対し，当該記事の削除を請求することが考えられます。このような請求に対し，コンテンツプロバイダは任意で削除に応じることもありますが，**任意での削除に応じてもらえない場合には，民事保全の手続で，当該記事の仮の削除を命ずる仮処分を申し立てることが考えられます。**

　また，たとえば，何らかの理由でコンテンツプロバイダに対して当該記事の削除を請求することができない場合や，記事が多数あってすべてのコンテンツプロバイダに対して削除を請求することが困難である場合など，**当該記事を削除することができないことがあります。このような場合には，検索サイトにおける検索結果に当該記事が掲載されたウェブサイトのURL，当該ウェブサイトの表題や抜粋が表示されることを防ぐために，検索サイトを管理する者に対し，検索結果の削除を求めることが考えられます**（検索サイトにおける検索結果に対する削除請求については後記コラムを参照してください）。

　さらに，**当該記事を掲載した者を特定し，損害賠償請求を行うことが考えられます。**

　2　発信者情報開示請求

　(1)　当該記事を掲載した者を特定して損害賠償請求を行いたいと考えても，多くは匿名による投稿であるため，当該記事自体からは発信者を特定することができないことがほとんどです。

　(2)　発信者は，通常，いずれかの経由プロバイダと契約し，その経由プロバイダを介してインターネット上の掲示板等を運営しているコンテンツプロバイダのサーバにアクセスすることにより，ウェブページ上に記事を投稿してい

ます。インターネットに接続されるコンピュータ機器には，それぞれIPアドレスという識別番号が割り当てられており，コンテンツプロバイダのサーバには，通常，記事を投稿した際のアクセスに係るIPアドレスやその日時（タイムスタンプ）などの通信記録（アクセスログ）が保存されています。また，経由プロバイダは，ある日時にあるIPアドレスが割り当てられた電子機器によるアクセスがあったことの記録を一定期間保管していることに加え，発信者とプロバイダ契約を締結しており，料金を徴収する必要性から，相手方である発信者の氏名，住所，メールアドレス等の情報を把握しています。

　（3）　そこで，被害者としては，まず，コンテンツプロバイダを特定するため，当該記事が掲載されたウェブページのURLに含まれるドメイン名（インターネット上に存在するシステムに割り当てられる名前）により検索を行います。具体的には，たとえばドメイン名が日本国内のものであれば，日本国内のドメイン名を管理する株式会社日本レジストリサービス（JPRS）が提供する「Whois」という検索サービス（インターネット上で利用でき，ドメイン名の登録者などに関する情報を検索することができる）を利用して，コンテンツプロバイダを特定することができます。

　（4）　次に，コンテンツプロバイダに対し，投稿記事に係るIPアドレスやタイムスタンプなどのアクセスログについて情報の開示を請求します。コンテンツプロバイダが任意での情報開示に応じない場合には，プロバイダ責任制限法4条に基づき，法的手続によって開示を求めることになります。もっとも，大手経由プロバイダのアクセスログの保存期間は限られており，おおむね3〜6か月程度と言われています。そのため，本案訴訟によってコンテンツプロバイダに対しアクセスログの開示を請求したとしても，判決が確定するまでの間に経由プロバイダが保存するアクセスログが削除されてしまい，発信者の特定が不可能となってしまう可能性が高いと言えます。他方で，コンテンツプロバイダに対するアクセスログ開示の仮処分が認められたとしても，開示されるアクセスログのみからは，通常，発信者が契約している経由プロバイダを割り出すことができるにすぎず，発信者の特定に直接結び付く情報が得られるわけではないことから，コンテンツプロバイダが被る不利益または損害はそれほど大きくありません。そのため，コンテンツプロバイダに対するアクセスログの開示請求については，保全の必要性が認められ，仮処分の手続によってすることが可能である場合が多いと考えられます。

　（5）　コンテンツプロバイダから投稿記事に係るIPアドレスの開示を受けることができれば，「Whois」サービスを利用して，発信者が利用した経由プロバイダを特定することができます。その後，経由プロバイダに対し，発信者の氏名や住所等の情報の開示を求めることになります。

293

もっとも，経由プロバイダにとって発信者は顧客であり，その個人情報を保護する必要もあるので，経由プロバイダは任意での情報開示に応じないことが多いです。この場合には，経由プロバイダに対し，発信者情報開示請求の訴訟を提起する必要があります。勝訴判決が確定すれば，プロバイダから発信者の氏名および住所等の情報が開示されます。
　ただ，前述のとおり，大手の経由プロバイダはアクセスログを3～6か月程度しか保存していないため，仮処分によってコンテンツプロバイダからアクセスログの開示を受け，開示されたアクセスログから経由プロバイダを割り出し，本案訴訟によって経由プロバイダに対し投稿者の住所や氏名等の情報の開示を求めたとしても，判決が確定するまでの間に経由プロバイダが保存するアクセスログが削除されてしまい，発信者の特定が不可能となってしまう可能性が高いです。そこで，被害者としては，発信者情報開示の本案訴訟提起に先立ち，経由プロバイダに対し，民事保全の手続で，本案判決が確定するまでの間，発信者情報の消去禁止を命ずる仮処分を申し立てる必要があります。なお，発信者情報の消去禁止を命ずる仮処分の申立てについては，多くの事案で発信者情報を消去しない内容での和解が成立しているとの実情があるようです。

（6）　このような手順を踏んで発信者を特定した後，発信者に対し，不法行為に基づく損害賠償請求をすることになります。
　以上の，発信者に対して損害賠償請求を行う場合の一般的な手続の流れについては，下記の図を参照してください。

（7）　なお，インターネット上の権利侵害への対処については，関述之＝小川直人『インターネット関係仮処分の実務』（きんざい，2018年）が参考になります。

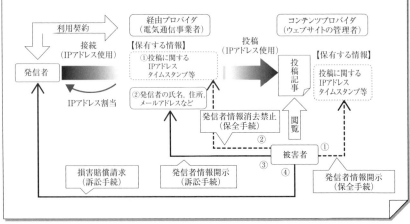

発信者に対して損害賠償請求を行う場合の一般的な手続の流れ

Column	忘れられる権利（検索サイトに対する検索結果の削除請求）

　インターネットの利用者は，ウェブページを閲覧するに当たり，当該ウェブページのURLを直接入力する方法ではなく，インターネット上の検索サービスを利用し，検索条件として入力したキーワードに関連するウェブページの検索結果を閲覧し，その中から目的のウェブページを探し出すことが多いと思われます。検索サービスは，今やインターネットの利用者が必要な情報を得る上で非常に重要な役割を果たしていますが，他方で，インターネット上で名誉権やプライバシー権を侵害する投稿がされた場合に，当該記事が掲載されたウェブサイトのURL，当該ウェブサイトの表題や抜粋が検索結果として表示されることがあるため，被害者が検索サービスの提供者に対し検索結果の削除を求めることがあります。

●検索結果の削除請求の可否に関する最高裁決定

　1　検索サービスの提供者に対する検索結果の削除請求の可否が問題となった事案として，最決平成29・1・31民集71巻1号63頁があります（この最高裁決定については，髙原知明「最近の判例から」ひろば2017年6月号48頁が参考になります）。

　この事案において，Xは，Yが提供するインターネット上の検索サービスを用いてXが居住する県の名称およびXの氏名を条件として検索すると，検索結果として平成23年の児童買春行為を被疑事実とするXの逮捕歴等が表示されることから，Yに対し，人格権ないし人格的利益に基づき，当該検索結果の削除を求める仮処分命令の申立てをしました。

　原々審（さいたま地決平成27・6・25判例秘書L07050743）および保全異議審（さいたま地決平成27・12・22判時2282号78頁）がいずれもXの申立てを認容したため，Yが保全抗告を行いました。原審（東京高決平成28・7・12判タ1429号112頁）は，Yの抗告を認め，Xの仮処分命令の申立てを却下したため，Xが抗告しました。

　2　本件は，いわゆる「忘れられる権利」に関する判断として，社会的に大きな関心を集めた事案です。

　本件の保全異議審は，過去の犯罪について，その性質にもよりますが，ある程度の期間が経過した後は社会から「忘れられる権利」があるとしており，「忘れられる権利」に初めて言及した裁判例として注目を集めました。Xは，原審においても，被保全権利を「忘れられる権利を一内容とする人格権に基づく妨害排除請求権としての差止請求権」と主張していましたが，原審は，「忘れられる権利」は日本の法律上明文の規定がなく，その要件効果が明らかでないと述べて，その実態を名誉権ないしプライバシー権に基づく差止請求権と異

ならないとした上で，いずれの差止めについてもＸの申立てを却下しました。

なお，ヨーロッパにおいては，2016年に公布された「個人データの処理に関する自然人の保護及び当該データの自由な流通に関する欧州議会及び欧州理事会の2016年4月27日規則」（General Data Protection Regulation（GDPR））17条において，「削除権（忘れられる権利）」（Right to erasure〔'right to be forgotten'〕）という見出しの下，一定の場合にデータ主体が管理者に対し自らに関する個人データの削除を求める権利が規定されています。

さらに，本決定は，原審の判断を基本的に踏襲し，個人のプライバシー権に基づく表現行為の差止請求の可否や，前科に係る事実の公表の可否に関する従来の判例を踏まえた上で，検索結果の提供が事業者自身の表現行為という側面を有することや，現代社会においてインターネット上の情報流通の基盤として大きな役割を果たしていることを考慮し，**検索事業者がある者のプライバシーに属する事実を含む記事等が掲載されたウェブページのURL等の情報を検索結果の一部として提供する行為が違法となるか否かは，当該事実の性質および内容，その者のプライバシーに属する事実が伝達される範囲とその者が被る具体的被害の程度，その者の社会的地位や影響力，上記記事等の目的や意義，上記記事等が掲載された時の社会的状況とその後の変化，上記記事等において当該事実を記載する必要性など，当該事実を公表されない法的利益と，当該URL等情報を検索結果として提供する理由に関する諸事情を比較衡量して判断すべきものであり，その結果，当該事実を公表されない利益が優越することが明らかな場合には，検索事業者に対し，当該URL等情報を検索結果から削除することを求めることができる**と判示しました。

そして，本決定は，Ｘの逮捕歴は，他人にみだりに知られたくないＸのプライバシーに属する事実ではあるが，児童買春が児童に対する性的搾取および性的虐待と位置付けられており，社会的に強い非難の対象とされ，罰則をもって禁止されていることに照らし，今なお公共の利害に関する事項であると言える一方，本件事実が伝達される範囲はある程度限られたものであること等から，本件においては，本件事実を公表されない法的利益が優越することが明らかであるとは言えないとして，Ｘの抗告を棄却しました。

3　下級審の裁判例には，事実を公表されないことによる利益と事実を公表することによる利益との比較衡量の結果，事実を公表されない利益が優越すると判断される場合には，原則として削除請求権を肯定するというものと，比較衡量に当たり，被害の明白性，重大性や回復困難性をも考慮要素として加えるものとがあり，本決定は前者の類型の1つと言えます。もっとも，本決定は，「忘れられる権利」の日本法における位置付けについては何ら判断していません。今後，「忘れられる権利」の位置付けについて更なる議論の必要があると

考えられますし，本決定の言う「事実を公表されない法的利益が優越すること
が明らかな場合」について，具体的にどのような場合がこれに当たるのかにつ
いても，今後の裁判例の蓄積と議論の発展が期待されます。

　なお，「忘れられる権利」については，宇賀克也「『忘れられる権利』につい
て──検索サービス事業者の削除義務に焦点を当てて」論ジュリ18号（2016
年）24頁や，そこに掲載されている文献などが参考になります。

演習問題	
16	**システム（ソフトウェア）開発関係訴訟** ——仕様の内容の立証と認定

1　ここは，和光南法律事務所。今日はP社長が相談に来ているようです。

> A：和光南法律事務所の所長弁護士
> B：和光南法律事務所の新人弁護士
> P：システム開発会社X社の社長

Ⓐ　P社長，こんにちは。今日はB先生にも同席してもらおうと思っています。

Ⓟ　A先生，B先生，よろしくお願いします。

Ⓐ　先日のお電話によれば，御社（X社）が納品したシステムをめぐってトラブルになっている件のご相談ということでしたね。

Ⓟ　そうなんです。ご存じのとおり，当社はお客様からシステム開発を請け負っていますが，Y社から依頼を受けた案件でトラブルになってしまっているのです。

Ⓐ　御社は，Y社から請け負い，御社内のエンジニアが下請業者と協力してシステムを開発したということでしたね。具体的にはどのようなトラブルなのか説明してもらえますか。

Ⓟ　はい。Y社からの依頼は，Y社内で従前使っていたシステムが使いにくいものであったため，これに代わる新たなシステムを開発するというものでした。とにかく使い勝手についての要望が多かったです。他方で，機能面についての要望は特になく，「いま使っているシステムと同じことができればいい」という感じでした。当社は，Y社の担当者と打合せを重ねながら仕様を固め，なんとかシステムを完成させて納品しました。それなのにY社は，処理速度が遅くて使い物にならないから報酬は支払えないと言ってきたのです。

Ⓐ　それは大変ですね。処理速度が遅いという症状があることは確認できているのですか。

Ⓟ　確かに，開発途中のテスト段階でも少し遅いということはあったようですが，Y社に納品した段階では特に遅いということはなかったよう

す。もっとも，Ｙ社によれば，納品後すぐに本格稼働させてからずっと遅かったとのことで，納品後1週間ほどでＹ社から連絡を受けた際に当社の担当者が確認したときも，確かに遅かったようです。ただ，それ以上に細かい症状は確認できていません。原因についても，システムの不具合なのか，設定がおかしいのか，データの移行がうまくいっていなくて障害が生じているのかなど，いくつも考えられるのですが，その分析もできていません。

Ａ　症状の確認や原因の分析が進んでいないようですが，なぜでしょうか。

Ｐ　Ｙ社と協力して症状を確認し，原因を分析すれば，その原因がどのようなものであれ，問題ない処理速度に改良することができるはずです。それなのにＹ社は，「Ｘ社は信用できない」などと言って症状の確認や原因の分析に協力してくれないのです。

Ａ　そういうことですか。ところで，Ｙ社との契約書や合意した仕様の中に，処理速度に関する定めや不具合があった場合の対応に関する定めなどはありますか。

Ｐ　処理速度に関する定めはありません。また，不具合に関しては，納品後1年間は当社が瑕疵担保責任を負い，無償で修補を行うと定められています。契約書を持参しましたのでご確認ください。

Ａ　拝見します。……確かにそうですね。それで，御社としては今後どうしたいというお考えですか。

Ｐ　当社としては，費用をかけて開発したシステムを既に納品していますので，契約どおり報酬を支払ってもらいたいと考えています。その前提として処理速度の問題を解決する必要があるのであれば，もちろん対応させていただきたいと思いますが，そのためにはＹ社の協力が不可欠です。最終的には裁判にすることも視野に入れますが，その前に話合いで解決できればと考えています。ただ，法律には詳しくありませんので，先生にご相談しようと思いまして。

Ａ　確かに，裁判になった場合の見通しなども踏まえながら交渉していくことが必要ですね。とはいえ，Ｙ社の協力が得られにくい状況ということもあって，症状や原因の分析が進んでいませんので，確定的な見通しなどをお話しするのは難しいように思います。もう少しお話をうかがった上で，まずは御社内で確認してもらいたい点や法律的に問題になりそうな点，注意すべき点などをご説明することにしましょう。

Ｐ　はい。お願いします。

Ａ　まず，いくつか確認したいのですが……。（以下略）

300　演習問題16　システム（ソフトウェア）開発関係訴訟

Column	システム開発工程の理解

　システム開発をめぐる事件を検討する場合には，一般的なシステム開発工程の概要を理解した上，これと当該事件における時系列とを比較し，どの工程（段階）で計画との狂いが生じたのか，どの証拠がどの工程に関するものであるかなどを検討するのが有益です。

　システム開発工程は，用いられるシステム開発手法によって大きく異なります。そして，システム開発手法は，対象とするシステムの規模や開発方針の違いから，大きくウォーターフォール型と非ウォーターフォール型に分けることができますし，非ウォーターフォール型は更にアジャイル型，スパイラル型，プロトタイプ型などに分類することができるといわれています。このうち，従来から多く使用されており，比較的大規模な開発に特に適するといわれるウォーターフォール型と，比較的新しい手法であり，モバイルアプリ等の比較的小規模の開発に向いているといわれるアジャイル型の違いを図示すると，次のようになります。

【ウォーターフォール型とアジャイル型の違い】

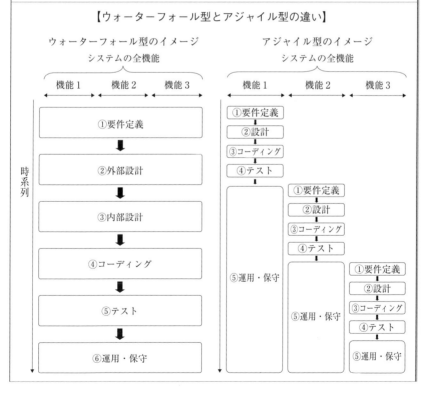

ウォーターフォール型の開発手法では，初めにシステム全体の要件定義を完了させてから次の外部設計に進むなど，前の工程を完了させてから次の工程へと順次進みます。一度終わった工程に戻ってくることなく一方向的に進む様子が滝（ウォーターフォール）に例えられて付けられた名前です。開発工程のうち，①要件定義と②外部設計の工程は，システムの仕様（契約内容）を確定する部分であり，「上流工程」と呼ばれます。その後の③内部設計から⑤テストまでの工程は，上流工程で確定した仕様に基づいて実際にシステムを作る部分であり，「下流工程」と呼ばれます。上流工程では，その時点では存在しないシステムの完成形をイメージしながら仕様を固めていくことになります。ここで発注者（ユーザー）と受注者（ベンダー）の意思が十分に統一されていないと，下流工程まで進んで成果物ができ上がってから，ユーザーから「想定していたものと違う」と言われてトラブルになってしまいます。このように，下流工程で顕在化したトラブルの原因が上流工程にあることも多いので，トラブルが顕在化した工程だけに注目することなく，開発工程全体に視野を広げて検討する必要があります。

　これに対し，アジャイル型の開発手法では，システム全体を機能ごとに分け，優先度の高い機能から順に開発を繰り返していきます。したがって，当初は一部の機能のみでリリースされ，その後のバージョンアップで徐々に機能が追加されることになります。不十分なものであっても，まずは動くものを早く作るということを優先した手法と言えるでしょう。

　以上がシステム開発工程のごく簡単な紹介になりますが，実際の開発工程は，開発規模やスケジュール感など様々な事情に応じて多様です。実際の事件を検討するに際しては，自分の理解する典型例を押し付けないことも大事です。

　なお，各工程の概要については，システム開発に関する書籍で解説されているほか，インターネット上にも分かりやすい説明をしているサイトが多くありますので，探してみてください。

2　P社長が相談を終えて帰ったようです。和光南法律事務所では，A弁護士とB弁護士が話をしています。

A　B先生，今日は同席してくれてありがとう。この件を一緒に担当してもらいます。

B　頑張ります。ただ，システム開発の事件は複雑困難と言われていますし，勉強したこともありませんので，正直に申し上げると少々不安です。

A 確かに，システムやソフトウェアの開発をめぐる事件は，複雑困難な部類に属すると言われていますし，専門用語や書類の見方に取っつきにくい部分はあるのかもしれませんね。しかし，訴訟になれば，審理の対象となる訴訟物と要件事実を常に意識して主張を組み立て，必要な証拠を提出するという基本は他の事件と一緒です。専門的知見に目を奪われ，必要以上に細かい技術的な点に深入りして審理を混迷させないことが大事です。裁判所側からも，そういった意識を持って争点整理を行う必要があると指摘する論文や司法研究が出ていますよ。興味があるなら，東京地方裁判所プラクティス委員会第二小委員会「ソフトウェア開発関係訴訟の手引」判タ1349号（2011年）4頁以下や司法研修所編『民事訴訟における事実認定——契約分野別研究（製作及び開発に関する契約)』（法曹会，2014年）などを読んでみてください。

B 分かりました。そういった基本的な視点を意識しつつ勉強していきます。

A では，私がP社長に説明したことの復習も兼ねて，今の事案を題材に少し検討してみましょう。X社がY社に対して報酬の支払を求める訴訟を提起したとします。この場合，訴訟物は何ですか。

B P社長に確認した内容や，先ほど見せてもらった契約書によれば，X社は完成を約束して仕事を請け負っていますので，X社とY社の契約関係は請負契約と考えられます。そうすると，請負契約に基づく報酬請求権ということになりそうです。

A 今回は契約も1つだけでしたし，契約書における報酬の定め方などからしても，そのように構成してよいでしょうね。

B システム開発に関する契約は基本的に請負契約だと思っていましたが，そうではないのでしょうか。

A 準委任契約とする場合も多いですし，製作物供給契約（請負と売買の混合契約）や労働者派遣契約などとする場合もあります。また，大規模な開発案件などでは，開発の段階ごとに分けて複数の契約を締結する多段階契約方式が採られることがあり，その複数の契約には準委任の性質のものと請負の性質のものとが含まれていると言われています。いずれにしても，システム開発だから請負契約という風に類型的に捉えるのではなく，問題となっている個々の契約について，その形式と実質の両面を踏まえて検討すべきですし，より細かい検討が必要になることもあります。頭の隅にでも置いておいてください。

B 分かりました。

Ⓐ では，請負契約であるとした場合，主要事実レベルの争点としてはどのようなものが予想されるでしょうか。せっかくですから私も一緒に条文を確認してみましょう。（六法をめくっていると……）あれ，請負の瑕疵担保責任は民法634条でしたよね。見当たらないですね……。

Ⓑ 平成29年の民法（債権法）改正で，請負の瑕疵担保責任に関する条文は基本的に削除されたじゃないですか。

Ⓐ えっ，そうなんですか。

Ⓑ 改正後の民法562条では，売買の担保責任について目的物の修補等による追完請求ができることになり，同法559条で同法562条の規定が請負にも準用されることになったんですよ。ロースクールで勉強しましたよ。

Ⓐ そういえば，売買の瑕疵担保責任について，改正後の民法では契約責任説を基本としていると聞いた気がします。こういうところに影響してくるんですね。

Ⓑ ちなみに，担保責任の条文から瑕疵という言葉も無くなりましたよ。

Ⓐ これはちゃんと勉強していかないといけませんね……。しかし，先ほど契約書を確認したところ，今回の契約が締結されたのは平成31年でした。この場合はどうなりますか。

Ⓑ その場合には，施行日前に締結された請負契約ですから，附則34条1項により，改正前の民法の規定が適用になります。

Ⓐ 安心しました。では改めて，予想される主要事実レベルの争点は何でしょうか。

Ⓑ Y社の認否・主張次第ですが，仕事が完成しているかどうかが争われるかもしれません。あるいは，処理速度が遅いという点が瑕疵であるとして瑕疵担保責任が問題になるかもしれません。そうであれば，本当に処理速度が遅いのかどうかや，その原因が問題になるのでしょうか。

Ⓐ 良い着眼点ですね。今回もそうですが，納品されたシステムにバグ（動作上の不具合）がある，動きが遅いという理由で仕事の完成自体が争われることがあります。発注者にしてみれば，ちゃんと動くシステムが納品されて初めて完成であって，不良品であれば完成していないという気持ちがあるのでしょう。

Ⓑ 素朴な気持ちとしては理解できますが，法律的にもそのように言えるのでしょうか。

Ⓐ **原則的には，当初予定された開発工程が一応終了し，成果物も納品されているのであれば，仕事は完成したものとして扱われます。納品されたシステムにバグがあったとしても，仕事の完成は否定されず，瑕疵の問**

題として扱うのが相当と言われています。もっとも，納品されたシステムを業務に使うことができないような重大なバグがある場合には，例外的に，仕事の完成自体が否定されることもあるとされています。したがって，Y社の言うとおり処理速度が遅くておよそ使い物にならないというのであれば，仕事の完成が否定される可能性もありますね。

B　バグがあるからといって直ちに完成自体を否定できるわけではないのですね。原則・例外の構造と理解しておきます。

A　こういった構造を理解して主張・立証を組み立てていくことは大事です。とはいえ，事象としては処理速度が遅いということに尽きますし，これから検討する瑕疵担保責任の関係での主張・立証と基本的に重なりますので，瑕疵担保責任の話に進みましょう。Aさん，民法上，請負契約における瑕疵とはどういうことを言うのでしょうか。

B　基本的には契約内容との不適合だと思います。つまり，契約で定められた仕様・性能を満たしていないということではないでしょうか。

A　そうですね。その判断に当たっては次のような点を検討することになります。

（A弁護士がホワイトボードに書いた内容）

①本来あるべき状態として契約で定められた仕様・性能（単に「仕様」と言うことが多い）の内容

②現状がその仕様・性能を満たしていないか

③その原因がシステムにあるか

B　だんだん難しい話になってきそうですね。

A　順を追って説明しますから大丈夫ですよ。まず，①本来あるべき状態として契約で定められた仕様・性能——これを単に「仕様」と言うことが多いですが，その内容を特定するのが大変です。システム開発の現場においては，契約締結時には仕様が確定せず，その後も仕様確定作業が続きますし，開発途中でもしばしば仕様の追加変更が行われます。そのため，瑕疵担保責任との関係で問題となる最終的な「仕様」の内容を明らかにするためには，契約書や，契約締結前に作成された提案依頼書（RFP），システム提案書，見積書などの書類だけでは不十分なことが多いです。契約締結後に作成される要件定義書，基本設計書（外部設計書）などの書類が特に重要ですし，打合せの会議録やメールなどが必要となることも少なくありません。

305

B　人証によって立証することもあるのでしょうか。

A　もちろんあります。たとえば，仕様が口頭でのやりとりで決まったような場合であれば人証が最も直接的な証拠でしょう。もっとも，IT業界は人材の流動性が激しいため，当時の担当者を証人として呼ぶことができないことも少なくありません。

B　それは困ります……。

A　人証が唯一の証拠であれば本当に困ってしまいますが，そういうことは少ないでしょう。**多くの場合には，他の書証中に関連する記載が存在したり，特定の仕様の存否を前提とする当事者の行動が存在したりするものです。そのような記載や行動から，合意された仕様の存否を推認していくわけです。**また，人証調べが行われた場合を想定しても，証言の信用性は前後・周辺の事情との整合性を検討して判断されることになるでしょう。

B　「動かし難い事実」との整合性を検討するというやつですね。そうすると，打合せの会議録やメールなどが重要になってきそうです。会議録やメールについての注意点はありますか。

A　**当事者間における打合せやメールのやりとりは，それまでの経緯を当然の前提として行われるものですので，ある会議録やメールに書かれていることの意味を正しく理解するためには，その前の会議録やメールも確認する必要があります。前後における当事者の行動を確認するという意味も含めて，関連しそうな会議録やメールには広めに目を通しておくと良いでしょう。**

B　確かにそれまでの経緯や交渉の流れを把握しておかないと意味付けを間違えてしまうことがありそうですね。

A　仕様についてもう1つ注意すべきこととして，**仕様というのは，当事者の明示的な合意だけで決まるわけではない**という点があります。

B　それはどういうことですか。

A　**当事者の明示的な合意が出発点になることはもちろんですが，当事者の合理的意思や社会通念を踏まえ，その合意の意味を解釈・修正したり，欠落している部分があれば補充したりする必要があるわけです。**本件についても，P社長には処理速度の点について合意がなかったのか確認してもらうようお願いしたわけですが，仮にこの点の明示的な合意がなかったとすれば，同様の必要性が生じます。

B　処理速度に関する明示的な合意がなければ，処理速度についての仕様は存在しないので，処理速度がいくら遅くても瑕疵にはならないと単純に考えてはダメということでしょうか。

Ⓐ 一方では，そういう考え方もあり得るでしょう。他方では，実用に耐え得る最低限の処理速度で動くことは通常の当事者であれば合理的に期待するところと言えるので，明示的な合意がなくとも，およそ実用に耐えないような処理速度なのであれば瑕疵と評価すべきという考え方もあるでしょう。

Ⓑ すごく遅い場合には瑕疵になる余地を認める考え方ですね。

Ⓐ その考え方を採る場合には，実用に耐え得る最低限の処理速度が一体どの程度かということが問題となります。これは，当事者の業務内容や業務におけるシステムの位置付け，前提とされたハードウェアの性能等の制約条件などさまざまなことを考慮した上で社会通念に従って判断するほかなく，当事者として立証すべき事実も提出する証拠も多くなることになります。これらは瑕疵を主張するユーザー側（Ｙ社側）で一次的に主張・立証すべきことですが，ベンダーであるＸ社側でも積極的に反対立証をしていくことになります。

Ⓑ **仕様の内容を特定するといっても，当事者の明示的な合意がある場合，当事者の合意を解釈で修正する場合，当事者の合意が欠落している部分を解釈で補充する場合など，いくつものパターンがあり，それによって立証の方法も変わってくるということですね。**

Ⓐ そういうことです。長くなりましたが，以上が①仕様の内容の特定についての概要です。

Ⓑ もう既に頭がパンクしそうですが，説明の続きをお願いします。

Ⓐ 確かに一度では理解できないかもしれませんね。さて，①仕様の内容の特定ができれば，次は②現状がその仕様・性能を満たしていないか，③その原因がシステムにあるかという点に進むことになります。これらの点も，瑕疵を主張するユーザー側（Ｙ社側）で一次的に主張・立証すべきことですが，ベンダーであるＸ社側の方が詳しいこともありますし，積極的に反対立証をしていく方がスムーズでしょう。さらに言えば，ユーザー側が主張する症状が本当に発生するのか否かについては，書証などの形で立証するのが難しいという事情もありますので，訴訟外で確認し，主張レベルで争いのない状態にさせておきたいところです。

Ⓑ 本件では，Ｙ社の協力が得られず，症状の確認や原因の分析ができていないということですから，その対応も検討しなければいけませんね。

Ⓐ そうですね。以上の結果，①本来あるべき状態として契約で定められた仕様・性能の内容が特定され，②現状がその仕様・性能を満たしておらず，③その原因がシステムにあるということになれば，通常は瑕疵があ

ると判断してよいでしょう。

B　まだ十分に理解できているかは分かりませんが，大枠は分かった気がします。説明してくださってありがとうございます。それにしてもA先生は本当にお詳しいですね。

A　実は司法試験を受ける前，システムエンジニアをしていたことがあるのですよ。もちろん弁護士になってから事件を担当して学んだ部分の方が大きいですし，そういう経歴がなくてもこの分野の第一線で活躍されている先生方は多いですから，まったく気にすることはありません。そういえば，裁判官にも昔システムエンジニアをやっていた人がいますよ。

B　そうだったんですね。私も興味がある分野なので，頑張って勉強していきたいと思います。

Column　　ベンダーとユーザーの派生義務

　システム開発が途中で頓挫した場合，その責任が発注者（ユーザー）と受注者（ベンダー）のいずれにあるかが争われることがあります。

　システム開発は，その内容が高度に専門的であることや，契約締結段階で仕様が完全に固まっていないのが通常であることなどから，開発の全般にわたってユーザーとベンダー相互の協力関係が不可欠と言えます。ベンダーは，期限までにシステムを完成することができるよう，ユーザーに必要な情報を提供し，ユーザーとの間で合意された開発手順や開発手法，作業工程等に従って開発作業を進めるとともに，進捗状況を管理し，開発作業を阻害する要因の発見に努め，これに適切に対処する必要があります。他方でユーザーは，ベンダーに対して必要な情報を提供し，仕様の確定を期限までに行い，またシステムの納品時に遅滞なく検収を行うなど，ベンダーが開発作業を行うために必要な前提条件を整えたり，システム開発の過程で当然ユーザーが行うことが予定される作業を適切に行ったりして，ベンダーのシステム開発に必要な協力をする必要があります。発注者はただ完成品ができ上がるのを待っていればいいというわけではありません。

　このことを踏まえ，システム開発に関する契約の法的性質が請負であるか準委任であるか，また契約に明文の定めがあるかないかにかかわらず，システム開発の受注者（ベンダー）は上記のような「プロジェクト・マネジメント義務」を，他方で発注者（ユーザー）は上記のような「協力義務」をそれぞれ負っており，システム開発が頓挫したときの責任の帰属は，それぞれの義務の履行状況を踏まえて検討されるべきものと一般に解されています。

　たとえば，ユーザーが指示した仕様の一部変更にそのまま従うとシステム全

体の動作速度が大幅に遅くなってしまう可能性が高いのに，ベンダーがユーザーにそのことを説明せず，漫然と指示に従って開発を行った結果，動作速度が大幅に遅くなってしまったとすれば，ベンダーにプロジェクト・マネジメント義務違反があると言えるでしょう。このような場合であれば，ユーザーのベンダーに対する損害賠償請求は認容され，ベンダーのユーザーに対する報酬請求は棄却されるか減額される方向になるでしょう。

逆に，ベンダーが通常の開発に必要な人員などを準備しているにもかかわらず，ユーザーが開発に必要な情報の提供を拒んだり，仕様の確定を遅らせたりしたために開発スケジュールが大幅に遅れたり，開発自体が頓挫したりしたとすれば，ユーザーに協力義務違反があると言えるでしょう。このような場合であれば，ユーザーのベンダーに対する損害賠償請求は棄却されるか大幅に過失相殺されるでしょうし，ベンダーのユーザーに対する報酬請求は認容される方向になるでしょう。

もちろん実際には，個別具体的な事情を詳しく検討しなければ判断できない中間的な事案が多いと思いますが，ベンダーとユーザーは相互に協力する義務があるということを認識しておく必要があるでしょう。

ベンダーとユーザーの義務内容等について裁判例を参照しながら詳しく検討したものとして，伊藤雅浩「システム開発取引においてベンダとユーザが果たすべき責任の内容——札幌高裁平成29年8月31日判決を題材に」NBL1111号（2017年）22頁以下，影島広泰ほか「〔座談会〕システム開発取引はなぜ紛争が絶えないのか 【Ⅱ】分析編——プロジェクトマネジメント義務の契約条項化」NBL1116号（2018年）28頁以下などがあります。

Column	専門家の活用

システム開発をめぐる事件の中には，外部の専門家の知見を適切に活用し，専門的知見を補っていくことが重要な事件があります。その方法としては，証拠方法としての鑑定もありますが，ここでは，争点整理段階でも利用できるものとして，専門委員と職権による付調停（専門家調停委員）について簡単に説明します。

まず，専門委員とは，争点整理等に当たって，訴訟関係を明瞭にし，または訴訟手続の円滑な進行を図るため必要があるときに，受訴裁判所の決定に基づいて手続に関与し，専門的な知見に基づく説明を行う者です（民訴92条の2）。

専門委員は，元々裁判所のアドバイザー的立場で説明をするものであり，その説明内容が証拠資料となるものではありません。そのため，システム開発関係訴訟で専門委員を利用する場合，①システム開発に関する基礎的知見につい

309

て一般的な説明（IT専門用語，開発工程，設計図書の意味およびその読み方の説明等）を求めたり，②当事者の主張内容を明確化，特定するために説明を求めたり，③争点の立て方がIT専門家の立場から見て適切なものか否かを確認したりするのに利用することができます。この方法の長所は，①鑑定と異なり，迅速かつ機動的な活用が可能であること，②種々の質問に答えてもらう，実験・再現に立ち会ってもらうなど柔軟な運用の余地があること，③弁論準備手続期日や証拠調べ期日に立ち会ってもらうことにより即時にその場で疑問点についての説明が受けられること，④あらかじめ当事者の同意を得ている事件については，専門的見地からの助言を得るなど和解にも協力してもらう，評価にわたる意見を含む書面を作成してもらうなどの積極的活用の余地もあることなどであると言われています。

　次に，職権による付調停とは，訴訟事件の係属する受訴裁判所が，職権で，事件を民事調停に付すことを言います（民調20条1項）。

　調停に付された場合，その調停事件を扱うのは，裁判官が務める調停主任1名と調停委員2名で構成される調停委員会です（同6条）。システム開発関係事件では，ITの専門家調停委員と弁護士調停委員を選任することが多いようです。この方法の長所は，①専門家調停委員は専門的知見に関して意見を述べることや期日間に評議を行うことも予定されているため，より柔軟に専門的知見の利用が可能であること，②鑑定の場合は通常は鑑定事項を整理してから鑑定人に判断を求めるのに対し，調停の場合は争点整理しながらこれと並行して専門家調停委員から争点に対する意見を聴取することができ，機動的・弾力的な争点整理が可能なことなどであると言われます。また，仮に調停が不調となった場合でも，調停委員会が作成した意見書を当事者から証拠として提出してもらうなどすることで，訴訟事件に調停委員会の専門的知見を活用することができます（岸日出夫ほか「建築訴訟の審理モデル――追加変更工事編」判タ1453号〔2018年〕5頁，17頁参照）。

　以上が専門委員と職権による付調停（専門家調停委員）についての簡単な説明です。

　なお，システム開発をめぐる事件の中には，法的問題，事実認定上の問題を検討してみると，意外にも専門的知見を要しないで解決することができる事件も多く見られます。そのような事件で専門家を安易に入れて争点整理をすると，過度に専門技術的な問題に深入りしすぎて不必要な審理までしてしまい，かえって複雑化・長期化を招きかねない危険があります。真に専門的知見を要する事件か否かを見極める必要があるでしょう。（畠山稔ほか「ソフトウェア開発関係訴訟の手引」判タ1349号〔2011年〕4頁，24頁以下参照）

事 項 索 引

【あ行】

アクセスログ……………………………… 293
遺言能力…………………………………… 251
遺言の無効原因…………………………… 253
遺言無効確認請求事件…………………… 253
慰謝料の額………………………………… 224
医療記録…………………………………… 237
インターネット上の名誉毀損…………… 287
請負契約…………………………… 188, 189
動かし難い事実……… 7, 8, 11, 19, 38～40,
　　　　　　　　　69, 79, 108, 238, 306
　　——との間の整合性がない供述………… 81
訴えの提起前における証拠収集の処分等… 124
演繹的推理………………………………… 12

【か行】

蓋然性……………………………………… 12
　高度の……………………………… 102, 104
確定訴訟記録……………………………… 120
確定前の訴訟記録………………………… 120
確認訴訟…………………………………… 253
確認の利益………………………………… 253
貸出稟議書………………………………… 118
仮　説………………………………… 7, 10, 11
　——の構築とその検証………………… 108
　——の投げかけ………………………… 7
カルテ……………………………… 123, 124
間接事実………………… 29, 30, 40, 182
鑑定嘱託の申立て………………………… 125
帰納的推理………………………………… 12
救急車の搬送記録………………………… 114
供　述
　動かし難い事実との間の整合性がない——
　……………………………………………… 81
　経験則に反する——…………………… 83
　抽象的な表現を使った——…………… 92

伝聞——……………………………………… 93
　評価・判断・推測が混入した——………… 93
　矛盾を含む——…………………………… 89
供述調書…………………………………… 121
　被害者の——……………………………… 122
強制執行…………………………………… 218
記　録
　——提示の申出………………………… 119
　医療——………………………………… 237
　確定訴訟——…………………………… 120
　確定前の訴訟——……………………… 120
　救急車の搬送——……………………… 114
　刑事事件の——………………………… 237
　刑事訴訟——…………………………… 120
　不起訴——……………………………… 120
記録提示の申出…………………………… 119
偶然性……………………………………… 228
偶発性……………………………………… 230
　保険事故の「——」…………………… 228
経験則……………………… 12, 38～40, 107,
　　　　　　　　　　　110, 195, 232
　——に反する供述……………………… 83
刑事関係書類の証拠収集………………… 120
形式的証拠力……… 52, 148, 263, 279, 283
　文書の——……………………………… 21
刑事事件の記録…………………………… 237
刑事訴訟記録……………………………… 120
契　約
　請負——………………………… 188, 189
　自動車保険——………………………… 225
　製作物供給——………………………… 199
契約書……………………………………… 199
　消費貸借——………………………… 41～43
経由プロバイダ…………………………… 292
検　証……………………………………… 128
現場写真…………………………………… 113
原　本…………………………………… 69, 109

事項索引　311

航空写真‥‥‥‥‥‥‥‥‥‥‥114
公正証書遺言‥‥‥‥‥‥‥‥‥256
口頭弁論の全趣旨‥‥‥‥‥‥‥29
高度の蓋然性‥‥‥‥‥‥102，104
告訴状‥‥‥‥‥‥‥‥‥‥‥‥122
個人情報保護‥‥‥‥‥‥‥‥‥115
コピー‥‥‥‥‥‥‥‥‥‥‥‥70
コンテンツプロバイダ‥‥‥‥292

【さ行】

詐害行為取消権‥‥‥‥‥‥‥216
先物被害‥‥‥‥‥‥‥‥‥‥‥125
作成者‥‥‥‥‥‥‥‥‥‥‥‥150
　文書の——‥‥‥‥‥‥‥‥57
作成者の判断能力‥‥‥‥‥‥272
五月雨式証拠調べ‥‥‥‥‥‥98
暫定真実‥‥‥‥‥‥‥‥‥‥‥190
暫定的な心証‥‥‥‥‥‥‥‥247
時系列表‥‥‥‥‥‥‥‥38，40
自己使用文書‥‥‥‥‥‥‥‥118
事実認定‥‥‥‥‥‥‥‥‥‥‥5
　——の対象‥‥‥‥‥‥‥‥29
　争点整理と——‥‥‥‥‥247
事実の推認‥‥‥‥‥‥‥‥‥11
実　印‥‥‥‥‥‥‥‥‥‥‥‥151
実況見分調書‥‥‥‥‥‥120，247
執行官に対する現況調査命令‥‥125
実質的証拠力‥‥‥‥53，263，283
　文書の——‥‥‥‥‥‥‥‥22
自動車保険‥‥‥‥‥‥‥226，228
　——契約‥‥‥‥‥‥‥‥‥225
自白の拘束力‥‥‥‥‥‥‥‥29
自筆証書遺言‥‥‥‥‥‥‥‥256
司法事実‥‥‥‥‥‥‥‥‥‥‥18
自由心証主義‥‥‥‥‥‥‥‥29
集中証拠調べ‥‥‥‥98，108，110
主尋問‥‥‥‥‥‥‥‥‥‥‥‥94
主要事実‥‥‥‥‥‥‥‥‥‥‥30
　争いのある——‥‥‥‥29，30
竣工写真‥‥‥‥‥‥‥‥‥‥‥113

準文書‥‥‥‥‥‥‥‥‥‥‥‥47
証　拠‥‥‥‥‥‥‥‥‥‥‥‥1
　——説明書‥‥‥‥‥46，109
商行為‥‥‥‥‥‥‥‥‥‥‥‥190
　——の代理‥‥‥‥‥‥‥‥191
証拠構造‥‥‥‥‥‥‥‥‥‥‥15
証拠調べ
　五月雨式——‥‥‥‥‥‥‥98
　集中——‥‥‥‥‥98，108，110
証拠の収集‥‥‥‥‥‥‥‥‥237
証拠保全‥‥‥‥‥114，123，127
　——の事由‥‥‥‥‥‥‥‥130
証人の証言‥‥‥‥‥‥‥‥‥30
証明度‥‥‥‥‥‥‥‥‥‥‥‥101
消滅時効‥‥‥‥‥‥‥‥‥‥‥182
書　証‥‥‥‥‥‥‥‥21，32，45
処分証書‥‥‥‥22，32，37，48，53，147，
　　　　　148，169，263，283
署　名‥‥‥‥‥‥‥‥‥‥‥‥149
署名代理‥‥‥‥‥‥‥‥‥‥‥59
書面尋問‥‥‥‥‥‥‥‥‥‥255
人　証‥‥‥‥‥‥‥‥‥‥30，79
　——（証言・本人供述）の信用性‥‥38
　——調べ‥‥‥‥‥‥‥‥‥79
　——（本人尋問の結果または証人の証言）
　　の信用性判断‥‥‥‥36，37
　利害関係のある——‥‥‥‥93
推認力の強弱‥‥‥‥‥‥‥‥12
スキーマ‥‥‥‥‥‥‥‥‥7，17
捨　印‥‥‥‥‥‥‥‥‥‥‥‥63
ストーリー‥‥‥‥‥8，11，16，17，21，
　　　　　79，94，108
請求書‥‥‥‥‥‥‥‥‥‥‥‥192
　捜索差押令状——‥‥‥‥122
製作物供給契約‥‥‥‥‥‥‥199
成立の真正‥‥‥‥‥‥‥‥‥43
専門委員‥‥‥‥‥‥‥‥‥‥309
専門家の活用‥‥‥‥‥‥‥‥309
専門的な意見陳述嘱託‥‥‥‥125
捜査関係書類‥‥‥‥‥‥‥‥121

搜索差押許可状……………………………122

搜索差押令状請求書………………………122

争点整理……………………………94, 107

　　──と事実認定…………………………247

争点整理と事実認定………………………247

送付嘱託……………………………………194

　検証物の──……………………………125

　文書──………114, 115, 120, 124, 237

訴訟記録

　──の取寄せ………………………114, 119

　確定──…………………………………120

　確定前の──……………………………120

　刑事──…………………………………120

【た行】

タイムカード………………………………123

タイムスタンプ……………………………293

代理人………………………………………58

タコメーター………………………………123

中間利息控除………………………………249

調査嘱託…………………114, 116, 121, 125

　──の申立て……………………………193

調　停………………………………………310

帳　簿………………………………………193

直接証拠……………………15, 30, 40, 41

陳述書………………42, 96, 113, 191, 231

電磁的に記録された情報…………………127

電話の発信履歴……………………………192

登記の推定力………………………………158

当事者照会…………………………………124

盗難事故……………………………………225

謄　本………………………………………69

特段の事情…………………………………53, 94

特定電気通信役務提供者の損害賠償責任の
　制限及び発信者情報の開示に関する法律
　（プロバイダ責任制限法）………………290

ドライブレコーダー………………………237

「鳥の目」と「虫の目」……………………111

取引主体……………………………………187

取引履歴……………………………………191

　──の開示義務…………………………119

　銀行預金の──……………………42, 115

【な行】

二段の推定…22, 43, 63, 146, 148, 264, 271

認知科学……………………………………17

認知機能検査………………………………254

念　書…………………………………41, 42

納品書………………………………………192

【は行】

反対尋問……………………………………96

筆跡鑑定………………………………66, 149

評価を伴う事実の認定……………………285

不起訴記録…………………………………120

文　書………………………………………45

　──送付嘱託……114, 115, 120, 124, 237

　──提出義務……………………………117

　──提出命令……114, 117, 121, 193, 194

　──の形式的証拠力………………………21

　──の作成者………………………………57

　──の実質的証拠力………………………22

　──の証拠能力……………………………51

　──の真正…………………………………52

　──の成立…………………………………52

　──の成立の真正………………………270

　──の取調べ………………………………46

　自己使用──……………………………118

　報告──……………………22, 32, 49

　法律関係──………………………121, 122

　類型的信用──……………………………23

弁護士会照会………………………………113

弁護士法23条の2……………………114, 117

　──による（の）照会……………120, 194

弁論主義……………………………………20

包括的代理権…………………………187, 188

報告文書………………………22, 32, 49

法的評価……………………………………25

法と心理学………………………………19, 20

法務局における遺言書の保管等に関する法律

事項索引　313

‥‥‥‥‥‥‥‥‥‥‥‥‥256	モラルリスク事案‥‥‥‥‥‥‥‥‥‥225，226
冒用型‥‥‥‥‥‥‥‥‥‥‥‥‥264	
保　険	【や行・ら行・わ行】
火災――‥‥‥‥‥‥‥226，229	よってした説‥‥‥‥‥‥‥‥‥‥‥‥264
自動車――‥‥‥‥‥‥‥226，228	立法事実‥‥‥‥‥‥‥‥‥‥‥‥‥‥18
車両――‥‥‥‥‥‥‥228，230	理由付き否認‥‥‥‥‥‥‥‥‥‥‥‥42
傷害――‥‥‥‥‥‥226，228，230	領収証‥‥‥‥‥‥‥‥‥‥‥‥‥‥‥41
生命――‥‥‥‥‥‥‥228，230	類型的信用文書‥‥‥‥‥‥‥‥‥‥‥23
損害――‥‥‥‥‥‥‥‥‥230	労働基準法‥‥‥‥‥‥‥‥‥‥‥‥277
保険法‥‥‥‥‥‥‥‥‥‥‥‥‥230	労働契約‥‥‥‥‥‥‥‥‥‥‥‥‥277
補助事実‥‥‥‥‥‥‥‥‥‥‥‥‥29	労働契約法‥‥‥‥‥‥‥‥‥‥‥‥277
本人尋問の結果‥‥‥‥‥‥‥‥‥‥30	労働者の同意‥‥‥‥‥‥‥‥‥‥‥279
	忘れられる権利‥‥‥‥‥‥‥‥‥‥295
【ま行】	
黙示の意思表示‥‥‥‥‥‥‥‥197，199	

ステップアップ民事事実認定〔第2版〕

2010年12月25日　初　版第1刷発行
2019年11月30日　第2版第1刷発行
2024年10月20日　第2版第4刷発行

編　者　　土屋文昭
　　　　　林　道晴

発行者　　江草貞治

発行所　　株式会社　有斐閣

郵便番号　101-0051
東京都千代田区神田神保町2-17
https://www.yuhikaku.co.jp/

印刷・精文堂印刷株式会社／製本・牧製本印刷株式会社
©2019, Fumiaki Tsuchiya, Michiharu Hayashi. Printed in Japan
落丁・乱丁本はお取替えいたします。

★定価はカバーに表示してあります。
ISBN 978-4-641-13828-5

JCOPY　本書の無断複写（コピー）は、著作権法上での例外を除き、禁じられています。複写される場合は、そのつど事前に（一社）出版者著作権管理機構（電話03-5244-5088, FAX03-5244-5089, e-mail:info@jcopy.or.jp）の許諾を得てください。